清华大学特大城市系列研究

1990 年后爱沙尼亚城市转型发展研究

赵文宁　著

中国建筑工业出版社

图书在版编目（CIP）数据

1990年后爱沙尼亚城市转型发展研究/赵文宁著.
—北京：中国建筑工业出版社，2021.8
（清华大学特大城市系列研究）
ISBN 978-7-112-26186-4

Ⅰ.①1… Ⅱ.①赵… Ⅲ.①城市经济—转型经济—
经济发展—研究—爱沙尼亚—现代 Ⅳ.①F299.511.62

中国版本图书馆CIP数据核字（2021）第108825号

　　如何认识政府和市场在城市发展中的作用是城市转型研究中备受关注的问题。本书将制度因素纳入城市发展的社会—空间分析中，建立了基于"制度—社会—空间"的转型研究框架，并以中东欧地区转型国家典型代表爱沙尼亚为研究对象，对其1990年代以来从计划体制向市场体制全面转型过程中的城市发展特征进行系统分析，揭示了以产权结构为代表的制度转型及区域人口流动对城市空间增长的影响。

　　当前，中国特色社会主义进入新时代，"市场在资源配置中发挥决定性作用"；城市建设亦面临着转型挑战。本书为深化对市场化改革中城市转型发展规律的认识提供了有价值的启示。

责任编辑：黄　翊　陆新之
版式设计：锋尚设计
责任校对：李美娜

清华大学特大城市系列研究
1990年后爱沙尼亚城市转型发展研究
赵文宁　著
＊
中国建筑工业出版社出版、发行（北京海淀三里河路9号）
各地新华书店、建筑书店经销
北京锋尚制版有限公司制版
北京建筑工业印刷厂印刷
＊
开本：787毫米×1092毫米　1/16　印张：14¾　字数：304千字
2021年8月第一版　2021年8月第一次印刷
定价：**65.00**元
ISBN 978-7-112-26186-4
（37571）

序

中国城镇化发展和人居质量提升是清华大学建筑与城市研究所长期关注和持续追踪的重点课题。聚焦京津冀地区，2002～2013年研究所先后出版了《京津冀城乡空间发展规划研究》一期报告、二期报告、三期报告，此后相继开展了北京2049研究、京津冀协同的空间发展战略研究、文化战略研究等。2010年后，研究所以人居科学理论为指导，参与承担了中国科学院重大咨询项目"中国城镇化质量研究"和中国工程院重大咨询项目"中国特色新型城镇化发展战略研究"。在研究过程中，我们认识到中国的城镇化进程和特大城市地区发展既有中国特色，同时也遵循国际上一些其他城市和地区发展的普遍规律，国际城市的发展经验和规划策略也能够为我们提供一定借鉴。

在新时代经济社会发展转型背景下，我国城乡建设和人居环境高质量发展依然面临着一系列新的问题和挑战，社会多元化与规划管理体制制度化的统筹协调正是其中之一。如何认识政府和市场在城市发展中的作用是城市转型研究中备受关注的问题。

赵文宁于2012年进入清华大学建筑与城市研究所攻读博士学位，其间两度赴爱沙尼亚进行访问学习。此前，围绕城镇化与城市地区空间发展、国际城市研究等题目，研究所已有几位研究生开展了相关工作。赵文宁的论文选题进一步围绕市场化背景下的制度转型与城市空间发展这一命题展开，选择中东欧地区典型代表国家爱沙尼亚为研究对象，本书即是基于她的博士论文研究成果改编而成。本书对爱沙尼亚1990年代以来从计划体制向市场体制全面转型过程中的城市发展特征进行了系统分析，将制度因素纳入到城市发展的社会—空间分析中，建立了基于"制度—社会—空间"的转型研究框架。通过实证研究，多角度地审视了爱沙尼亚及其首都塔林在转型历程中以产权改革为核心的制度改革、以区域人口结构调整为核心的社会变迁、与社会主义时期相区别的城乡空间发展特征。通过探索性空间分析，以产权结构、人口流动和空间增长为变量，构建空间计量模型，对上述转型框架进行了初步的验证，反映了以产权结构为代表的制度转型及区域人口流动对城市空间增长的影响，尤其是地方政府产权的关键作用。研究成果为揭示制度转型对城市空间发展的影响机制提供了一个理论框架和实证样本。

党的十九大指出，中国特色社会主义已经进入了新时代，"市场在资源配置中发挥决定性作用"；城市建设作为现代化建设的重要引擎，也面临着转型的挑战。在此背景下，本书从国际视野出发，通过理论与实证相结合的研究方法，为我们对市场化背景下城市转型发展规律的认识提供了有价值的启示。

2021 年 5 月于清华园

目　录

第 **1** 章

绪论

1990年代，随着苏联解体，中东欧各国重新建立了自由市场导向的政治经济制度。苏联时期的中央计划体制，曾对这些国家的经济社会和城市建设发展产生了巨大的影响；苏联解体后，伴随着政治民主化改革，各国的经济社会和空间发展也经历了持续的以市场化为主要导向的调整和重构。"转型"成为这一地区发展的关键词。2000年以后，中东欧国家陆续加入欧盟（基本情况见表1-1），代表着其"回归欧洲"的转型目标初步实现，市场化体系基本得到确立，并具有相对稳定的经济社会发展现状。

该地区从计划体制向市场体制的迅速转型，以及随之而来的二十余年城乡空间发展实践，为制度转型、经济社会发展与城市空间重组的互动研究提供了难得的样本和案例。本书将以此为研究契机，针对以爱沙尼亚及其首都塔林为代表的中东欧地区，考查其制度变迁与转型期城市发展的特征及其相互作用。其"转型"的独特发展历史，也对我国当前的市场化改革与城市化发展具有启示意义。

部分中东欧转型国家当前概况　　　　　　表 1-1

国家	社会主义时期	加入欧盟时间	面积（万平方公里）	人口（万人）	GDP（亿美元）	首都
捷克	1948～1990年	2004	7.72	1051.08	1964.45	布拉格
斯洛伐克	1948～1990年	2004	4.81	540.76	913.48	布拉迪斯拉法
匈牙利	1949～1989年	2004	9.05	992.04	1246.00	布达佩斯
罗马尼亚	1947～1989年	2007	23.02	2007.67	1693.96	布加勒斯特
保加利亚	1946～1990年	2007	10.86	730.59	513.04	索菲亚
波兰	1944～1989年	2004	30.42	3853.59	4902.13	华沙
爱沙尼亚		2004	4.24	132.50	223.76	塔林
拉脱维亚	1917～1991年	2004	6.22	203.43	283.72	里加
立陶宛		2004	6.27	298.78	423.44	维尔纽斯

（数据来源：世界银行，2012）

1.1　缘起

1.1.1　改革开放以来的中国城市发展路径

回顾中华人民共和国成立以来我国的城市发展进程，其与社会主义市场化体制的探索、确立、建设和深化息息相关。

中华人民共和国成立初期，我国实行苏联式的中央计划体制，在宏观上"用指令性计划取代竞争性价格机制来配置资源"，在微观上"用行政性生产单位取代优胜劣汰的

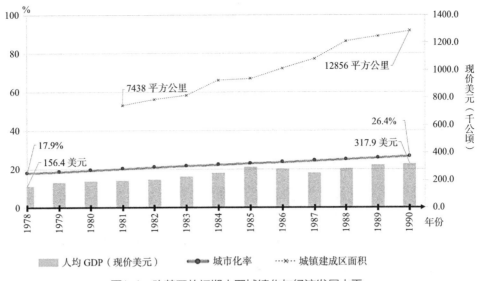

图1-1　改革开放初期中国城镇化与经济发展水平

自由企业制度"（曹远征，2015），通过集中资源、抑制消费、扩大投资，实现了快速的工业化，但与此同时，城市化进程也严重滞后于工业化。这一时期奠定了包括户籍制度在内的城乡二元体制，成为我国城市化发展的关键制度基础。改革开放以后，我国"自上而下"的城市化模式逐步转变为"社会主义市场经济体制下多元并行的发展格局"（吴良镛 等，2008）。

（1）改革开放初期的城市发展实践（1978～1991年）

随着改革开放的大幕拉起，我国国民经济增长开始加速，城镇化进程也显著加快，全国城镇化率从1978年的17.9%提高到1990年的26.4%。城镇建设也随之推进，城镇建成区面积从1981年的7438平方公里扩张到12856平方公里，增长了73%（图1-1）。期间年度新增房屋竣工面积约在9亿～11亿平方米之间波动，年度新增住房建设面积从7亿平方米增加到10亿平方米左右，房地产业占GDP的比例也从约2%增加到3.5%[①]。

对外开放和经济增长效果显著，我国同期人均GDP从156美元上涨到318美元（按现价美元计算），进出口贸易占GDP总量比例从9.6%提高到24.3%。非公有制经济发展也开始起步，1990年上海市非公有制经济增加值占GDP比例达到4.6%。与此同时，简政放权使得地方政府在地方发展中的话语权大大加强，地方年财政收入从956亿元人民币增加到1945亿元人民币，基本实现了倍增。

---

① 此处及本节相关数据均来自历年《中国统计年鉴》、《中国城乡建设统计年鉴》，部分数据由原始数据测算而得。

上述发展成果的背后，是我国在经济发展、户籍管理、财政制度、土地使用、住房管理体系各个方面的渐进式改革历程。

改革开放初期首先进行了农村体制改革，实行农村家庭联产承包责任制，农民实现自主经营。一方面，这使得农业生产力和生产效率得到极大提升，随之出现了剩余农产品和农村剩余劳动力；另一方面，农产品统购统销制度放开，剩余农产品的出售使得农民获得了货币收入，推动了农村资本积累。两方面因素共同为乡镇工业企业的迅速发展奠定了基础，小城镇成为城镇化的排头兵。

1980年，经济特区开始兴办，通过开放政策吸引外资投入开发建设；同时财政体系从改革开放前的"统收统支"转变为"分灶吃饭"，地方财政自主权得到扩大。城市土地使用制度也从无偿划拨开始向有偿使用探索，1982年，深圳、抚顺、广州等地开始尝试征收土地使用费。1983年再次进行"利改税"，公共财政收入以税收为主导，此后逐步调整税制，形成了"财政包干制"，这进一步推动了财政利益导向下的地方竞争，次年地方财政收入上涨超过10%，达到约一千亿元。在此期间，住房制度也在福利分配的基础上提出了公房出售，但城镇居民收入水平仍然较低，导致公房出售进展缓慢。随后进一步尝试实行"三三制"住房补贴销售，由于对地方政府和企业资金压力较大，补贴住房销售制度短暂实行后即被取消（牛凤瑞 等，2009）。

到1984年，全国城镇化率提高到了23.0%。党的十二届三中全会之后开始设立国家级开发区，加强对外开放；地方政府的财政自主权得到进一步扩大，在经济发展方面话语权也不断增强，但行政体系仍然坚持自上而下的任命制度，这一制度基础形成了以GDP为导向的政绩评价体系。1985年城市经济体制改革正式开启，企业通过承包获得了自主经营权和利润留成，生产计划、价格管制和人事安排方面的限制基本放开，在政策鼓励下企业经营状况得到极大改善。同年，户籍限制初步放开，农村剩余劳动力大量进入城市务工经商。

1987年，深圳率先试点城市土地有偿出让，随后若干城市也出台相关规定，1988年通过宪法修正案，正式为城市土地有偿出让提供了法律基础。1989年，财政部发布规定，土地出让金68%归地方政府，32%上缴中央政府，1990年又通过了《城市国有土地使用权出让和转让暂行条例》。但在实际发展中，地方政府由于存在扩大本级财政收入的意愿，往往通过"以费代税"等各种方式规避和减小土地出让金上缴额度，导致土地出让价格畸形。针对这种情况，1992年土地出让金分配改为5%上缴中央，在央地博弈中，地方政府成为土地出让的收益主体，这也更加促使其成为土地出让、城市扩张的积极推动者。在此期间颁布了《城市规划法》和《村庄和集镇规划建设管理条例》，建立了基于"两证一书"的城镇规划建设管理体系。

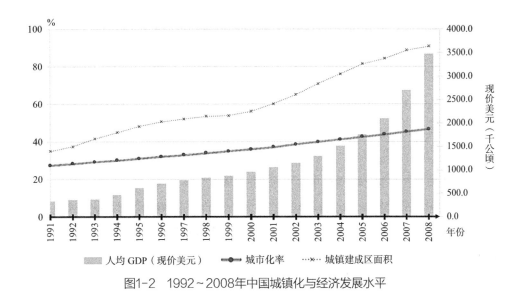

图1-2　1992～2008年中国城镇化与经济发展水平

（2）社会主义市场经济体制的全面建立（1992～2010年）

1992年党的十四大以后，我国开始全面建立社会主义市场经济体制，对外开放进一步深入，着手建立现代企业制度，国有企业退出部分市场竞争领域。1993年，粮票制度取消，成为我国市场化改革的里程碑；同时，小城镇和部分城市逐步放开户籍限制。上述市场化导向的政策调整推动了产业经济发展加速，城镇化也高速推进，城镇化率从1992年的27.46%上升到1996年的30.48%（图1-2）。全国各地掀起开发区、工业园区、新城建设的热潮，城市扩张和人口流动也愈发活跃。在此过程中，经济增长和城镇化带来的土地增值显著，投机性需求增加，土地价格加速上涨，出现过度开发建设现象，导致了土地增值税的开征。全国的城市空间布局和发展模式受到市场导向的影响加大，东南沿海成为热点地区，东、中、西部地区差距加大。

城市经济体制的变革也影响了城市规划工作，政策因素以及城市经济发展规律在城市规划中的作用得到了更深入的认识，一个典型的案例就是1991～1993年期间进行的秦皇岛市总体规划修编，在体制变革的背景下经历了对城市经济和发展动力认识的曲折过程（王凯，1994）。

随着地方经济发展，尤其是土地出让收入的提升，地方政府财政收入迅速增加，1993年达到3391亿元，接近中央财政收入的4倍。在此背景下，1994年进行了分税制改革，中央和地方的财政关系再次调整。中央政府的财政收入增加，但对经济发展的直接管理作用下降，宏观调控能力加强；地方政府自主权加强，土地财政成为地方财政的重要收入来源。分税制改革之后，中央和地方财政收入比例在1∶1左右浮动。

1997年亚洲金融危机爆发，在此影响下国内经济发展减速，城市经济体制也面临深化改革的压力，国有企业转制导致在1995～2002年间全国超过6000万名职工下岗，经济发展进入调整阶段；私人部门在促进吸纳城市就业的过程中得到一定发展，到2002年，上海、重庆和广东的非公有制经济占比分别达到了38%、42%和39%[①]。

1998年，中华人民共和国成立以来的福利分房制度正式终止，住房实物分配完全取消，实行货币化政策，城市住房市场需求得到释放。自此，房地产业迅速发展，成为国民经济重要产业之一，房地产业增加值占GDP比例从1998年的4%开始持续上涨，2017年已经达到了6.5%。同年，《土地管理法》进行了修订，再次调整央地分配比例，规定新增建设用地出让收益70%归地方政府，30%上缴中央财政，分割地方政府收益。政策调整的主要原因在于国有土地有偿出让过程中，部分地方政府出于财政收入考量，出现了新增建设用地失控情况；上述调整后，再度出现"以租代征"等地方政府规避行为，同时也导致了计划外违法占地现象的增多。

2001年，中国加入世界贸易组织（WTO），进出口关税大幅下降，关税表中达到国际最高关税税率的所有税目产品所占比例从40%下降到26%（这一数字在1992年高达77%，2017年已经降至15%左右）。同时，政府职能发生转变，在金融和证券市场监管、城市土地开发方面进一步进行改革，整顿市场秩序。外资投资领域和区域也得到进一步扩大，大城市在国际竞争中发挥重要作用，东南沿海地区逐步发展成为国际制造业基地。随后，非公有制经济平等的市场主体地位得以确立。

2002年，党的十六大提出全面建设小康社会，亚洲金融危机后的经济调整结束，2002～2007年期间，我国GDP一直保持着超过10%的年度增长率。在此背景下，地方土地需求迎来高潮，住房贷款的放开推动了房地产业发展加速；同年，国土资源部出台规定，正式确立了城市国有土地的"招拍挂"出让方式。全国土地出让收入从2000年的595.58亿元至2004年达到6412.18亿元，上涨近十倍，2004年全国地方财政收入突破1万亿元，其中土地出让金占比高达55.23%；同年，城镇建成区面积突破3万平方公里，年度新增住房竣工面积突破20亿平方米，与1990年相比再次翻倍。中央政府开始以平稳宏观经济为目标进行土地调控，2003年一度暂停审批全部开发区，随后进一步对房地产开发用地采取紧缩供应，2006年对城市土地出让收益分配再次调整，对地方土地出让金实行"收支两条线"管理。

2007年，美国次贷危机引发了次年的全球经济危机，我国消费和出口均受到巨大影响。在此背景下，2008年底，中央政府提出了"四万亿"公共投资计划，基础设施扩张加速，房地产投资和销售也随之大幅增加，房价快速上涨，开发量加大。2009年全国新增房屋竣工面积超过30亿平方米，其中住宅约18亿平方米，房地产业GDP占比达到

---

① 其中第二产业中非公有制部门占比已经超过50%。2000年，全国公有制工业占工业总产值的比例为41.65%，民营占40.60%，外资占17.75%。

5.4%。2008年新的《城乡规划法》开始实施，法定规划体系得到一定完善。经济和社会体制的转变带来了城市发展的新趋势，也成为城市规划工作改革的重要动因（吴唯佳，2000）。面临城镇人口的高增长和持续性就业压力，"积极稳妥推进城镇化"被置于关键的战略性地位（毛其智，2009）

（3）城镇化率超过50%后的新发展阶段（2011年至今）

2011年，全国常住人口城镇化率超过50%，进入以城市为主导的新的社会发展阶段；在这一节点上，经济社会发展也将面临新的转折（吴唯佳，2017）。2000～2016年，全国新增2.1亿城镇人口，增长50.5%，同期城镇建成区面积增长了76.4%（图1-3）。

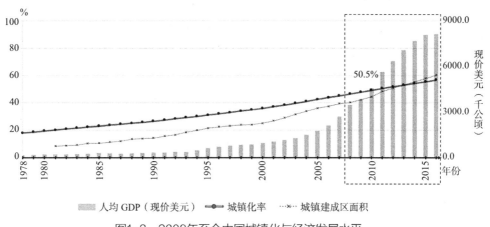

图1-3　2008年至今中国城镇化与经济发展水平

此后，我国城镇化面临新阶段和新趋势：2013年全国劳动年龄人口达到峰值10.06亿人，此后开始下降；城镇化进程趋缓，2020年城镇化率达到60%，2030年将达到65%。

与此同时，2014～2015年的棚户区改造和去库存推动了城镇房地产市场和土地市场的再次高潮。2011～2016年，全国年度新增住房建设量在30亿～35亿平方米的高位运行，地方财政收入年均增加近7000亿元，五年间增长了66%。但地方财政收支愈发高度依赖土地出让：全国范围内，市级财政资金占城市市政公用设施建设维护管理财政性资金收入的90%左右，其中土地出让、转让收入占市级财政资金的比例从2006年的不到30%已经上涨到2016年的60%。土地财政在地方发展中举足轻重，但愈发难以为继。

当前，在中美贸易争端的形势下，未来我国的社会主义市场化经济发展前景的不确定性进一步增加，户籍制度、住房制度、土地制度都面临深化改革的压力，城镇化发展与之息息相关，也面临新的挑战。

1.1.2 社会主义市场化与城镇化"中国模式"

中国的渐进式改革历程总体上呈现出经济上的对外开放和行政上的简政放权。在城镇化发展方面，土地制度、户籍制度、财税制度、住房制度等多个方面相关政策也持续调整，推动社会经济发展、城乡人口流动和城镇空间扩张都经历了巨大的增长（顾朝林等，2008）：从1978年到2016年，全国人均GDP从156美元增长到8117美元，城镇化率从17.0%增长到54.1%，城镇建成区面积从0.74万平方公里（1981年）增长到5.43万平方公里，地方财政收入从0.96亿元增长到8.72万亿元。

尤其是1990年代中后期以来，中国城镇化加速发展，城镇化率年均增长超过1个百分点。李强等将中国城镇化快速推进的过程归纳为七种模式："建立开发区模式、建设新城模式、城市扩展模式、旧城改造模式、建设中央商务区模式、乡镇产业化模式、乡村产业化模式"，突出特征是"政府主导、大范围规划、整体推动、空间上具有明显的跳跃性"（李强 等，2012）。

这种城镇化模式背后是制度基础和社会经济发展的共同作用，期间经历了上述各个历史节点的路径选择与逐步调整。在此过程中，地方政府随着制度改革的推进成为城市发展中的利益主体之一，公共性与自利性共存（彭海东 等，2008）。在市场化转型的过程中，"经济目标、经济绩效得到了硬化固化，社会效益、环境目标被偏废和弃置"（柴彦威 等，2011）。改革的核心在于权力的转移：部分行政权力和决策权力通过简政放权从中央政府下放到地方政府；企业获得自主经营权和利润留成；农民也通过土地承包实行家庭联产承包责任制。上述制度安排使得城镇化路径随之改变：农民实现自主经营，并进一步以货币收入投资于工业，带来了乡镇企业的发展和小城镇的涌现；在政治集权化、经济分权化的背景下，自上而下的任命制度、GDP导向的政绩评价和官员激励机制使得地方官员有极大的动力推动城市建设和经济增长（黄韬，2015）；国有企业竞争力的下降影响地方财政收入，招商引资的迫切需求促使地方政府大力推进基础设施和城市建设，尤其是开发区模式广泛推行；简政放权背景下，地方政府积极主动组织财政收入以满足本级财政支出，"利改税""分灶吃饭"等财政体制变化，也促使预算外收入成为地方政府财政收入的重要来源。随着城市发展的推进，这一路径演进成为"土地批租制度"。分税制改革以后，地方政府财政收入占比下降，但支出持续上升，促使以土地为核心的城市化投融资模式进一步成为城市建设资金的重要来源，形成了基于地方融资平台的"土地财政"模式（吴群 等，2015）。这一模式运行的前提是以城市土地升值作为资金保障，因此地方政府自然存在维持或推动地价上涨的内在动力和鼓励房地产发展的倾向，也在实际上推动了农地非农化流转加速和城市化建设扩张。反映到城市建设上，随着城镇化水平的持续提高，住房的商品化供给和以招拍挂为代表的土地出让制度，在总体上促进了城市土地的开发、流转和再开发。在此基础上，房地产业不断发展，并在2000年后达到高潮，加速了中国城市空间的扩张和重组。

总体而言，央地之间在经济发展方面的分权化和在行政体制方面的集权化共同造成了地方GDP导向的政绩评价方式，使得地方政府存在推动城镇化的积极诉求。在此基础上，经济制度、财税制度和土地制度的改革共同促使地方政府选择城市空间增长和土地开发扩张的路径，依赖土地财政获得城市发展的资本积累——"土地价值的回归是城市规划工作对市场经济体制的本质回应"（王凯 等，2009）。这一路径选择是逐步演进的，同时伴随着全球化和市场化中的经济高速增长，共同形成了城市化的"中国模式"。

当前，随着社会主义市场化建设的推进，制度改革进入"深水区"，城镇化发展机制仍处在调整的过程中。同时，统筹城乡发展也成为我国制度转型、完善社会主义市场经济体制的关键路径（叶裕民 等，2012）。"进一步市场化与城镇化发展"，成为我国现代化进程中的关键议题。这正是本书选择中东欧地区进行研究的出发点。

1.1.3 政府和市场在城镇化中的作用备受关注

在我国上述城镇化和社会主义市场经济发展的过程中，制度因素发挥了重要的影响（胡军 等，2005），其中政府和市场在城镇化中的作用备受关注，学术界对制度改革中公共干预的功过也存在不同看法。一方面，有观点认为过去几十年的高速经济增长主要归功于市场导向的体制改革，包括放松管制、减少干预、市场竞争、保护产权等，是符合新古典经济学原则的；但也有另一方面观点，认为地方政府和公共干预在我国城镇化和经济社会发展中实际上发挥了重要的积极作用，体制红利塑造了城镇化发展的"中国模式"（华生，2013）。

这一分歧反映到城镇化发展和城市建设管理领域，则是对城镇化路径的不同认识。一方认为城乡二元结构、户籍管理制度和土地制度是对农民权益的侵害，加大了城乡差距，阻碍了城镇化进程和市场对城乡资源要素的有效配置；政府主导新城新区扩张的城镇化路径违背市场规律，缺乏效率，破坏生态，带来大规模地方债务，使土地财政未来难以为继（文贯中，2014）；通过行政干预限制大城市人口发展和土地利用规模损失了城市发展效率（陆铭，2017）。另一方则认为，中华人民共和国成立初期的内向积累是实现工业化的必要代价，而当前户籍制度和城乡二元结构已经更多地发挥出保护农民返乡、限制资本下乡的作用（贺雪峰，2014）；地方政府致力于经济增长和城市发展，通过土地财政积累了原始资本，主动开展基础设施建设，减少了投资错配，在这一过程中土地制度帮助实现了农地非农化过程中的增值收益归公，积极有效地推动了城市建设（赵燕菁，2013；贺雪峰 等，2018）。

上述交锋反映出不同的价值取向和学术观点。在此背景下，城市建设管理及其相关的财税、户籍、土地等制度安排和政策取向方面在未来要如何进一步推动我国市场化改革和城市化发展也面临着分歧和担忧。土地制度如果进一步市场化，势必触及产权制度安排。其是否会降低公共部门对城市发展的调控能力？土地税或房产税的实行和相关财税制度的调整能否减缓地方政府对土地出让收入的依赖，进而摆脱过度扩张的城市发展模式？户籍限制如果逐步放开，将对城乡人口流动带来怎样的影响？进一步市场化的情况下，人口流动、财政收支、土地流转各方面因素叠加，会对基础设施供给和城市建设带来怎样的影响？种种问题都对我国未来的城市发展提出了新的挑战，其核心就是"进一步市场化改革中的城市发展"这一关键命题。

2008年以来，经济危机后的全球博弈形势也深刻影响了我国"十三五"期间的城市发展重点和长期的规划变革方向。在深化改革、转型发展的关键阶段，城市政策和规划更需要尊重市场机制下城市发展复杂规律，"处理好市场调节与城市规划等政府干预的'最优和平衡'矛盾统一关系"（于涛方，2016）。

1.1.4 中东欧地区转型发展的时代价值与启示意义

对上述问题的全面解答显然超越了本书的研究范畴和目标，但在当前我国城镇化发展和市场化改革进入新阶段的节点上，本书试图跳出种种争论，通过剖析和透视中东欧地区，尤其是爱沙尼亚及其首都塔林1990年后从计划体制到市场体制的全面制度转型和城市化发展的历程，为"市场化改革中的城市发展"这一核心命题提供有价值的启示和发现[①]。

截至2017年11月，中东欧16国均与中国签署合作文件，加入"一带一路"倡议[②]；在我国进一步推动国际合作交流、加强国际影响力和竞争力的背景下，对这一地区的研究也具有了新的时代价值。作为中东欧转型地区的典型代表和样板国家，爱沙尼亚及其首都塔林的转型发展历程也能够反映全面制度转型可能带来的城市发展现象、经验和教训。

从学术角度出发，这一研究将深化对转型地区城市建设和运行机制的观察，为城市规划领域提供新的学术案例，尤其是从计划体制向市场体制转型条件下的城镇化发展，能够进一步深化制度转型与城市发展的互动机制研究。除此之外，在宏观政治经济环境

---

① 关于爱沙尼亚的转型历史，本书第3章进行了更多的回溯和讨论。
② 中国一带一路网.李克强匈牙利之行成果清单出炉："一带一路"倡议对中东欧全覆盖[EB/OL].[2017-11-29].https://www.yidaiyilu.gov.cn/xwzx/xgcdt/37453.htm.

影响下，促进经济发展和保障社会公平的价值导向始终是城市规划学科理论思潮演变的基石（田莉，2006），对爱沙尼亚转型发展过程的研究也能够深化我们对这一问题的认识。

从中国现实出发，进一步推进城镇化和社会主义市场化建设是实现可持续发展的必由之路。但在此过程中应如何调整城市治理和规划建设管理机制？进一步的市场化改革又会带来怎样的新问题、新现象？从更深层次讨论，这势必涉及中央和地方政府的事权划分、土地制度、财税体制、户籍制度等基础性的政治与经济制度安排，同时也是我国未来城镇化进一步推进和建立现代化治理结构中无法回避的问题。因此本书将研究重点放在制度市场化转型与城镇化进程这一组互动关系上。作为转型国家，爱沙尼亚为我们提供了一个从计划体制进行全面市场化改革的发展样本，对这一地区的研究将为回答上述问题提供有价值的启示和参照。

1.2 研究背景：中东欧各国转型概况

1.2.1 制度转型：分权化和私有化

苏联解体后，中东欧各国首先进行了政治上的制度转型，包括国家和地方层面的民主选举，以及随之而来的分权化、国有资产的私有化、价格自由化和自由贸易的建立，以此促进私人部门的发展，以期通过市场发展融入全球经济（EBRD，1999）。随着转型的不断深入，制度转型进一步地包括提供法律法规、公共服务，建立社会网络、保障私人产权，发展竞争政策（EBRD，2010），以此来支持市场的发展。中东欧不同国家的政治转型路径不尽相同，一部分国家全盘引入西欧资本主义制度，另一部分则更多基于社会主义、资本主义以及本地特点的不断融合。但总的来说，制度转型对城市发展的影响主要在于以下三点：一是基于民主选举和自由市场原则的社会规则，二是城市中大量的私人参与者（包括产权所有者），三是地方经济系统向全球经济的开放。

在制度转型过程中，不同政策的应用对城市空间的重构带来了不同的影响（Glock等，2007）。其中一个典型案例就是，以住房私有化为代表的国有财产私有化。捷克、爱沙尼亚和民主德国采取将房产优先归还给前社会主义时期所有者的政策，而匈牙利和罗马尼亚则采用拍卖、出让等其他办法（Eskinasi，1995；Haussermann，1996；Scott et al.，1999；Kahrik，2000；Dawidson，2004）。由于政策的不同，布拉格内城的公寓在私有化后整栋建筑的产权属于单一的所有者，而在布达佩斯，每户公寓单独私有化的政策则带来了建筑产权的碎片化。前者单栋建筑产权的集中为房地产市场的发展创造了有利的条件，这部分住房供应对中心城的商业化、内城的绅士化、郊区和乡村腹地的郊区化起到了决定性的作用，进而形成具有吸引力的城市邻里和郊区带。布拉格和塔林都由内城房地产市场的大量供应带来了某些地区的土地利用模式的剧烈变化；有赖于单栋建筑的整体产权，商业化和绅士化的进程得以大大加快。而在布达佩斯，碎片化的产权则大幅减缓了人口变化和绅士化的速度（Sykora，2005）。

1.2.2 去工业化和服务业发展带动经济重构

经济方面，由于苏联时期的城市建设主要以工业生产为基本导向，因此在转型阶段，中东欧地区经历了普遍的去工业化过程，服务业得到了更大的发展。去工业化带来经济的衰退，产生的大量棕地既带来了土地再开发的潜力，也带来了进一步衰退的可能（Kiss，2002）。对于城市发展来说，零售业的增长影响了所有城市，但只带来低收入岗位，并不能提供持续的、有力的城市经济基础；而生产者服务业的增长最为关键，但往往只发生在作为命令—控制中心的首都城市（Gritsai，1997），其他城市则争取外国直接投资带来的再工业化。生产者服务业的集中增长带来了主要城市中心的扩张和快速商业化（Lisowski et al.，2002），而后则进一步在城市外围的商业园区发展（Sykora，2006）。零售业和旅游业的发展给中心城市带来了新的消费景观，随后带来了郊区消费的蔓延（Pommois，2004）。

由于经济重构的过程涉及去工业化和分层，中东欧地区经济发展同时伴随着衰退和增长，城市经济通过高度不平衡的方式融入全球经济。首都城市基于国家中心和对外经济门户获得较好发展，成功发展的中等城市通过提供廉价劳动力进入全球生产系统，一些边缘城市则在希望中陷入萧条。

1.2.3 人口流动促使社会分层加剧

中东欧地区的转型发展以融入欧洲为基本导向，资源要素的自由流动和劳动力市场的结构性变化，带来了区域尺度上的城乡人口非均衡流动。在总人口缓慢收缩、老龄化水平加剧的整体趋势下，向西欧地区的跨境人口流动成为显著特征；在中东欧地区内部，以首都城市及区域中心城市为核心的局部地区则成为人口流入的主要目的地。

经济转型同时带来了社会福利和收入的差异化，跨国公司和外国直接投资对其社会发展带来了很大影响（Hamilton，2005；Tsenkova，2008）：管理者和高级员工形成了对高端住宅市场的一部分需求，而劳动力移民则形成了社会经济层级中的低端部分。收入分异和社会极化程度在转型期不可避免地不断加强，对中东欧城市空间重构产生重要影响。富裕阶层的飞地和社会底层隔离区的形成反映了社会分层的过程（Kovacs，

1998；Polanska，2008），迅速增加的国际移民也为居住隔离带来了种族方面的因素（Sykora，2009）。通过现有邻里的改造、内城新建公寓的建设、郊区中产阶级住房的增长，局部地区实现了社会和物质空间的升级（Medvedkov，2007）；但同时也存在低收入群体向郊区逃离的现象（Leetmaa et al.，2007）。总的来讲，社会空间方面，与转型初期西方学者预测不同的是，城市地区之间的社会空间分异在转型的第一个十年中并没有显著的发展（Gentile et al.，2006），分异的过程被社会主义时期的遗产所减缓。但随着时间的发展，资本流动和市场化带来的社会空间分异逐渐显著（Kovacs，1998；Brade et al.，2009）。

1.2.4　文化变迁：个人主义和新自由主义兴起

社会价值观的多元化、个人主义的流行，尤其是年轻一代的价值偏好受到社会衰退和经济改革的重要影响，导致家庭规模的迅速缩小（Lsathaeghe et al.，2002；Frejka，2008），进而影响了其对住房的选择偏好。全球化带来了商品和消费的同质化，但由于收入水平的分异，个人接触机会并不相同。消费主义逐步流行，成为很多人的重要目标和追求；社会主义时期的集体主义逐渐被消费导向的资本主义城市倡导的个人选择所取代。

新自由主义成为经济发展的主导思想（Bockman et al.，2002），同时也对政府行为产生了重要影响。自由市场被认为是唯一最有利于经济效率和社会公平的资源分配机制，而整体调控不利于经济发展。因此，城市规划被认为与市场机制相矛盾，与城市发展的长期计划相比，临时的决定被认为更加灵活有效（Sykora，2006；Horak，2007）。内部的城市转型也被交给自由市场，同时部分受到传统物质空间规划方法的约束。但是，转型经过了第一个十年之后，城市政府开始学习新的管理技术和方法，战略规划等开始被采用（Maier，2000；Ruoppilla，2007），社会主义时期由规划者掌握的资源分配的权利，让位于引导管理者和规划者走向资本导向的投资者。

1.2.5　空间重组：对资本主义城市的片段化借鉴

社会主义遗留下来的城市空间，往往与资本主义城市经济产生冲突，这一现实在建成区的重构中得到反映。中东欧转型城市从高密度、单中心、以高层和多层公共住宅和交通通勤节点为主导的空间布局，转变为蔓延式的、多节点的城市地区，住房、服务、交通和公共空间都高度私有化，私有化成为城市转变的核心。全球化的进程使得市场在转型城市重构中发挥更加重要的作用，引导中东欧转型城市及其城市形态在全球体系中不断向资本主义城市趋近（Szelenyi，1996）。一方面，自由市场带来了住房的自由选择；而另一方面，大量增长的通勤交通则导致了社会经济和环境上的不可持续（Garb et al.，2006）。总的来说，社会主义时期紧凑的城市形态，在居住和商业活动的双重影响下迅速转变，带来了城市的不断蔓延（Nuissl et al.，2005；Ouřednicek，2007）。

（1）空间分布

最显著的空间重构往往发生在城市中心的活跃地区，以及内城和郊区的局部区域（Hirt，2006），包括商业化和城市中心的蔓延（Pommois，2004；Temelova，2007）；内城的大部分地区的转型相对比较缓慢；迅速郊区化带来了外城和城市腹地的形态变化（Kovacs，1998；Tammaru et al.，2007）。去工业化带来的棕地则为内城发展提供了机会空间，房地产业在市场导向下进行高密度建设，商业服务的大量增长彰显了国际资本的存在。外围地区同时存在郊区化扩张，形成了次级的就业和消费节点，这些节点往往处于带有小型邻里中心的原有住区和新兴的郊区之间，使原有的单中心等级系统转变为多中心的网络（Sykora，2007）。德国学者Sailer Fliege（1999）对中东欧城市转型前后的典型城市空间结构作出了总结，认为其转型存在自由主义的美国模式和欧洲大陆的企业主义和福利国家模式。

（2）时间进程

转型的第一个十年中，对城市中心的投资是最重要的阶段特征，在建成空间上体现为居住功能的退化、持续的商业化以及物质空间升级。随后则是分散和去中心化，投资同时流向中心城和郊区的局部地区。内城和中心区的重构主要是通过商业化的形式，已有功能，尤其是工业被替换为新的、更具有经济效率的功能（Sykora，1999；Hirt，2008），绅士化、新建住宅、棕地改造、次级商业中心的建设以及办公集聚区的形成。城市的复兴主要受到资本而不是政府的引导，因此只有局部衰退的地区得到重建。工业棕地和社会主义时期建设的集中住宅不断衰败，成为转型城市的一个重要问题（Maier，2005）。而后，随着个人财富的积累和住房贷款的兴起，郊区化成为影响转型城市空间的重要过程。1990年代的郊区化主体来自各个不同的社会阶层，而2000年后则主要是富裕人口流入郊区（Tammaru et al.，2007）。

（3）集体审美

转型时期，整个爱沙尼亚都存在一种尽可能抹除苏联时期留下的物质痕迹的趋势，因为这些物质空间遗产被认为反映了共产主义价值而不是爱沙尼亚文化（Kliems et al.，2010）。

新的建设活动也受到全球化的影响，现代主义和国际式的风貌成为主流审美。来自瑞典、芬兰等地的外国直接投资在城市建设活动中起到重要的推动作用，因而城市建设基本与上述地区的景观风貌相似。新建高层建筑基本采用现代主义风格，立面使用大量的玻璃幕墙，与裸露混凝土的苏联式纪念建筑形成鲜明对比；内城传统建筑的坡屋顶与新建建筑的平屋顶也混杂在一起；典型的郊区景观则由大型停车场、低密度的独户住宅、大型超市组成。

1.2.6 小结：中东欧的全面转型

总的来说，随着政治、经济和文化上向资本主义的转轨，自1990年代起，中东欧地区社会主义时期形成的城市空间正在不断调整和重构（Sykora，2009），这一重构的过程尚在进行之中。中东欧地区转型涉及一系列的政治、经济、社会因素，是一个全面的、多元的、复杂的进程；反映到城市发展上，城乡人口的流动、城市建成区的扩张、城市内部空间重组都受到巨大的影响。新的生产和消费空间反映了不同等级城市融入全球化和经济重构的情况，社会隔离和居住分异普遍加剧，制度转型也带来了新的治理价值导向，以及局部和特定区位的城市开发和空间博弈（Tsenkova，2008）。

转型期的城市发展是一个典型的后现代过程，没有确定的道德价值和明确的主体，社会主义时期被抑制的多元化观点逐渐兴起。在城市景观方面则体现为官方力量退出之后的混杂发展模式、多元化的主体和对西欧发展模式的片段化借鉴。社会主义城市的统一结构被解构为若干片段，受到各种经济、社会和政治利益在不同方面的影响，同时又以某种方式共存（Stanoliv，2007）（图1-4）。

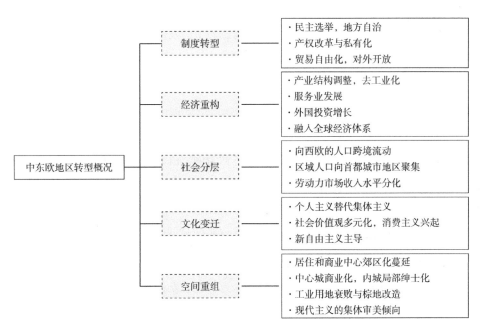

图1-4　中东欧转型概况

1.3 研究对象、问题与意义

1.3.1 研究对象：爱沙尼亚——中东欧转型国家的典型代表

爱沙尼亚位于波罗的海东岸，东欧平原西北部，国名"爱沙尼亚"是"临水而居"的意思。

爱沙尼亚国土面积约4.24万平方公里[①]，总人口约130万，与中东欧其他国家相比规模较小。1990年以后，爱沙尼亚是中东欧政治经济制度转型最为彻底的国家之一，自由市场制度受到广泛的认可和支持，货币和资本市场都完全自由化，私人部门在经济发展中占据绝对主体地位，土地改革和人口自由流动也推行得较为彻底，经济发展迅猛，被誉为"波罗的海之虎"，并于2004年5月加入欧盟。

2008年全球经济危机期间，爱沙尼亚经济严重滑坡，但仍然坚持市场化导向下的紧缩政策，此后经济逐步恢复发展，也再次加强了自由市场制度的政治经济和舆论优势。首都塔林是波罗的海重要港口城市，苏联时期主要发展军事和工业，转型后成为波罗的海区域门户，与北欧国家交往密切，金融业、房地产业、信息技术产业等产业取得了长足发展。总体而言，爱沙尼亚和塔林经历了从苏联时期计划体制向完全市场体制的典型转型历程，并且转型后在经济发展和城乡建设领域取得了一定的成就，城乡人口的区域流动、地区非均衡发展的加剧、大城市的中心城更新和复兴、全球化空间的重现和发展、中产阶级的郊区化扩张、军事工业用地的废弃与再利用、社会主义住区的改造等转型地区空间发展现象也都有典型的反映。

作为本书研究对象，爱沙尼亚是中东欧地区转型后发展整体较为成功的国家之一，能够较为全面地反映转型地区的典型特征和历程。

1.3.2 核心问题

本书的研究内容：以爱沙尼亚及其首都塔林为例，研究转型期中东欧城市的空间发展特征，及其与制度和社会因素的互动机制，以此深化对转型期城市空间发展现象的理解。

研究核心问题：从计划体制向自由市场机制的转型过程，对中东欧城市的空间发展产生了怎样的影响？如何理解制度变革与空间重组之间的互动？

具体而言，本书以爱沙尼亚及其首都塔林为研究对象，对转型中的城市发展进行多

---

① 略小于北京、天津、保定、廊坊四市总面积（5.69万平方公里）。

维视角的梳理和解析，尤其是在制度转型、社会人口调整与空间生产方面的"转型特征"，并进一步阐释关键要素间的互动关系。

1.3.3 研究基础

爱沙尼亚1990年以来的转型过程涉及政治、经济、社会、文化、空间等全方位、多方面的因素，是一个复杂过程；其首都塔林在市场化转型中的人口流动和空间重组也表现出多方面的特征，城市发展和城市规划相关问题具有高度的复杂性。那么，针对这一研究对象，如何识别关键的转型特征和作用机制？吴良镛（2001）在人居科学研究领域，提出并发展了"复杂问题有限求解"的思想：强调在复杂性的观念下，融贯多学科多方面研究，以问题为导向，针对复杂问题抓住关键要素和主要矛盾，进行提炼、简化并进一步综合集成，最终实现"有限求解"。这一思想在方法论层面上为本研究提供了根本指引。

根据"复杂问题有限求解"的思想，本研究根据文献综述、理论分析和实证研究从爱沙尼亚的城市转型发展问题中提炼三方面关键要素并构建转型研究框架（详见第2章），在此基础上，依托统计数据、历史文献、实地考察、访谈交流、调查报告等多来源的研究资料，针对各关键要素的发展特征和互动机制进行多视角的深入分析和综合集成，从而实现对转型城市发展研究这一"复杂问题"的"有限求解"。

作者在博士研究期间，曾于2014年、2015～2016年两度赴爱沙尼亚塔尔图大学人文地理系进行了为期共十个月的访问交流。在此期间，对爱沙尼亚的城市发展现象进行了持续观察，对塔林老城、港口中央滨水区、CBD、部分科技园区、社会主义住区和爱沙尼亚部分中小城镇进行了实地考察；与相关领域的研究者、塔林市相关机构的工作人员和若干居民进行了访谈交流。此外，通过爱沙尼亚国家图书馆、塔林档案局、塔尔图大学图书馆等机构获得了大量当地文献资料，并依托塔尔图大学与塔林规划部门的合作协议获取了详细的塔林市域测绘图，上述实地考察和资料积累为研究工作提供了良好的条件。

1.3.4 研究意义

（1）理论意义：建立转型期城市空间重组现象的理解框架

中东欧地区20年以来的转型历程，包括制度、社会和城市方面的多重转变，为我们提供了一个很好的对象，用来研究城市转型发展与空间重组的基础关系。本研究旨在建立一个理论框架，用来理解、分析转型城市的空间重组，为相关的理论梳理、案例研究、现象分析、机制解释、经验总结提供基础。

（2）现实意义：帮助认识我国城乡空间未来发展和挑战

我国正处在现代化和融入全球经济的过程中，从计划经济向市场经济不断地改革和发展，与中东欧地区国家有类似的情况。因此在这个过程中，中东欧转型城市的空间现象、面临的问题，都具有一定的借鉴意义；对中东欧转型城市空间涌现和重组现象的判断和理解，能够帮助我们正确认识我国未来的发展和面临的挑战。

（3）研究方法上的意义：探索和拓展城市空间定量研究的技术手段

拓展城市空间研究的数据来源和技术手段。在空间现象识别研究中，尝试运用探索性空间统计分析（ESDA）、空间计量模型等方法，进行人口流动、区域网络、空间重组等方面的定量研究，针对地区及城市空间现象进行分析，对已有命题进行检验，并探索发现新的差异和结论，在城市空间的定量研究方法上作出进一步的探索。

1.4　研究面临的难点

1.4.1　研究价值观：如何客观认识中东欧各国的转型

本研究缘起于中国当前深化改革和城市化发展的现实，核心命题是"市场化转型中的城市发展"。基于独特的发展历史，中东欧各国的转型发展对这一命题具有一定的研究价值；但也正是由于研究对象独特历史和基于中国国情的研究立足点，本研究的一个难点在于坚持客观认识和看待中东欧各国转型过程的研究价值观。

社会主义时期，中东欧地区普遍实施军事和工业优先的城市发展导向，以及苏联工业移民优先于当地居民的分配体制，在此背景下，当地居民生活水平提升相当有限。转型初期的阵痛过后，苏联移民部分回流，各国逐步恢复了经济增长，产业结构也进行了大幅度调整。2000年以后，部分中东欧国家逐步加入欧盟（2004年），经济快速增长，当地人民生活水平大幅提升。

上述发展历史使得自由市场机制在中东欧地区的社会舆论中具有不可撼动的合法性和优越性。新自由主义思想影响下，地方政府呈现从"公共服务型政体"向"促进增长型政体"转变的趋势；在学术领域，对市场化的支持也是普遍的基本共识。在中东欧各国中，转型后的爱沙尼亚是市场化水平最高的国家之一，同时经济发展水平也名列前茅，被誉为"波罗的海之虎"；2008年经济危机期间，爱沙尼亚遵循新自由主义采取了紧缩政策，而并没有选择刺激措施，危机过后经济恢复快速增长，这使得自由市场机制的合理性在社会认知中得到了进一步的加强。作者两次赴爱访学期间，与当地居民、学者进行了大量的正式或非正式交流，受访者几乎全部认为完全市场机制具有天然的优越性，是唯一的社会发展方向。

然而，在研究的起始点，我们有必要进行追问：社会发展是否一定收敛到完全市场机制？从中国的现实出发，显然答案并不是一定的。"转型"并不一定是向市场经济体制的模式趋同（吴缚龙 等，2007），实际上资本主义世界本身也在变化，古典放任主义政府已经被凯恩斯主义、福利政府和企业家政府所超越（Jessop，1998）。在中国的社会主义市场经济体制建设过程中，计划体制中平均主义的利益格局被打破，但公共干预和调控仍然是社会经济发展的重要因素之一。在此过程中，中国的分权化改革与地方政府企业化治理也形成了中国城市空间发展和演化的重要力量。中国的渐进式改革采取了某种程度上的"中间路线"，中国发展取得的成就表明：完全市场机制并不存在绝对的、天然的先进性。

尤其是在城市建设和空间发展方面，完全市场机制可能导致区域非均衡发展、大城市过度集聚、社会极化加剧等种种问题。实际上，2000年以来，随着中东欧地区大城市拥堵等问题加剧，规划的合法性也在一定程度上得到了重新认识。

总体而言，中东欧地区基于自身发展历史，"自由市场具有绝对先进性"成为相关研究的基本观念，甚至隐含着自由市场是全社会的唯一方向的集体意识。因此本研究必须建立和秉持客观、中性的研究价值观，对相关研究进行批判性的理解，在此基础上对中东欧转型城市发展现象进行全面的描述和解析，对其中的经验和教训进行客观认识，以期为我国的城市发展建设提供新的启示。

1.4.2 理论层面：转型城市研究框架建构

相关学科针对中东欧的转型过程曾提出了"后社会主义"的概念，其内涵在后续研究中扩大，泛指前社会主义国家在政治和经济上的一段过渡时期，其核心在于系统的变革和转型进程，而变革的核心在于政治的民主化转型和经济的市场化转轨（苑洁，2007）。

从多学科的视角来看，苏联解体后，中东欧各国转型相关研究掀起了高潮，但城市空间研究在其中始终处于相对弱势的地位。有限的研究大多关注现实问题而忽视理论建构；与此同时，来自于西方城市经验的理论模型还无法很好地解释中东欧城市转型发展的实际情况。因此建立制度转型和城市发展相联系的理论框架，是本研究的第二个难点。

其原因主要在于两点：一是政治和经济制度被认为是转型和社会变革的核心，东欧国家的剧变与其说是社会主义的失败，不如说是国家经济公有制的失败（Buchahan，1997），在这种语境下城市空间重组和形态演进被认为仅仅是社会重构的结果，而对转型的成功影响甚微（Stanilov，2007）；二是与社会结构相比，建成环境具有更高的稳定性，因此城市空间形态和结构的转变具有一定的滞后性，政治转型需要数周，经济制度转型需要数年，而空间结构的转变需要数十年（Sykora，1999）。瓦尔斯坦在《世界资本主义体系的上升和未来的消亡》中，提出基于资本主义的世界经济体系（Wallerstein，1974）。"将各地的市场和劳动分工整合在一个整体的体系中，其基础是国家、区域、城市之间的经济交换。在这个经济交换的过程中，存在着核心—边缘—半边缘的地位关系"（张庭伟，2006）。相对发达的核心控制着世界经济体系，而位于边缘的国家和城市则提供劳动力和资源，受控于核心地区；两者之间的半边缘地区，客观上弱化了核心和边缘之间的极化矛盾，使得整个体系能够稳定运行。"核心—边缘"结构是对处于半边缘地位的中东欧地区研究的理论语境。

也有学者试图用西方城市发展经验解释中东欧城市的转型发展过程。一些学者认为，中东欧国家的转型是向西欧国家的趋同。迪马乔和鲍威尔的制度同构理论，被用来解释这一转型历程，研究认为中东欧与西欧之间满足了①相互作用增强（西欧的援助及在中东欧转型中发挥的巨大作用）、②统治结构产生（西欧对东欧在经济技术方面的控制）、③信息流通不断增长、④对公共事业意识增强（中东欧对加入欧盟和北约组织的争取）四个条件，因而在争取合法性和一致性的内在机制下，中东欧的转型将产生与西欧的国家同构（Kyvelidis，2002）。

另一些学者则认为，中东欧国家社会主义时期的城市发展与西欧国家相同经济发展阶段的情况就存在很大不同（Szelenyi，1996），而转型阶段也并不仅仅是向西欧的趋同，而是一种共同趋势下的多样性过程（Chavance et al.，1997；Chavance，2008）。共性因素包括社会主义时期发展的路径依赖、对西方的制度性模仿、国际组织的标准化压力和全球化的大趋势，而分歧因素则包括历史造成的发展起始条件的多样性、1989年后具体的民族发展道路、制度的外部影响的多样性以及模仿制度在具体社会背景下的调整和转型（Chavance et al.，1997）。二者共同作用，产生了转型时期发展目标模式的差异。

更早期的中东欧研究者试图基于城市发展阶段的划分建立更为普适的城市发展模型（György，1984）：现代城市化的进程是不同地方语境下的普遍一致现象，城市发展模式的不同主要是由于各个城市正处于城市化进程的不同阶段。因此，社会主义城市代表了城市化的第一阶段，体现为大量人口从农村向城市的流动、快速的城市增长和工业化；第二阶段则以二战后西欧和北美城市的发展为代表，主要体现为郊区化过程和第三产业的发展；第三阶段，人口增长将主要集中在非都市地区，经济增长则主要由高技术部门驱动。基于这种观点，中东欧转型城市已经完成第一阶段城市化，正处于第二阶段。然而，中东欧城市由于自身社会主义历史而存在两个独特的城市问题：一是一半以上的人口居住在大型公共住区，这些住区环境质量正日益恶化；二是将近三分之一的用地被废弃的工业所占据。根据上述框架，持续的郊区化将成为下一阶段城市化进程的主流，而社会主义集中住区和工业所占据的用地将不可避免地沦为转型城市的贫民窟和城市废墟。

综上所述，中东欧城市转型发展与西欧发达城市或更"单纯"的资本主义城市发展存在显著的区别，对此的现有研究也尚未建立有效的理论模型，这也将成为本研究的一个难点。

1.4.3 技术层面：制度变迁难以量化分析

在技术层面，研究的核心命题是"市场化转型中的城市发展"，这必然涉及对相关制度因素的讨论。针对制度因素与城市空间发展的互动关系，在实证研究中是否有可能通过定量手段对其进行更具体的刻画，是本研究的第三个难点。

一方面，制度转型包含多元方面，从政治、经济、社会到行政、财税、户籍、土地，如何从中寻找合适的指标与城市空间发展相关联是首先面临的问题。国内相关研究曾以非公经济比例等指标衡量市场化水平，从而探讨市场化水平与城市空间发展和土地利用的关系。但经济指标波动剧烈，受要素流动和空间范围影响显著，与城市发展建设的实际情况的关系是间接的，受到很多其他复杂因素的影响。

另一方面，转型国家的制度变迁被认为是短期的过程，在独立初期政治经济体制改革中已经完成（Sýkora et al.，2012），而城市的发展，尤其是城市空间重组是长期、缓慢的过程。如果秉持这种认识，那么如何处理两个方面指标在时间维度上的"错位"，从而在制度变迁和城市发展之间构建合理的量化分析途径，也将给实证研究带来技术上的困难。

1.5 本书结构

本书共计9章（图1–5），各章节主要内容如下。

第1章绪论通过市场化进程中的城市发展现象观察，提出市场化转型与城市空间发展研究的命题，并对中东欧城市转型发展动态进行综述，在此基础上提出本书的研究难点及问题。

第2章对相关理论研究基础进行回溯，提炼中东欧城市转型发展的关键要素，建立基于"制度—社会—空间"的转型框架，并提出核心变量。

第3章对爱沙尼亚及首都塔林的早期发展历史及1990年以后的快速转型过程进行回溯，为后续研究提供语境。

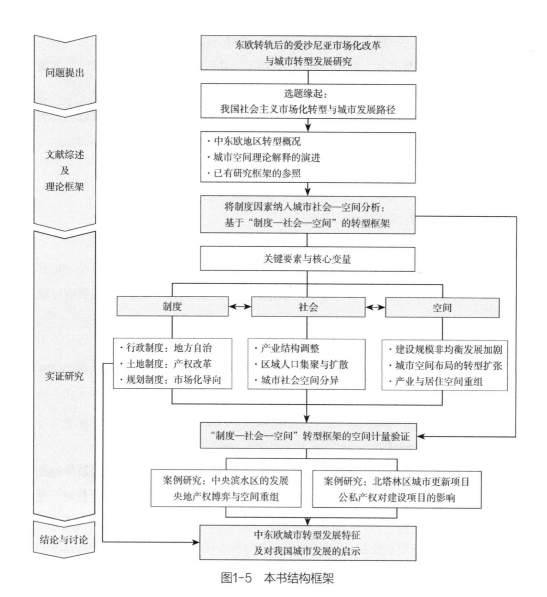

图1-5　本书结构框架

　　第4~6章根据转型框架，分别从制度、社会、空间的角度对爱沙尼亚及塔林的转型
历程进行全景式的描绘和实证分析。在此过程中以空间发展为核心，剖析相关制度和社
会转型历程。

　　其中，第4章关注制度转型，包括土地改革的产权私有化和地方化及其实践、地方
自治的行政制度、以产权所有者为核心的规划体系。转型阶段爱沙尼亚的产权改革持续
推进，建立了一套以私有制为基础、完全自由市场导向的土地开发制度，并在深层次上
与其行政和财政体制密切关联。

　　第5章关注社会转型，包括外来资本的影响和产业结构的调整，以及转型进程中
县、市、区三个尺度下的人口集聚与扩散规律。转型期间爱沙尼亚人口总量变化不大，
但经历了相对复杂的人口分布结构性调整，城乡流动、区域流动、城市社会空间分异进

程互相叠加，规模效应和区位因素共同作用，中心城市周边单元成为主要增长区，呈现郊区化、通勤化特征。

第6章关注空间转型，包括城乡建设规模扩张与区域非均衡发展、塔林城市空间布局的转型发展、各类产业和居住空间的重组与扩张及相关政策。总体而言，转型阶段的城市建设在空间布局上表现出显著区别于社会主义时期的"错位"发展特征，相关政策遵循市场化导向，在社会主义住区改造方面表现得尤为突出；产业结构调整、级差地租效应驱动城市空间分层、居住结构转变及中间阶级郊区化扩张、央地博弈影响下的产权格局共同影响了转型期的塔林空间发展。

第7章通过空间计量模型，结合第4～6章的实证研究，以产权结构、人口变迁和空间增长为关键变量，对"制度—社会—空间"的转型框架进行检验。基于地方单元尺度截面数据的空间滞后模型表明，与中央政府和私人产权相比，地方政府产权虽然绝对比例极小，但仍是推动转型期空间增长的关键变量。在此基础上，面板数据分析表明，地方政府产权在时空累积进程中持续发挥了显著的积极影响。

第8章为案例研究。根据第7章的结论，产权结构，尤其是地方政府产权对转型城市空间增长具有显著影响，因此该章选取塔林中央滨水区发展及北塔林区城市更新项目两个案例，进一步剖析中央、地方、私人产权在实际开发活动中的博弈，及其对建成项目的影响。

第9章总结主要结论并对我国城市当前发展提出建议。

在研究过程中，本书还注重以下几点基本判断。

①转型城市空间重组是一个时空进程，具有时间上的连续性和空间上的累积性。因此，空间特征的识别不仅限于当前或转型期间某一时点的截面，更重要的是对于转型阶段空间变化特征的考查。

②转型城市空间重组是多元影响因素下的复杂空间过程。从不同角度来看，其中包括了政治制度、社会经济的结构性影响等。针对中东欧地区，以产权改革为代表的制度变迁是本研究的核心要素之一，并以此为出发点，解析转型城市空间重组现象与多元影响因素之间的互动关系，在对空间特征进行基本判断的基础上，理解城市空间重组的内在逻辑。

③转型城市空间具有多维度、多尺度的发展特征。基于这一认识，在实证研究中，在区域、城市和案例地区等多尺度上分析其人口流动和空间现象。

第 **2** 章

分析框架构建

从全球范围来看，政治、经济和社会制度变迁，与城市发展和空间重组有着密切的联系，如西欧地区的全球化，北美的后福特主义，非洲、拉美的后殖民主义等，都对其城市空间发展产生了深刻的影响。在《明日之城》中，彼得·霍尔（2009）指出，"城市规划总是与城市问题很微妙地交织在一起，与城市的经济、社会与政治问题交织在一起，并且反过来与现时的整体社会—经济—政治—文化生活的问题交织在一起"。

对城市而言，其发展往往不是"向想象中的平衡状态的平滑过渡"，而是"从一种不平衡向另一种不平衡的转变"（Friedman，2006）。转型期是中东欧和西欧地区不断融合，并逐渐融入全球经济过程的时期，也是中东欧城市空间结构发生急剧变化的时期（Stanoliv，2007）。

针对这一阶段的中东欧转型城市发展（图2-1），本章将在转型研究和对城市空间解释的理论基础上，构建基于"制度—社会—空间"的转型城市分析框架，并进一步解析其中的关键要素和核心变量。

图2-1　转型国家主要发展节点

2.1　问题的提出

2.1.1　转型研究：以政治经济为核心

1989～1991年，伴随苏联解体，原东欧国家先后进行了多元政治体制和经济体制的根本性变革，中国学术界称其为"东欧剧变"，剧变后的原东欧国家被称为中东欧国家（马细谱 等，2014）。中东欧的转型从根本上改变了这一地区的政治生态、经济体制和社会生活，也对地缘格局产生了深远的历史影响。

国内学界在1990年代中期比较关注初具雏形的经济市场化发展情况，尤其是对激进转型和渐进转型路径的比较分析，以及私有化进程的实施和影响。此后，随着中东欧转型实践的推进，相关研究也向政治、经济、外交等领域拓展，到2010年前后结合中东欧发展的全面回顾①，形成了新的研究高潮，主要关注体制变革的进展、经济增长与社会福利发展、政治转型与经济转型的关联、转型目标和绩效评价等问题，并结合中国的现实情况，对中东欧转型的成就、经验和教训进行分析和讨论②。

相对而言，国外学者的研究更为广泛和深入。尤其是2000年前后，转型十周年之际，大量的学术会议、期刊专辑和机构调查都对转型的原因、过程、结果、意义等方面进行了分析讨论。法国学者Lavigne（2000）对前十年的相关研究进行了综述，并将其归纳为三个主要问题：转型初期的经济衰退是否不可避免；"华盛顿共识"的局限和讨论；转型进程是否结束及欧盟在其中的作用。此后，随着中东欧转型实践的深入和经济危机的发酵，相关研究更加关注对转型过程和经济发展模式的重新评估、对转型阶段和前景的判断等（例如Rose，2009；Marc，2011等）。

总的来讲，转型研究往往与中东欧地区1990年以来的发展实践紧密联系在一起，在转型初期、经济恢复增长、中东欧加入欧盟、金融危机等发展节点上受到广泛关注，政治经济领域是相关研究的核心内容。

2.1.2　中东欧转型的外部约束

在转型研究中，中东欧转型的一个显著特征是在外部约束下的快速转型过程。中东欧国家在转型阶段，无一例外地均选择回归欧洲，并对俄罗斯国内政治动态和势力范围扩张情况保持高度的关注和警惕。因此，中东欧的转型过程具有强烈的外部约束性，国际组织在提供援助时附带的约束条件③，尤其是欧盟的要求显著影响并加快了中东欧的转型过程。

1991~1996年，中东欧各国陆续和欧共体签署了双边协定，但由于严格的限制性规定，这些协定被看作"限制他们接触西方核心市场"（拜德勒克斯 等，2013）。1993年

---

① 例如：金雁.从"东欧"到"新欧洲"：20年转轨再回首[M].北京：北京大学出版社，2011.
② 这一阶段的相关研究详见国务院发展研究中心欧亚社会发展研究所：马细谱，李少捷.中东欧转轨25年：观察与思考[M].北京：中央编译出版社，2014；陆南泉，朱晓中.曲折的历程：中东欧卷[M].北京：东方出版社，2015.
③ 这些援助计划在一定程度上对中东欧的转型提供了帮助，但同时也受到了一定的质疑。一方面，有学者指出，援助数额远小于实际需求，与欧洲的整体规模相比也显得微不足道，并且以贷款为主的援助形式导致中东欧国家沉重的债务负担（Mayhew，1998）。另一方面，美国战后对欧援助的"马歇尔计划"，以欧洲经济合作组织为基础框架将欧洲作为一个整体进行援助，被认为促进了欧洲的跨国协作，从而促进了欧洲经济的振兴；与此相比，转型期西欧国家对中东欧地区的经济援助则以单个国家为对象进行有差别的分别援助，如转型初期的1990~1994年，前捷克斯洛伐克、波兰和匈牙利获得了超过200亿欧元的援助，其他中东欧国家共计只获得35亿欧元（UNCTAD），加之中东欧地区民族国家曲折的历史，此举加剧了地区协作不足、各国转型进程各异的情况。

的"哥本哈根标准"明确了接纳新进国家的条件（Baldwin，1994），包括四项要求——稳定、多元化的民主国家，具备有效的市场经济，能够适应欧洲单一市场环境的竞争压力和劳动力市场压力，赞同欧盟的经济、货币和政治联盟目标并承担相关义务。1994年起，中东欧各国陆续递交申请，而在欧盟内部，德国对此表示出积极态度（Gower，1999）。1995年的"接纳前战略"（pre-accession strategies）进一步为中东欧国家设计了一系列为加入欧盟而需要实施的步骤。

"哥本哈根标准"明确了中东欧国家的转型方向，通过欧盟的激励和规范机制对中东欧转型形成了强有力的外部约束，推动了各国在较短时间内进行政策改革。

此后，随着全球环境的变化和中东欧转型的推进，1999年起中东欧各国陆续加入北约，2004年起又陆续加入欧盟，和欧洲的联系不断紧密，尤其是在人口流动、外国投资和制造业外包方面。

在区域空间重组与发展方面，欧盟政策始终伴随着不断的博弈甚至是激烈的碰撞，这种情况在中东欧谋求加入、欧盟扩大的过程中尤为显著（Pallagst et al.，2007）。从转型以来的空间发展实践观察，中东欧地区也的确存在在一定程度上与西欧地区相区别的整体特征，是整个欧洲的空间重组活跃地区。

伴随着政治经济制度的转轨，中央计划规划体系随之崩溃，在规划政策方面，中东欧国家既要面对欧盟体系规范的压力，同时也承担着规范自由市场经济的任务。在转型的前15年，尽管欧盟的结构政策并不直接指导空间规划和区域发展策略，但是中东欧国家对于获得欧盟补贴的期望影响了其政策选择，由此欧盟的规划和实施系统对中东欧地区的国土治理产生了切实的影响。例如从制度角度来说，欧盟的NUTS II分区政策促进了中东欧的分权化过程。与此同时，在中东欧和西欧的融合过程中，也存在效率与公平的价值判断和博弈：区域融合政策是通过关键领域和大型投资来提升区域经济效率，还是以减小区域的社会差距为目标？支持在核心空间和关键产业部门进行集中投资的观点认为，首都及主要城市在创新、技术和文化方面的发展，将通过资源的传播引领整个区域，因而从更广泛的角度来说，前者具有更好的经济效益。

1999年的《欧洲空间发展展望》（*European Spatial Development Perspective, ESDP*）是欧洲层面空间规划发展的一个里程碑，其中欧盟把向中东欧地区的拓展视为欧洲空间开发政策面临的又一大挑战。其中指出，11个中东欧国家的加入将使得欧盟人口增加28%，面积增加34%。与以西欧为主的欧盟15国相比，中东欧国家的人口普遍较少（波兰和罗马尼亚除外），人口密度也相对较低。此外，中东欧国家的人口分布更为集中，62%的人口居住在边境地区，而欧盟15国只有15%左右的人口居住在边境地区（ESDP，1999）。多中心化在欧盟的空间发展中得到了特别的关注（ESPON，2003），《欧洲空间发展展望》也提出"在由伯明翰、巴黎、米兰、汉堡和阿姆斯特丹构成的西北欧五边形以外的地方，培育更多的新'门户'型中心城市，它们之中有很多是国家政治或商业首都，服务于广阔而人口稀疏的区域，例如伊比利亚半岛、斯堪的纳维亚半岛以及东中欧"（彼得·霍尔，2008）。此外该文件还提出，中东欧国家应特别考虑"跨国交通基础设施的规划和欧盟交通政策，恢复生态，尤其是旧有工业区生态的措施，以及郊区结构调整的政策"，这在此后的过程中对城市发展产生了进一步的影响。欧盟内部日益意识到，基于中东欧城市面临的大量挑战，应当为其提供更多的资源用以解决相关国家的地区和城市发展问题。为此，欧盟发展基金、结构基金，以及针对波罗的海的VASAB项目等，都包含以财政金融手段促进空间开发和环境治理等方面的跨境合作。

随后，2006年的《欧盟领土议程草案》（*The Territorial State and Perspectives of the European Union*）和2007年的《欧盟领土议程》（*Territorial Agenda of the European Union*）指出，东、西欧的差距仍然明显，但一些领域的差距正在缩小。总的来说，由于中东欧地区发展基础相对薄弱，因此其更具活力的经济有利于整个欧洲范围内的领土融合。在空间上，两个地区存在的竞争关系主要在于工业选址和劳动力流动问题。外国直接投资在东欧国家发展中起到关键促进作用，但往往局限于首都地区、与西欧接近的边缘地区和重要港口，导致其国家内部的非均衡发展，区域分化现象加剧。

生态环境方面，东欧地区的国家公园等生态用地面积占到了整个欧洲的一半以上，成为其重要资源，这些地区基本已经建立了保护制度，但实际上的保护措施仍需加强；土地私有化的过程也导致部分自然资源的私有化，需要采取政策使得所有者的使用符合环境保护的目标。交通和能源基础设施将成为东欧地区经济、社会和领土融合的关键挑战。

目前，中东欧国家仍然是欧洲的"弱势"地区，尚处在融合过程之中，其转型进程始终受到，并将继续受到欧洲整体环境的极大影响。最近的《关于社会、经济及国土融合的第六次报告：为就业和增长投资》（*Sixth Report on Economic, Social and Territorial Cohesion: Investment for Jobs and Grouth*）指出，欧盟各国，尤其是欧元区国家的投资缩减，导致边缘和核心地区的差距再一次加大，这将使得劳动力和投资集中在发达地区，而其他地区则面临衰退和消极的影响（EESC，2015）。

总的来讲，中东欧的转型是该地区从中央计划体制向自由市场体制转变的过程，同时伴随着军事、经济、外交、文化联系"自东向西"的转换，以及资本、劳动力、技术要素流动和资源配置的全面转向，外部约束，尤其是欧盟的激励作用在此过程中发挥了显著影响。

2.1.3 新的问题：如何认识中东欧城市转型与空间重组？

中东欧的转型是一个复杂的全面过程，转型研究的关注点与转型实践的不断推进紧密联系在一起。在转型的第一阶段，市场化经济体系的建立和政治民主化体制的构建与稳定是转型国家发展实践的主要挑战。加入欧盟的要求是其转型的主要外部约束，因此相关学术研究也普遍以政治经济领域为主，在整个中东欧地区或各个国家层面进行宏观讨论。

近年来，随着转型进程的持续深化，经济加速发展带来产业结构调整和社会分化加剧，土地和住房体系市场化水平不断提高，城市空间的重构、改造和扩张成为中东欧转型第二阶段的新问题。在此背景下，城市研究成为转型研究的新维度，包括规划管理改革、社会分异与融合、空间重组等在内的城市问题也逐渐进入学术研究的视野。

Stanilov等（2007）编著的《后社会主义城市：社会主义以后的中东欧城市形态和空间转型》[①]是转型城市研究方面的重要著作。该书指出中东欧转型研究领域中，城市形态和空间重构方面的成果比较有限，但实际上城市空间使用方式已经发生了深刻的调整，这对城市生活存在显著影响，并可能为中东欧地区的未来城市发展引导方向，研究着力构建中东欧地区城市空间重构进程和社会经济改革的基本力量之间的联系。

2012年，学术期刊《*Citie*》发表了特辑"异质性：中东欧城市的社会和空间变革"（Heteropolitanization: Social and Spatial Change in Central and East European Cities），聚焦中东欧城市新涌现的社会发展和空间重组模式。其一系列研究成果包括对波兰、捷克、匈牙利、爱沙尼亚、拉脱维亚等国的首都和部分内陆城市的社会空间分异、内城复兴、城市改造、郊区化等现象的分析和讨论（Marcińczak，2012；Temelová et al.，2012；Haase，2012；Krisjane et al.，2012）。该特辑指出，中东欧城市已经从生产空间主导的工业化城市转变为第三产业主导的现代化城市空间，除了经济转型的深远影响以外，城市发展还嵌套在计划体制遗产和当前社会变革的路径之中，城市社会和空间变革成为当前转型研究的新亮点。在全球和地方化因素的影响下，创造、联系和竞争共同推动了城市"异质性"的加强，成为转型城市的关键特征（Gentile et al.，2012）。

综上所述，随着中东欧转型发展实践的深入，转型研究从政治经济领域的宏观分析和政策选择出发，逐步开始关注城市社会变迁和空间重组模式。立足城市规划和城市研究领域，本书聚焦如何认识中东欧转型中的城市空间发展特征、规律与机制，这也是当前转型研究中值得关注的问题。

2.2 理论基础：城市空间理论解释的演进

对中东欧转型城市的空间发展规律与机制的认识，有赖于城市空间相关研究的理论

---

① Stanilov K. The Post-socialist City: Urban Form and Space Transformations in Central and Eastern Europe after Socialism [M]. Dordrecht: Springer, 2007.

指导。而城市空间结构的识别和理论解释始终是城市规划和地理学的核心命题之一，其研究理论和方法经历了持续的演进。

2.2.1 早期新古典主义：个体迁移影响城市空间结构

早期古典主义的地理学和城市规划学对于城市发展与空间结构、空间形态的研究，主要强调对城市空间现象和问题的描述、归纳、分类，构建了田园城市、带型城市、卫星城市等一系列的理想城市形态，以应对工业社会带来的种种城市问题；1950年代以后，受到现代理性主义思想的影响，实证主义研究开始占据相关研究的主流，用统计和抽象的方法分析城市空间发展、建构计量模型，以芝加哥学派为代表，提出了土地利用的同心圆、扇形和多核心模式（Burgess，1925；Hoyt，1933；Harris et al.，1945），进行城市内部空间结构的识别和测度。此后，随着统计方法和定量分析技术的进步，大规模的实证研究验证了北美城市的社会空间结构模式（Herber et al.，1978）。

在前述城市空间形态描述和空间结构测度的基础上，空间结构的解释和认识也始终是相关研究领域的理论核心。

在这一方面，早期新古典主义学派的代表是中心地理论（Christaller，1988）和地租理论（Alonso，1964），其主要解释逻辑是研究区位与生产和消费在城市发展中的关系，立足于最低成本区位，分析理想状态下居民或企业的个体选址行为对城市空间结构的影响。此后新古典主义的理想状态假设受到来自现实的反思——"唯有一般和可普遍化的东西才具有科学性的主张使地理学失去了它的核心关注点"（Massey，2011）。面对新的社会问题和时代背景，行为主义试图对其加以改良和修正，将个体行为偏好因素引入选址行为决策中，从根本上来讲还是在寻找影响企业选址和城市空间结构的"区位因素"，在对城市空间发展演进的认识论层面上没有根本的变革，仍然将城市空间结构理解为个体和企业迁移与选址决策所形成的整体结果。

上述理论对城市空间结构的理解是基于生态主义发展观的，将社会与空间过程的关系建立在一种生物学的隐喻之上，将人口的集聚和分散以及城市的发展模式看作对环境的一种适应过程（Gottdiener，1999），关注个人和企业作为个体的意识和自由选择，其核心是个体的迁移和选址决策，而城市社会和空间结构是这种个体选择的结果。

2.2.2 结构主义：经济组织模式通过"结构"和"阶层"影响空间生产

新古典主义对城市空间发展的理解逻辑面对近几十年的城市冲突、格局变化和去工业化阶段缺乏解释力。主要问题在于其在对城市中个体迁移的考察中，将人理解为机械的、一般的、原子化的个体，把经济理性看作其个体决策的主要因素。行为学派在此基础上将人类活动的主观因素纳入考查范围，但忽视了约束人类活动的客观因素。

在此背景下，1970年代以来，结构主义学派兴起（Massey，1973），强调整体性、层次性和非个体性，认为结构的存在是独立的，结构是个体选择行为的根源而非结果。结构主义认为，社会结构存在不同的划分，城市并不是个体对环境的适应，而是一种阶层适应，是各阶层（或种族、性别）在自己的社会逻辑下力量博弈与选择判断的结果。反映到空间上，经济组织模式通过对"结构"和"阶层"的影响而与城市空间模式相关，因而资本主义不同阶段（例如殖民、工业化、垄断和全球化）带来了不同的城市发展模式（滨水城市、工业城市、大都会和郊区、多中心大都市区域）（Gottdiener et al.，2013）。

结构主义范式下，城市人口的迁移和选址行为并不是在经济理性和个体主观偏好影响下的自由流动，而是受到政治制度、经济组织模式对社会阶层的约束。城市空间的解释理论更加深化，政治经济学分析成为城市空间结构解析研究的重要内容。

在此背景下，新马克思主义理论将城市理解为资本主义的城市，由资本积累、投资策略的节律和劳动力的补充提供所支配的大范围经济力量决定其轮廓（Katznelson，2013）。基于"空间生产"的概念，新马克思主义将城市空间过程在资本主义生产方式下加以考察，将城市空间的分析与对资本主义生产方式、资本循环、资本积累、资本危机等社会过程结合起来，认为资本的流动与积累推动了城市空间的生产与再生产，在资本投资于工业生产的"初级循环"过程中会出现过度积累的危机，因此资本将转向投入相关联的"次级循环"，也就是建成空间的生产，通过资本空间化实现增值诉求（Harvey，1978）。

因此，城市空间生产与资本的循环与积累密切相关，"资本的投入、积累和经济危机与区域空间扩张和衰退的进程相吻合"（顾朝林，1999），同时交通和通信技术的发展加快了资本循环的进程，这种提速在时间和空间范围中同时发生（Harvey，1989）。这种空间生产同时造成中心与外围的分化，在这个过程中资本主义通过在地理上创造新的积累中心而避免过度积累的危机，也就是说，资本的空间转移就伴随着城市的空间扩张。由此，当前的全球化被理解为"资本主义空间生产之下完全相同的基本过程的一个新阶段"（Harvey，2000）。

结合我国的城镇化建设发展过程，与资本主义的时空转移和空间整合过程相关联，随着城镇化资本循环的推进，资本增值成为空间生产的主要目的，在推动经济增长和城市建设的同时，也带来城乡不平等加剧的危机（武廷海 等，2014），存在"剥削空间以谋取利润的资本要求与消费空间的人的社会需要之间的矛盾，也就是交换价值与使用价值的矛盾"（武廷海 等，2012；武廷海，2013）。

2.2.3 新制度主义的认识：制度塑造经济组织模式

结构主义范式认为经济组织模式通过对"结构"和"阶层"的影响而与城市空间模式相关。那么再进一步剖析，是什么塑造了"经济组织模式"？答案是制度。

新制度经济学理论指出，制度是社会经济运行的基础。"在一个不确定的世界中，制度被人类用来使其相互交往具有稳定性，制度是社会的博弈规则，并且会提供特定的激励框架，从而形成各种经济、政治、社会组织"。"我们每个人都生活在一种经济制度当中，人类自身的福利依赖于整个社会所能提供的产品与劳务，而后者取决于经济制度的运作效率"（科斯，2003）。

劳动分工提高了生产和经济运行效率，而分工必然存在交易成本，交易成本越低，制度的生产效率就越高；交易成本又取决于国家社会的基础制度安排，包括法律、政治、社会等。因此，制度安排通过交易成本影响了经济组织效率，"制度在社会中起着根本的作用，是决定长期经济绩效的基本因素"（诺思，1994）。在这种视角下，制度是增长的源泉，"改革就是解放生产力"是对制度重要性的解读。更进一步，制度的核心是产权安排，"把安全有效之产权在政治上的确立视为经济增长的关键"，产权的效率在于"能否为在它支配下的人们提供将外部性较大的内在化的激励"。

从跨学科的视角来看，在政治学、经济学、社会学等领域，新制度主义在1970~1980年代以后逐渐成为重要的分析范式。通过从人、制度因素，以及社会活动的相互关系这一角度入手，解释分析现实中的社会活动和社会现象，新制度主义能够分析个人行为与制度结构之间的内在关联，从而进一步地揭示社会现象背后的根本动力和作用机制，对现实世界具有较强的解释力（李强，2008）。新制度主义认为，制度能够界定政治活动、经济活动、社会活动的参与主体，通过影响上述不同参与主体的偏好影响其行动策略，并进一步通过建立约束或激励机制来塑造参与主体的行为选择，最终实现影响政治、经济、社会活动的现实结果[①]（图2-2）。

在包括我国在内的广义上的转型国家，现实的历史进程赋予了制度因素对于城市空间发展的更重要的意义。这使得新制度主义范式也成为本研究的理论基础之一，相关因素将在下一节进行有针对性的进一步讨论。

---

① 在结构主义和制度主义的认识基础上，美国学者基于美国城市发展实践提出了增长机器（Logan et al., 1987）和城市政体（Stone, 1989）理论，是用于分析城市发展的制度安排、调整机制和经济结构性变化的两个重要概念，而后也被广泛运用到其他国家和地区。增长机器理论认为城市的发展是其中主要利益主体互动、形成发展联盟的过程，指出城市管理向"促进、鼓励地方发展与就业增长的方向发展的趋向及其形成机制"（Harvey, 1989）。城市政体理论提出掌握城市发展关键资源的地方政府和私人部门通过制度安排进行合作管理，促进城市发展，形成不同类型的城市政体（Stone, 1989）。

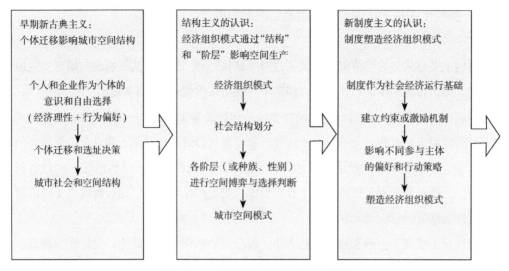

图2-2 城市空间研究的理论认识演进

2.3 构建基于"制度—社会—空间"的转型研究框架

2.3.1 已有研究框架的参照

政治经济制度是转型研究的核心，相对而言，城市发展并不是这一领域的研究重点。有学者对1995～2015年SSCI期刊发表的中东欧研究文献进行检索、汇总和分类。结果表明医学、经济学和政治学是其中发表文献最多的三个研究方向，相关文献占总量的71%；而在同期国内的中东欧研究文献中，政治学方向占48.8%，经济学方向占42.2%，合计占到相关文献的91%（王群，2017）。国内文献对中东欧地区的关注更是极其有限，研究内容也基本关注社会分异情况方面的综述（李志刚 等，2006；魏立华等，2006；王丹，2011）。

在城市发展研究方面，虽然近年来已有若干相关研究（例如Kovacs et al.，1997；Hamilton et al.，2005；Tsenkova et al.，2006；Stanilov，2007），但往往关注的是城市转型动态的描述，或是社会分异、郊区化进程、住房市场改革、棕地改造等某一个切面，而不是建立批判性剖析和解释的整体性理论框架。

在有限的已有研究基础上，捷克学者Sýkora和英国学者Bouzarovski（2012）提出了一个转型城市的理解框架（图2-3、图2-4）：在全面总结中东欧转型动态和相关研究的基础上，将转型过程划分为三个层面，一是制度转型，二是社会转型，三是空间转型。这一框架是以各层次转型发生的时间顺序为基础，认为这三重转型分别对应短期、中期、长期的时间阶段，具有时间上的先后关系——政治和经济组织制度在转型初期内很

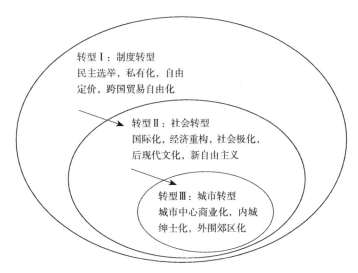

图2-3 Sýkora和Bouzarovski的多层转型框架

（图片来源：根据Sýkora L, Bouzarovski S. Multiple Transformations: Conceptualising the Post–communist Urban Transition[J]. Urban Studies, 2012, 49 (1): 43–60. 整理）

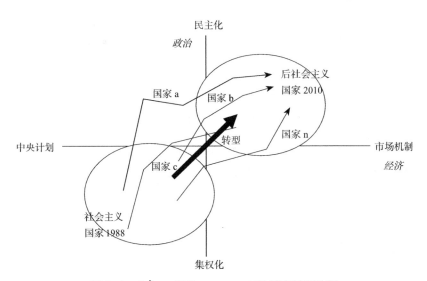

图2-4 Sýkora和Bouzarovski的国家转型路径

（图片来源：根据Sýkora L, Bouzarovski S. Multiple Transformations: Conceptualising the Post–communist Urban Transition[J]. Urban Studies, 2012, 49 (1): 43–60. 整理）

快完成，中期阶段社会发展和文化行为随之发生适应性调整，并进一步在长期持续的过程中重塑城市形态和土地使用情况。这种时间上的先后顺序和持续时间的长短，进一步带来了作用机制链条上的影响关系：制度变革为转型建立了普遍的社会基础，社会经济文化方面的实践活动影响了阶层活动，最终反映为城市空间重组的动态。

根据这一框架，研究者将中东欧城市的转型动态研究进行了归纳和分类，通过一个相对简化的理解框架，将政治民主化、私有化、自由化、全球化、经济重构、社会极化、后现代社会文化、城市空间商业化、城市更新、郊区化等方面的转型城市相关研究都包含了进来。

从本书的研究视角出发，中东欧国家制度转型的相关政策安排固然是短期发生的，但具体的落实经历了长期过程，尤其是在与城市空间发展直接密切相关的土地领域的实证研究表明，转型并不是一蹴而就的，而是经历了持续的、逐步的推进。因此，这一框架以各方面因素变革的时间先后或持续长短为基础构建，逻辑相对简化，对本书的市场化转型与城市发展研究而言存在一定的局限性；但在转型发展的关键要素方面为本书提供了很好的启示。

此外，针对中国城市的转型发展，张京祥等（2008）从两条线索解析转型期城市空间演化、重构的机制：一条线索是广义上的体制重构；另一条线索是空间重构。在上述二元关系中，"体制重构"包括经济体制变迁、社会结构变迁、城市管治、大都市区管治等多方面内容，再从空间重构方面分别解释各方面因素的空间效应。这一框架的建立，基于中国渐进式转型发展的现实——"摸着石头过河"的改革过程中，制度转型或曰体制重构必然是一个多方面、多要素、多频次的过程，因此在该框架中以"体制重构"涵盖所有"非空间"的影响因素，形成二元逻辑基础上的理论框架。

鉴于中东欧地区的发展现实，本研究认为，中东欧地区的市场化制度转型在短期内就奠定了政治经济体制的根本转变，随后的制度变迁更多的是政策实施和推动进程，与中国的渐进式发展在客观上存在区别。尤其是其在所有制，包括土地所有制方面的转型，是在短期内基本确立了全面、彻底的政策安排，之后经历了长期的实施过程，因此其制度转型更应当作为城市发展中一个独立的维度加以分析。这也正是中东欧地区转型研究的关键价值所在。

2.3.2 将制度因素纳入社会—空间分析

新制度主义的理论基础和已有研究框架的参照，都启示本研究应当将制度因素纳入到转型城市的社会—空间分析过程中去。

空间与社会的影响关系，始终是城市研究的重要命题。一方面，在社会学研究中，城市空间往往被视作社会的一种反映，或是反映了过去以及现在的社会经济状况，或是作为空间背景在二者的互动和融合中起到基础作用（Dingsdale，1999）。城市空间理论指出，人类的动机和环境影响了空间的构成——将人对环境的理解进行形象化和象征化反映就形成了城市，通过这种途径，经济和政治力量对城市空间带来重要影响，改变其社会和空间性格，正是所谓的"空间是社会的表现"（Castell，2000）。另一方面，规划学科则通常更关注空间的主动作用，强调空间在城市发展中对经济和社会的影响作用。在现实中，城市为政治、经济、社会过程提供了空间媒介，同时空间也通过区位、环境、距离等因素影响社会群体的关系属性并进而影响其相互作用，这种双向的持续过程形成了"社会空间统一体"（social spatial dialectic）。社会—空间分析构成了城市研究的认识逻辑基础（格利高里，2011）和认识城市本质的重要理论视角（边兰春 等，2018）。

在此基础上，本书针对转型城市，将制度因素纳入进来，将其作为影响城市空间发展的另一个重要变量。这就将带来一个关键问题：在这一框架下，如何认识制度因素与社会经济因素的关系？

一方面，从马克思主义哲学的视角出发，所谓"经济基础决定上层建筑"，制度被看作社会经济过程的结果；另一方面，针对转型城市的发展现实，制度变革是后续城市经济、社会、空间各方面重构过程的起点，社会经济转型和城市空间重组在一定程度上都是制度市场化转型带来的结果。这是否会产生矛盾？

经济学领域对这一问题的分析方法有助于加深对其的认识和理解。首先，把经济过程比作一个博弈过程，经济学领域往往将制度看作博弈过程的参与者，而博弈规则是博弈过程的结果（均衡）。这种观点被称为"博弈均衡论"（equilibrium of thegame），认为制度起源是"自发的秩序"，并在博弈过程中达到均衡，在博弈条件发生变化的情况下，博弈结果也发生变化，也就是制度变迁或制度演进，即所谓的"经济基础决定上层建筑"。而另一方面，诺思（1990）在《制度、制度变迁和经济成就》中提出了与"博弈均衡论"相对应的"博弈规则论"（rule of the game）。这一观点将制度看作一种博弈规则，这种规则在博弈过程开始之前就被构建，在博弈的过程中，参与者不能改变规则；现存的博弈规则确定了参与主体如何进行组织交易和创新的激励机制，最终得到博弈结果，并对新规则产生有效的需求；这些新规则在政治市场中通过讨价还价决定，国家政治组织决定和实施了基础性的博弈规则，也就是制度（North，1990）。博弈均衡论和博弈规则论这两种分析方法实际上正对应着上述针对制度与社会关系的两种逻辑。

日本学者青木昌彦（Aoki Masahiko）在《比较制度分析》中对诺思的理论进行了进一步的发展，将两种分析方法结合起来——制度既是博弈规则，也是博弈均衡（Aoki，2001）。这揭示了制度的双重性质——制度既是参与者持续不断的战略互动和博弈过程的产物，同时在博弈过程中又稳定地独立于每一个个体参与者的行动选择。在任何经济活动或博弈过程中，参与者不可能，也不必要获得全部的信息。相对稳定的条件下，不完全的信息就足以使参与者形成决策；但当发生剧烈的环境、技术或人口变迁，或是持续的博弈过程和结果导致了内生危机时，博弈结果也就是制度安排的稳定性就发生了改变，参与者就会寻求新的信息，并通过新的博弈过程收敛形成新的制度演进（青木昌彦，2003）。

简言之，针对构成制度的博弈规则是内生或外生的，也就是制度与经济社会组织的作用机制存在两方面的分析方法，但二者在进一步的理论发展中是辩证统一的，也是可协调的，针对具体研究问题的选择具有关键意义。制度作为博弈结果的一面，是经济基础的产物，符合马克思主义哲学观；而制度作为博弈规则的一面，则影响了个体行动和组织选择，是社会发展过程的基础。从这一视角出发，本书在针对转型地区城市发展的具体问题上，将制度因素作为基础变量加以认识和审视。

针对中东欧转型国家来说，制度的转型主要来自于外部环境巨变（苏联解体），当然也是此前长期博弈过程中内生矛盾积累的结果，但对其本身在之后转型阶段的发展实践来说，制度更是一个基础性的博弈规则，影响着社会经济发展和城市建设。

2.3.3 构建基于"制度—社会—空间"的转型框架

制度因素是社会活动和社会现象的重要影响变量，尤其是针对本书研究的转型城市问题而言，制度因素本身发生了巨大转变。

进一步地，结合转型阶段中东欧地区城市发展动态，针对"市场化转型中的城市发展"这一命题，进行关键要素拆分：一是"市场化转型"，二是"城市发展"。对前者而言，"转型"表示某种根本性的变化，"市场化"则表示变化的方向是市场导向的，其中隐含主体是"制度"。对后者而言，"城市发展"又存在两个最基本的方面：一是"非空间"的（non-physical），其中社会经济发展和人口流动形成了城市化发展的根本动力；二是"空间"的（physical），即物理空间的重组和扩张，呈现了城市建成环境的结果。在城市转型阶段，这两方面的城市发展都是高度非均衡的过程，并且存在相互作用。总的来说，制度变迁和经济重构共同影响了转型地区的空间发展（Bailly et al.，1996）。

与前述中国城市转型框架相比，本文基于中东欧城市的发展现实，将制度转型和社会转型分离为两个维度；与Sýkora的三层框架不同的是，本文认为这三个维度的转型过程是持续推进的，制度因素对社会过程和空间发展都存在显著作用，同时制度转型和社会人口的非均衡发展又共同影响了转型城市空间重组特征（图2-5）。尤其是制度转型中土地产权、建设管理等方面的政策安排对空间发展存在直接、关键的影响，三大要素的作用机制并不是单向递进的，而是形成了一个整体的系统（图2-6）。

1990年后爱沙尼亚
城市转型发展研究

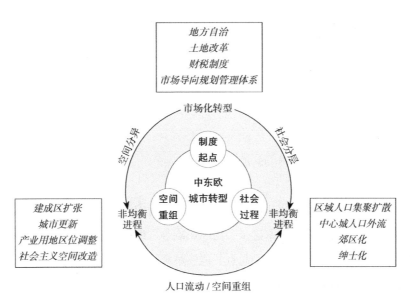

图2-5 基于"制度—社会—空间"的转型城市分析框架

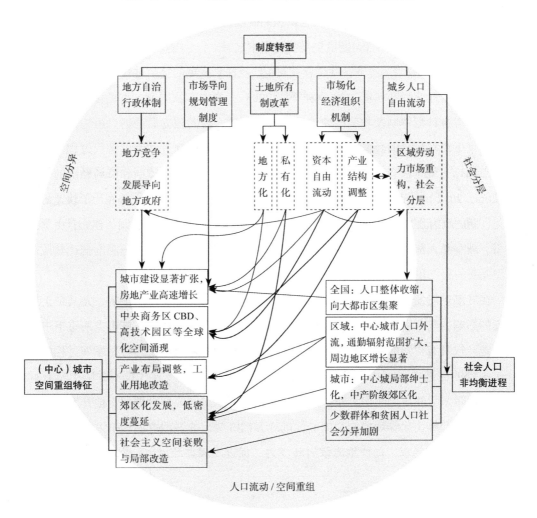

图2-6 转型城市的"制度—社会—空间"作用机制

2.4 转型框架的关键要素

在上述基于"制度—社会—空间"的转型框架中,制度起点、社会过程、空间重组成为转型城市研究的三大关键要素。

2.4.1 制度转型:市场化改革的实质

城市空间发展是一个动态累积的过程,在这一过程中影响城市发展和空间演变的因素是多元的,包括经济集聚、技术进步、国际影响等,但对转型国家而言,制度变迁是其中极为关键的一点,也是标志性的起点,能够解释城市发展的关键动力来源,也是转型地区城市发展的独特学术价值所在。

如前所述,1970年代新制度主义首先在经济学领域重新发现了制度因素的重要作用,城市研究领域借鉴相关研究范式也认识到制度因素对城市空间转型的重要影响。对中东欧城市的转型发展而言,制度更是关键因素之一。

转型是一个"政治、经济、社会领域发生广泛深刻变革的复杂过程",其实质是"一系列的制度变迁或制度创新"(张京祥 等,2008)。在中东欧国家,市场化转型是从苏联时期的中央计划体制及相应的政治社会经济环境、转向独立后的新自由主义与资本主义背景下市场导向的经济社会环境,是一个典型的制度演进和制度替代过程。转型的起点和标志就是社会主义和中央计划体制的终结、民主政治体制和市场经济的建立(Sýkora,2012);各国在短期内进行中央和地方各层次的民主选举,并经历了快速的分权化,新的政府致力于减少国家投资、国有资产私有化、放松价格管制、建立自由贸易体系、鼓励私人部门发展并融入国际经济体系(EBRD,1999)。上述制度变迁是城市转型发展的起点和基础,带来了社会分层和空间分异的非均衡进程。

在城市空间发展方面,由于社会主义时期中央计划制度遗存的影响,尤其是土地制度的影响,与西欧城市相比,中东欧转型城市的政府部门往往在城市空间重组中凭借土地产权具有更强的动员和参与能力。与此同时,外来资本在其转型发展过程中起到了关键的促进作用,基于资本的高流动性,城市必须积极寻找投资并吸引富有群体,由此带来了相应的吸引消费、向企业和开发商倾斜的规划管理和土地开发政策,以及郊区化和绅士化等现象的加剧。促进地方经济增长的强烈意愿和扩大地方收入、提升政治业绩的需求,促使地方政府转变为"促进发展型政府",成为地方制度变迁的动力。

2.4.2 社会过程：非均衡的城市化

社会过程是影响城市空间结构的内在机制，社会关系则是导致社会过程的根本动因（唐子来，1997）。社会变迁和人口流动从根本上塑造了城市化进程，是城市发展的动力基础。

在转型语境下，转型阶段时期的城市发展进程自然要在与社会主义时期的比较中获得意义。从这个角度而言，关键就在于从平均主义发展向要素自由流动条件下的非均衡发展的转变。

中东欧地区在建立市场化制度起点之后，经历了一系列的经济、社会、文化转型，在全球化和产业结构调整的过程中，跨国公司和国际资本决定了城市和地区在全球经济网络中的地位。

由于资本的高度流动性，在这一进程中，非均衡的城市化是最为关键的特征。转型将中东欧地区纳入全球化的核心—边缘体系中，在各个地理尺度上都带来非均衡的现实。在区域尺度上，首都城市作为国家的控制和命令中心以及参与全球经济的门户加速发展，成功的区域中心城市凭借劳动力优势参与国际分工，低等级城市和边缘地区往往经历收缩。在城市尺度上，跨国公司和国际资本的发展同时影响了高低阶层就业，大城市的高级管理人员形成了迅速增长的中产阶级，从而推动了绅士化和郊区化进程；低端服务业需求的扩大也吸纳了更大规模的低端劳动力，从更大范围推动了乡村人口的城市化，并在总体上加剧了城市社会分层水平。区域城乡人口在市场机制作用下自由流动，集聚和扩散过程不断叠加，形成了总体上的非均衡过程，并推动了城市空间的非均衡发展。

2.4.3 空间重组：转型城市景观呈现

在古典主义经济学中，土地作为城市空间的载体，是资本投入的一种普通形态；在计划体制下，城市空间的经济属性被抹杀，而被动成为经济社会活动的载体和结果。转型后，城市空间成为生产要素集聚、社会文化碰撞的场所，其社会经济属性得以显现。因此，空间重组成为城市转型的另一个关键要素，呈现了新的城市景观。

在新的制度基础和社会经济发展条件下，转型后的城市空间增长遵循市场化逻辑，与过往的社会主义城市空间发生冲突、重组和演化。集体主义被个人主义取代，消费导向的资本主义城市逐步影响了转型地区的文化景观。去工业化形成了大量棕地，既为城市更新提供了机会也存在持续衰退的可能；生产服务业集聚在核心地区，形成高密度的商业空间；新兴产业空间在局部郊区节点形成；旅游业发展带来了新的消费景观；中产阶级的形成推动了郊区化进程，同时社会主义住区作为城市少数群体和底层人群的聚集空间不断衰退，改造只在局部地区发生。

中东欧城市的转型也为"社会空间统一体"的理论概念提供了一个典型的实证案例。在转型过程中，中东欧城市中的社会主义象征空间，或是通过城市更新的方式实现空间重组，或是通过功能置换、改名换姓的方式进行空间象征意义的转变；此外，CBD、产业园区、高科技开发区等新的城市功能区，以及国家博物馆、体育馆等新的标志性的建筑形式不断涌现，作为全球流动空间的象征性标志，构成了城市空间重构过程之中的再现空间，上述现象表明了社会和经济因素对城市空间的影响作用。而与此同时，在转型期的中东欧城市，城市建成环境质量已经成为参与全球竞争的重要因素，从而极大地影响了城市发展。布拉格和布达佩斯正是基于良好的建成环境质量、基础设施状况和劳动力水平，在转型的第二个十年吸引了国际资本的流入（Stanilov，2007）。这表明城市空间的组织方式，反过来又影响着资源分配和生活质量，从而也影响着城市的经济发展。

2.4.4　三大要素之间的联系

本研究认为，市场化转型以制度变迁为起点，经历非均衡发展的社会过程，共同影响城市空间重组，形成新的转型城市景观。

在本书构建的基于"制度—社会—空间"的转型分析框架中，制度是市场化转型过程的起点和基础。需要强调的是，中东欧地区的制度转型通常被认为是短期的过程，这在过往转型研究重点关注的政治经济领域可能的确如此，但在与城市建设和空间重组密切相关的土地改革、规划管理体系改革等领域，制度改革并不仅仅是政策制定的过程，同时也包括实施和落实的过程（尤其是土地确权的长期推进），在此过程中，客观上制度因素就与社会、空间因素发生了长期的互动作用。

制度转型为社会发展过程和城市空间演进提供了根本基础，并带来了持续影响。具体来讲，制度转型整体上遵循全面的市场导向，相关政策安排鼓励对外开放和资源要素的自由流动。在此条件下，投资和产业结构调整通过劳动力市场分化推动了区域人口流动和社会分层。城市空间发展方面，社会人口和产业结构的调整带来了城市空间需求的剧烈变化，制度转型，尤其是土地所有制的改革也带来了土地价值的回归和土地开发逻辑的转变，二者共同推动了城市空间重组。

总的来讲，制度转型使得转型城市空间发展机制从计划逻辑全面转向市场逻辑，社会非均衡进程则在市场化背景下带来了城市空间需求的转变，在城市建设的长期互动作用中，带来了城市物质空间的调整和重构。

由此，制度市场化转型、区域人口流动分异和城市空间重组共同构成了城市的转型进程。

2.5　核心变量

2.5.1　产权：将制度转型降维至城市发展

在市场化转型的过程中，中东欧国家普遍建立了资本主义政治经济制度，私有制是其中的核心要素，资产所有者的权力得到高度保护和提倡。新制度经济学领域的重要学者科思（Ronald H. Coase）指出，在交易成本大于零的情况下，产权与资源配置效率相关，制度转型中通过产权的重新安排来降低交易成本。也就是说，"产权是一种社会契约，有助于形成个体在同他人交易中能理性把握的预期。作为基础性的制度安排，产权影响资源配置效率，一个社会的经济绩效最终取决于产权安排对个人行为所提供的激励"（黄新华 等，2010）。

对城市空间发展而言，土地是不可移动、不可复制的唯一载体，凭借持有产权，其所有者在城市空间重组的过程中拥有决定性的话语权。基于这一背景，将"市场化转型"降维至"城市发展"层面上，将得到"产权"这一核心变量。

从城市发展建设的角度来看，住房和土地产权的私有化是制度转型中最为直接、关键的要素（Eskinasi，1995；Häussermann，1996；Bodnár，1996，2001；Korhonen，2001；Kährik，2000），尤其对城市更新和空间重组具有决定性的影响。例如，在产权改革中，捷克、爱沙尼亚和德国[①]选择将城市房产归还给苏联征收以前的所有者，布拉格的公寓住宅在整体私有化过程中保持了单一产权；而匈牙利布达佩斯则选择将同一栋公寓楼中每户住宅分别私有化，形成了单一建筑的碎片化产权格局。通过归还进行私有化的房产形成供应，从而形成了房地产市场建立和发展的基础，采取整体私有化的城市随之出现了内城的商业化、绅士化和郊区化现象；而布达佩斯则由于碎片化的产权减缓了城市更新和空间重组的进程（Sýkora，2005）。

进一步地，以产权为核心变量表征制度转型并分析其对城市发展的影响，能够解决前述"制度变迁与城市发展量化分析"的技术困难。如前文所述，制度变迁难以量化，并且与城市发展之间往往存在时间差，导致了实证分析上的困难。而以产权为变量，可以根据产权所有者的类别、土地的面积进行直接的分类测度和统计，更为重要的是，与转型初期迅速完成的政治、经济、法律等方面的改革相比，产权改革虽然也在短期内完

---

① 指民主德国被征收的房产在德国统一后也被归还。

成了相关政策安排，但在实际推行中确权登记是一个持续的过程，在全域范围内存在时间上、空间上的差异，这就提供了将以产权为代表的制度变迁与城市空间发展过程相联系的实证机会。因此，通过产权这一核心变量，能够建立制度分析与城市发展相联系的微观基础，突破宏观分析归纳的层次，进行更深入的剖析。

2.5.2 人口：社会非均衡发展的微观反映

如前文所述，在社会转型方面，实际上地区发展受到全球化、产业结构调整、经济增长等各个方面因素的影响，相关研究也是转型研究中成果较为丰富的一个领域。

对于本书而言，关键在于制度变迁与城市发展的互动研究，并不仅仅是针对社会层面的单独研究，因此并未将社会层面的因素过于细化。基于这一思路，需要将社会因素进行降维和适当简化，寻找能够体现社会转型与空间发展特征的指标，从而实现与产权（制度要素）、空间要素共同分析的可行性。

对中东欧城市和地区而言，转型期间的城市社会发展的关键词是"非均衡"，本研究认为，通过人口流动，能够比较充分地表达城市化发展的非均衡特征。作为社会非均衡发展的微观反映，人口指标具有几个优势：第一，人口的城乡流动、区域流动是中东欧地区转型期间的重要趋势，也受到就业机会、公共服务水平、产业结构调整等社会经济因素的综合影响，能够体现转型城市社会非均衡发展的现实；第二，与经济指标相比，人口指标在空间属性上能够进行更加细致的、多层次的刻画，在时间序列上受外部环境影响而发生的局部剧烈波动较小，能相对稳定地体现社会发展的真实特征；第三，由于居住和就业活动存在对空间的直接诉求，人口指标与城市空间建设便有着更为直接的逻辑关系；第四，从技术角度出发，人口普查能够相对全面、完整、可靠的统计数据，为相关定量分析提供了较好的机会。

2.5.3 建设量：转型城市的空间发展指标

在空间发展方面，可能有两类指标常被用于衡量城市空间发展的速度或规模：一类基于用地面积，通常是土地利用类型的分类、转换及其对应的土地面积；另一类基于建设量，在用地面积的基础上还包括容积率和建筑密度的因素。

本研究认为，针对中东欧城市的转型发展，建设量应当比用地指标更能有效地反映城市空间发展实际，与制度和社会过程的联系也更为直接和显著。原因在于原本社会主义空间的重组和改造是转型地区城市空间发展的重要部分，这部分建设活动并不能很好地通过城市建设用地扩张得到反映。更重要的是，从社会主义时期的平等主义转向市场导向之后，城市建设不再遵循统一的集体主义审美；级差地租效应不仅影响了城市土地利用的空间格局，也影响了从中央商务区高层集聚到郊区化低密度扩张的建筑形态，资本力量影响下城市不同区位形成了不同建筑类型，因此包含容积率因素的建设量更能反映转型城市建设与制度和社会经济要素的联系。

第 3 章

爱沙尼亚及塔林早期发展与转型概况

本书的主要研究命题是市场化进程中的制度转型与城市化发展，研究对象爱沙尼亚是中东欧地区的典型代表之一。正如第1章所述，基于研究立场和学术背景，本研究的现实意义在很大程度上来自于中东欧地区从计划体制转向市场体制的独特发展历史。作为一种"转型"过程，这一历史与我国改革开放以来的城镇化进程存在一定的相似性（显然在转型路径上也存在渐进与激进的重要差异）。在此背景下，中东欧各国与中国的发展可以形成某种对照，本书对爱沙尼亚的转型研究也能够为我国的城镇化发展提供新的启示。

因此，在展开针对爱沙尼亚的实证研究之前，本章针对爱沙尼亚及首都塔林的早期城市发展历史、中东欧转型与爱沙尼亚历史路径选择进行回溯，以期更好地了解爱沙尼亚转型历史背景，从而为更好地开展和理解后续实证章节提供研究语境。

3.1 爱沙尼亚及塔林的早期发展历史（中世纪～1990年）

爱沙尼亚早期城市发展主要是作为波罗的海贸易门户，依靠港口区位联系俄罗斯地区、北欧乃至西欧地区。

历史上，爱沙尼亚经历了丹麦、瑞典、德国、沙皇俄国和苏联的轮番统治，但始终保留本民族的语言文字和历史文化，人口规模虽然有限，仍然具有很强的民族凝聚力。爱沙尼亚森林覆盖率极高，环境优美，并不存在主流的宗教信仰，本地人口大部分是无神论者，但对山林湖海存在比较原始的"精神崇拜"和"自然崇拜"。由于各历史阶段经济社会发展水平的差异，以及在欧洲资本主义统治下作为区域贸易中心和在苏联计划体制下发展工业、服务莫斯科的不同发展路径，导致爱沙尼亚全社会对苏联及社会主义体制具有极其强烈的集体抵抗情绪，自由主义和市场化也在转型后赢得了广泛的社会支持。

长期以来，爱沙尼亚与北欧国家和斯堪的纳维亚地区联系密切，首都塔林与芬兰赫尔辛基隔海相望，目前航行一小时即可抵达；塔林—斯德哥尔摩—哥本哈根—赫尔辛基环线也是该地区非常繁忙的航线。爱沙尼亚语并不与相邻的拉脱维亚、立陶宛语言相似，而是与芬兰语十分接近。瑞典、丹麦、挪威等国的银行业大多将波罗的海地区的门户机构设立在塔林，芬兰及北欧地区的资本流入和社会文化深刻影响了爱沙尼亚的转型过程，同时也是目前爱沙尼亚劳动力跨境流动的主要目的地，爱沙尼亚则是北欧人口重要的旅游度假目的地之一。因此，虽然与俄罗斯接壤，但在人口往来、社会文化、经贸投资等各个方面，爱沙尼亚都与北欧地区联系更为密切。

首都塔林是区域最主要港口所在地（图3-1），也是爱沙尼亚发展最早、最大的城市，面积约160平方公里，目前集中了全国1/3的人口；第二大城市塔尔图位于东南部腹

图3-1 塔林卫星图

（图片来源：Google Earth）

地，第三大城市帕尔努位于西南沿海，发展规模都极其有限。可以说，爱沙尼亚城市发展的主要核心就在首都塔林及周边地区。因此，本节中将主要聚焦塔林的早期发展历史。

（1）中世纪的波罗的海港口城市

塔林早期作为波罗的海港口城市和贸易中心，由丹麦人建设起来；中世纪时期人口约4000人，是欧洲中等规模城市；13世纪成为汉萨同盟成员，是欧洲和俄罗斯的贸易通道，德国商人成为城市精英阶层；14世纪中叶形成行会体系；16世纪路德宗教改革，本地居民与德国人冲突加剧，退出汉萨同盟；1561年效忠瑞典，此后贸易职能衰退，转而成为瑞典在波罗的海地区的统治中心。瑞典统治时期，本地农民生活水平提高，人口持续增长，至1688年人口达到1万人，被本地居民称为"美好的旧日瑞典时代"（good old swedish time）。

中世纪时塔林建造的老城及城墙，至今6个城门仅存1个，35个塔楼尚存25个，老城整体格局大部分得到保留。塔林中世纪老城是欧洲著名的历史遗址，1997年入选世界文化遗产名录。

（2）沙俄时期的工业化进程

1710年波罗的海地区爆发鼠疫，同时彼得大帝围攻塔林。1719年进入沙皇俄国统治时期，农奴和农民生活水平迅速下降，本地居民对沙俄统治极为不满。鼠疫、饥荒和战争使得塔林人口于1718年减少至3000人。

沙俄统治时期，塔林城市建设主要以统治阶级需求为核心，忽略了地方层面的社会和经济联系。期间塔林建设了亚历山大教堂和卡利柯治皇宫（Kadriorg Palace）。卡利柯治皇宫由意大利建筑师设计，有明显的巴洛克风格，现在是塔林最重要的公园，选址出于与瑞典的战争考虑，使其从二层能够同时看到港口和老城。

1850年代，塔林成为沙俄精英阶层的度假胜地，夏日度假屋（summer house）在卡利柯治皇宫周边蔓延，在周边街区形成放射形路网；南部Nõmme区也建设成为夏季度假地。从1855年的塔林地图中可以看到，中世纪老城及环形隔离绿地、卡利柯治皇宫和港口海军营地成为显著要素，本地城市功能则在周边密集扩张（图3-2）。

1870年代，塔林进入工业化时期。1866～1876年沙皇俄国建设了波罗的海中央铁路工程，数千公里的铁路线将塔林与圣彼得堡联系起来，塔林迅速转变为工业城市，出口贸易增加十倍，中世纪的手工业行会衰退。塔林造船厂在1913～1917年间从俄国内陆不断吸引技术工人，城市工人数量从1871年的9800人激增至1917年的30000人。

工业化时期，塔林中世纪城门被拆除，在邻近塔林的第二深水港Kopli Bay北部的Põhja-Tallinn区建设了工厂和铁路车场，该地区同时也邻近旧城中心。1883年起，为了避免火灾，塔林禁止主要道路周边建造木质住宅。工业化为本地农民提供就业，吸引人口集聚。1890年代，塔林建设活动激增，1894年制定了城镇规划（town plan），但只覆

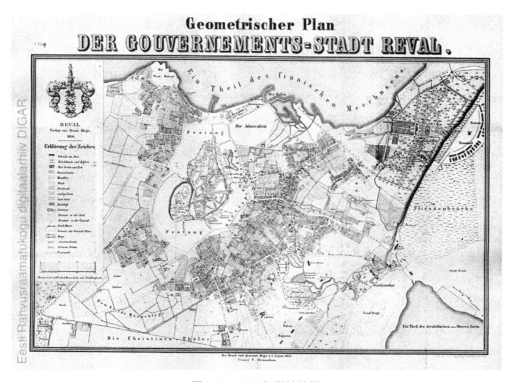

图3-2　1855年塔林地图

（图片来源：Geometrischer Plan der Gouvernements-Stadt Reval. http://www.digar.ee/id/nlib-digar:43978）

盖了城市部分区域。

1904年，本地居民和俄罗斯人在市议会选举中驱逐了德国人，自此城市建设的关注点从以德国人为中心的旧城转移到迅速提升郊区的基础设施建设水平。1908~1909年塔林第二次建设热潮兴起，铺装道路，安装下水道、燃气管道和路灯，规划了新的市政厅，同时还计划开发已有的兵营。

随着塔林从一个欧洲地方城镇（provincial town）发展为一个工业城市，建立一个独立的"爱沙尼亚共和国"的概念开始进入政治话语①。1861年创作的史诗《卡莱弗的儿子》②将地方传统诗歌整合成了民族主义诗篇，促进民族认同和觉醒，爱沙尼亚自此开始寻求独立，1869年塔林以庆祝沙皇生日的名义举办了首次"歌唱节日"（Song Festival）③，这一阶段被称为"觉醒时代"。

（3）1913年伊利尔·沙里宁塔林规划

在爱沙尼亚民族觉醒和追求独立的过程中，芬兰始终是其追随和效仿的样板④，爱沙尼亚和芬兰的国歌甚至采用同一曲调。为了强调塔林与赫尔辛基的联系，塔林于1913年委托伊利尔·沙里宁为市中心和港口区制定总体规划⑤。

该规划期限为短期25年，长期100年。同这一时期欧洲的其他规划一样，沙里宁规划在形式上受到巴黎林荫大道建设和花园郊区概念的影响（图3-3）。规划面临的主要问题是中心城周边地区的木质房屋存在火灾隐患：尽管塔林尝试规定开发商使用防火材料，但在1911~1913年间，由于居民担心政府此后在中心城完全禁止木质房屋，因此突击进行了大量建设。

规划关注强化重要节点和区域的增长。根据规划，未来塔林旧城容纳50000居民⑥，在此基础上沙里宁规划了郊区新城Lasnamäe，计划新城25年后容纳52000居民，到2000年容纳143000居民，其中主要是中上阶层。该规划在之后的苏联时期发挥影响，Lasnamäe地区从1977年开始得到高强度开发，2004年容纳了10万工人阶级居民，但该地区并没有修建成为沙里宁规划的乌托邦郊区，而是成为高层居住区，以弥补二战期间

---

① 1850年代本地精英阶层创造了"eesti/estonia"这个词语，此前本地农民自称为"乡下人"。
② 其大意为英雄卡莱弗的儿子是残疾人，曾经砍断自己的腿来关闭城门，抵挡恶魔入侵，以此比喻本地人民抵抗外国统治。
③ 受文化传统影响，歌唱在爱沙尼亚民族认同和自我保护中占有核心地位。后苏维埃时期，歌唱节日活动曾吸引数万人参与，并通过"歌唱革命"（Singing Revolution）实现国家独立。该活动延续至今。
④ 作为俄罗斯帝国的行政独立的大公国，芬兰在沙俄时期一直享有更大的自主权。1917年芬兰宣布完全独立，比爱沙尼亚早一年。
⑤ 表面上采取的形式是塔林市1911年决定举办设计竞赛，同时1911~1913任命沙里宁作为顾问，但实际上是委托沙里宁负责总体规划和设计工作。
⑥ 沙里宁预计较为准确，实际上到2004年旧城人口大约42000人。

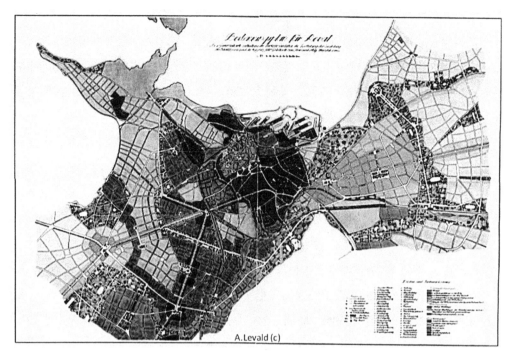

图3-3　1913年沙里宁的塔林规划方案

（图片来源：Karin H, Tuija K, Tiina R. Greater Tallinn: Eliel Saarinen's Greater–Tallinn1913[R]. Tallinn: Finnish Embassy in Estonia, 2005.）

被烧毁的传统木质住宅带来的住房短缺（Djomkin，1977）。

该规划预测交通流量将增长，认为有轨电车是最符合城市需求的交通方式，规划了电车和轨道网络，尤其是中心城到Pirita区的快速轨道，并为未来的交通流量预留较宽的道路空间。考虑到中心城地区的轮渡和交通组织，规划提出将工业火车站向南移至旧城和于莱米斯特湖之间，但最终并没有实现（Djomkin，1977）。

唯一严格按照沙里宁规划实施的项目是爱沙尼亚歌剧院。在另一个重要节点Russian Market，沙里宁规划了新市政厅塔楼，苏联时期在此修建了旧城唯一的高层建筑[①]。

此外，沙里宁规划了一系列绿地和开敞空间，其中有很多在后续规划和建设中得到保留，并在2000年塔林总体规划中得到重申。

（4）"沉默年代"：两次世界大战期间的城市发展

一战推迟了沙里宁规划的实施。1917年，"二月革命"爆发；1918年2月，德国占领军进入塔林。一战结束后，苏联承认波罗的海三国独立，爱沙尼亚开始建立主权国家，进行议会选举，保障少数种族人权，强调文化自主权利。1919年，爱沙尼亚进行了土地革命，日耳曼地主的庄园被新政府没收并重新分配给独立战争的退伍军人。

---

① 该处现为酒店和商业综合体，名为Viru Hotel Complex，是塔林旧城的商业中心。

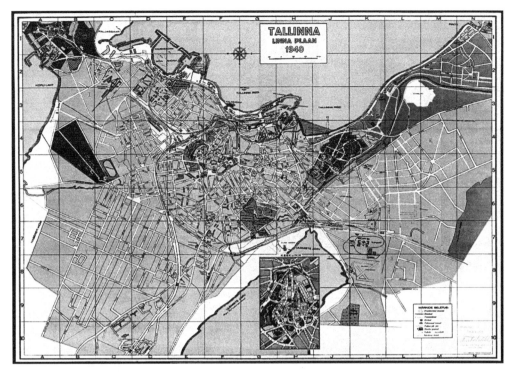

图3-4　1940年塔林建设情况

（图片来源：Tallinna linna plaan 1940. http://www.digar.ee/id/nlib–digar:113092）

　　爱沙尼亚独立期间，面临战后经济困难和政治动荡，但工业依靠本地市场的扩张得到了恢复。到1930年代，工业产值占全国近1/3，略少于农业，就业人口也略少于农业。一战后塔林城市迅速扩张，中心城南部的Kristiine地区采用方格网进行城市开发。工业生产仍旧延续了沙俄时期的工业区，尤其是邻近港口和铁路的Paljassaare、Põhja–Tallinn和Kopli地区，居住区迅速围绕工业火车站周边发展，工厂在此建设了大量木质行列式工人住宅，其中部分保留到今天（图3-4）。

　　1939年8月，希特勒和斯大林达成秘密协议，以立陶宛北部边界为界瓜分波罗的海地区。几个月之内，2万名日耳曼人离开爱沙尼亚，以离开"苏维埃的影响"[①]。1940年，苏联占领了爱沙尼亚；1941年6月，苏德战争爆发，纳粹德国占领爱沙尼亚；1944年3月苏联轰炸塔林，9月德军撤退。

---

① 这部分日耳曼人已经在波罗的海地区生活多年，形成了很强的文化和历史联系，经济和文化状况普遍较好。

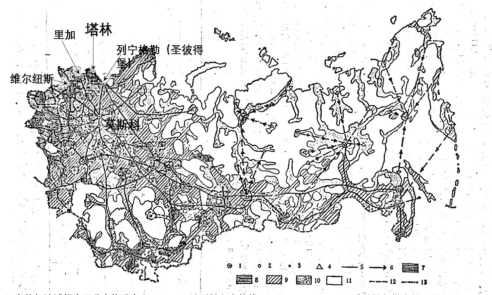

1. 全苏与地域级人口分布体系中心　　6. 地区级空中航线　　　　　　　11. 季节性与勘察性开发地区
2. 大型组群式居民点体系中心　　　　7. 大型组群式居民点体系　　　　12. 集中人口分布地区的边界
3. 中型组群式居民点体系中心　　　　8. 中型组群式居民点体系　　　　13. 苏联国界
4. 北部地区基地式人口分布的据点中心　9. 小型组群式居民点体系地区
5. 联系组群居民点体系中心的交通规划　10. 组群式居民点体系以外的基
　轴线　　　　　　　　　　　　　　　地式人口分布地区

图3-5　塔林在苏联区域规划人口分布体系中的位置

（图片来源：B.B.弗拉基米罗夫. 苏联区域规划设计手册[M]. 王进益，韩振华，等译. 北京：科学出版社，1991：115.）

　　二战期间，爱沙尼亚损失了25%的人口[1]，塔林的半座城市和1/10的旧城在战争中遭到破坏。战后苏联时期，本地居民始终努力维持文化独立，芬兰电视台私下广为流传，因此爱沙尼亚从未与西欧，尤其是斯堪的纳维亚文化失去联系。通过与西欧的广播、亲戚交流，本地人知道西欧从未承认苏联的占领。歌唱节日尤为流行，波罗的海三国依靠强烈的民族认同保持了本地文化。

　　（5）苏联时期的规划管理体制与塔林建设实践

　　二战以后，在苏联的人口分布体系规划中，塔林成为"全苏联与地域级人口分布体系中心"之一，是最高级别的城市之一，通过主要交通轴线与列宁格勒（圣彼得堡）相联系，并进一步与莫斯科相连（图3-5）。在此背景下，苏联支持向爱沙尼亚移民，从而补充由于驱逐、外迁和死亡损失的工业劳动力，与此同时还起到稀释本地文化认同和

---

① 1940～1941年，8000名爱沙尼亚人被逮捕，10000人被驱逐出境，34000人进入苏联军队，25000人疏散到苏联，1100人失踪，500人移民海外，400名犹太人进入监狱。纳粹德国占领期间，81900人逃离（包括7900名瑞典人），8800人被处决，1240人死在劳工营或战俘营，超过1000名犹太人在各集中营被屠杀。

减少抵抗的作用①。外来移民大量涌入波罗的海地区，在工业、行政和军事部门就业，取代外逃或被驱逐的本地精英。1945～1950年爱沙尼亚净流入24万移民，到1989年时，爱沙尼亚有577000人说俄语，其中大部分为苏联移民。

苏联时期，城市建成环境的生产以国家命令和分配为特征，城市所有土地被国家征用，并通过行政分配办法免租金分配给使用者，建设资金来自国家预算，规划在城市建设上起到引领作用。在自上而下的国家监督模式中，顶层是中央政府的国家建设委员会，负责制定经济和工业发展、地方人口预测和住房建设规划；地方机构则负责制定和实施总体规划，其中包含相当详尽的土地利用开发计划。由于中央是规划过程中唯一的决策者，因而也没有必要专门立法来建立法定规划体系，规划主要靠政府指令、通告等形式进行（Haas，2006；Mart et al.，2016）。出于发展生产力的目的，苏联式规划的主要关注点在于大规模工业生产设施、公共服务、基础设施的层级性安排和空间布局，通过城镇规划及相关文件得以实现，并与经济社会发展计划相结合，从而在空间上落实中央机构的经济发展决策（Vanagas et al.，2002）。这种城市规划为经济发展计划服务的模式是苏联式规划的重要特征，并进一步体现为大型工厂、大规模劳动力和住房及公共服务设施在空间上的高度集聚，促进了以工业生产为核心的城市建设和发展实践。

在苏联时期，由于上述以工业为主的经济发展政策和乡村土地强制征收政策，爱沙尼亚的工业化和城市化水平迅速提高。1945～1957年期间，苏联式规划体系下建立了超过20个新的工业城镇，由于地缘因素的影响，这些工业城镇大多位于爱沙尼亚东北部地区（Sultson，2016）。

在首都塔林（图3-6），二战炸毁的部分内城地区在苏联初期采用经典的斯大林风格进行了重建，但基本保留了历史上的城市结构。中世纪老城得到保护，但由于缺乏再开发过程，其他内城地区的建成区域，包括一些工业场所都延续下来。

战争损毁和外来移民导致塔林的住房短缺。在国家补贴下，内城边缘迅速建设了三个大型混凝土住宅住区②。在新建住宅的分配方面，苏联移民在中央体系下享有优先待遇，但本地人却越来越难以保障其住房，这种分配歧视使得爱沙尼亚人出生率迅速下降，并导致了居住分异和种族隔离。这些住区主要位于Mustamäe和Lasnamäe地区，与莫斯科和整个苏联的新建住宅区采取统一形式，采用中央设施集中供暖、供电、供水，副食商店、公共服务、各种基础设施都按比例配套。住宅为现代主义风格，层高很高，

---

① 大部分移民不学习本地语言。1960年代苏联政府要求在任何存在非爱沙尼亚人的工作场合必须讲俄语，由于学校普及俄语教育，到1980年代有80%～90%的爱沙尼亚人能够用俄语对话，而仅有12%的外来移民能说爱沙尼亚语。

② 苏联规划者强调城市建设要体现出与乡村不同的面貌（a virtual war of the city against the countryside）。

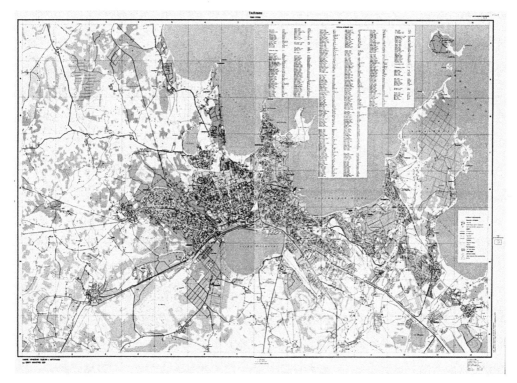

图3-6　1985年塔林地图

（图片来源：Таллин: план-схем Союзмаркштрест, СССР. Главное управление геодезии и картографии. http://www.digar.ee/id/nlib-digar:345396）

周围环绕着大量绿色空间，给零售商业和其他服务留下的空间很小。Lasnamäe地区只有几家商店和学校，仅有一条轨道与中心城相连，体现出计划经济城市强调生产、忽视消费的典型特征。

苏联时期，城市建设以工业生产和军事功能为优先，塔林市议会和私人产权被全部取缔，高速路、港口、机场等基础设施被收归国有。到1980年代，塔林90%的本地工业都受莫斯科统一管理，军事和工业需求相比生态环境景观更受重视[1]，空气和环境污染愈发严重。

苏联规划者规划了很多公园，但城市发展的主要关注点在于工业发展和住房建设，因此公园规划更多地仅仅存在于图纸上，很少真正实现[2]。沙里宁1913年的规划中的公园基本被默认而延续下来；苏联的公园设计者转而关注公共场所的纪念碑建设。为了举办1980年奥运会，塔林建造了314米高的电视塔，并在港口轮渡码头旁建设了场馆

---

[1] 塔林有863公顷的苏联军事营地，废弃的飞机、导弹和火箭燃料污染了地下水，清除爱沙尼亚苏联军事区污染预计需花费600亿~650亿欧元。

[2] 苏联建设了沿着Pirita海岸线的绿道，当时被叫作"The People's Fellowship Park"。

Linnahall作为滑冰赛场。这一场馆是典型的中央计划项目，体量巨大、建造粗糙，需要频繁的维护和翻新，不考虑本地因素。

（6）小结：政权更迭与城市物质空间遗产

塔林过去是个岛屿，早期的旧城建设成为"丹麦堡垒"，到中世纪时期发展成波罗的海的日耳曼前哨。17世纪瑞典统治者将Kristiine地区排干水分，建设了街道网络和运河；1850年代塔林成为很受欢迎的度假目的地，建设了作为夏日度假地的Nõmme地区；沙俄时期在卡利柯治地区建设了巴洛克特色的宫殿，并建立了塔林的轨道系统和工业中心；1900年代初期工人住房在Põhja地区蔓延，使得当局委托沙里宁制定了市中心的总体规划；第二次世界大战期间中心城的很多木质住区在轰炸中烧毁；战后苏联在Lasnamäe、Mustamäe和Haabersti地区建设了大量的大型集中住区。长期的外国统治和政权更迭背景下，塔林城市不断发展，留下了一系列物质遗产。

3.2 中东欧国家包括爱沙尼亚的激进转型

1990年以后，苏联解体，中东欧各国进入转型发展阶段（表3-1）。与中国的渐进改革历程相比，中东欧各国的转型历程较为迅速，其中爱沙尼亚更是选择了尤为激进的转型路径。

部分中东欧国家转型初期发展水平（1992年）　表 3-1

国家	人均GNP（购买力评价法，美元）	第一产业GDP占比（%）	城市人口占比（%）
捷克	7160	6	—
斯洛伐克	5620	6	—
匈牙利	5740	7	66
罗马尼亚	2750	20	55
保加利亚	5130	16	68
波兰	4880	8	63
爱沙尼亚	5250	13	72
拉脱维亚	4690	24	71
立陶宛	3710	28	68

（数据来源：世界银行1994；UNESCO 1993。）

1991年，中东欧各国实现主权独立，随之进行了全面的制度改革，总体上遵循经济市场化的方向（涅斯坚连科，1998）。但由于发展基础、地缘格局、政治环境等方面的差异，各国在改革路径上也不尽相同，主要分为两大类[①]。一类采取以"休克疗法"为代表的激进改革路径，另一类则采取相对保守的渐进改革路径；前者以波兰为代表，后者以匈牙利为代表。在各国转型过程中，价格管制[②]和外贸外汇市场最先实现自由化，劳动力市场和工资也基本实现了自由化[③]，大型银行和国有企业的重组和私有化则进度相对较慢。捷克、波兰和波罗的海三国是市场化转型最为迅速的国家，捷克在1991年就实现了85%的商品自由定价。

作为中东欧转型最为迅速、全面、彻底的国家之一，爱沙尼亚在转型初期的三年内就完成了政治和经济制度的全面改革。

3.2.1 转型初期衰退与恢复增长（1991~1994年）

1988年塔林开始"歌唱革命"[④]。随着苏联的解体，1991年8月21日，爱沙尼亚正式独立[⑤]，9月17日加入联合国，同年颁布了《产权改革法》《土地改革法》，并立即开始小规模私有化。1992年，修订宪法，确认地方自治权力；进行货币改革，成为中东欧地区

---

① 也存在其他的分类方式，例如欧洲复兴开发银行（EBRD）将中东欧转型国家的经济改革路径分为"迅速的大规模自由化"和"财政整体改革后实行私有化"。前者将企业重组任务交给私有化后的所有者，在一定时间内强制性地将大部分企业改制为股份公司，通过向公众免费或以极低价格发放参加企业拍卖的折价凭证，实现广泛的私有化；在此过程中往往建立中介性质的基金等以帮助公众识别分担风险和衡量企业估值。捷克、立陶宛、罗马尼亚等国采取了这种方式，捷克斯洛伐克约四分之三的折价凭证通过430支私有化投资基金（IPFs）参与了私有化过程，规模化的基金投资也使得大部分私有化企业实现了较为集中的股权结构。后者则以爱沙尼亚、匈牙利、波兰为代表。与前一种方式以减轻政府和银行系统压力、期望新所有者在市场竞争压力下提升管理水平为目的相比，这种方式希望通过先期过程吸引和寻找高质量的新所有者，但执行速度相对较慢，政府和银行系统压力也较大。在爱沙尼亚，私有化过程主要依赖针对大型国有企业的一系列国际招标，在此过程中不仅需要价格竞标，还需要提供改革方案。1993年爱沙尼亚155家企业中有54家完成了私有化。

② 由于大型企业的垄断地位，短期内能源、部分食品药品等基础保障性产品仍然受到价格管制。

③ 为了宏观经济稳定性，大部分国家针对工资过快上涨和整体工资支出超过法定最低工资乘以员工数量一定倍数的企业，加征特定的税种，这鼓励了企业雇用一部分不需要工作的最低收入人口，从而避免高额缴税。

④ 1988年4月，1万名示威者在塔林集会，其中大部分是年轻人，要求提升自治权利，重构苏联成为更民主的联邦。同年6月塔林旧城举行合唱，几个礼拜的夜晚游行汇集了10万人，爱沙尼亚议会声明如果要求得不到满足将准备分裂。1989年8月，波罗的海三国的数百万人手拉手连接爱沙尼亚、拉脱维亚和立陶宛三国首都，获得国际舆论关注，给苏联造成很大压力，也部分促成了1991年苏联最终解体。这次非暴力革命中死亡人数不超过50，歌唱成为重要的抵抗文化，1990年的塔林歌唱节吸引了一半的爱沙尼亚人口。

⑤ 爱沙尼亚边境两个以俄罗斯人为主的地区割让给了俄罗斯。1992年夏，爱沙尼亚用克朗取代卢布，之后使用过德国马克，目前法定货币为欧元。

第一个发行本国货币的国家；建立中央银行，执行统一汇率，采用克朗作为法定货币，按规定、按限额将卢布兑换为克朗。银行系统施行双轨制，商业银行决定利率，中央银行进行监管，芬兰等国的外资银行也开始开展业务。1992～1993年初发生银行危机，部分商业银行完成了兼并。1993年，颁布《土地登记法》《土地税法》和《住房私有化法案》，至4月共提交超过20万房产归还申请；开始执行零关税的自由外贸制度[①]，关税表中达到国际最高关税税率的所有税目产品所占比例仅为6%左右，私有化发展迅猛。1994年，苏联军队全部撤离，爱沙尼亚批准《欧洲地方自治宪章》，进一步确认地方自治权，地方议会通过地方选举直接产生；除少量公共服务业以外全部放开价格管制，并进行单一税制改革，对个人和企业征收26%的均一所得税（后降低至20%），同时削减了税收优惠规定，简化税制吸引了外国投资，也鼓励了本国企业发展。同年，爱沙尼亚经济恢复增长[②]。

作为转型发展的关键部分，私人部门经济活动在此过程中得到极大扩张。据欧洲复兴发展银行（ERBD）估计，1994年转型比较领先的若干国家私人部门经济（包括非正式经济）占GDP比例已经超过了50%，其中最高的捷克达到65%，波罗的海国家私有化程度也较为领先，爱沙尼亚约为55%，拉脱维亚为55%，立陶宛为50%，匈牙利和波兰也达到了55%（EBRD，1994）。

苏联时期的经济社会遗产给爱沙尼亚留下了组织管理方面的计划体系和根植于苏联体制的经济结构，使得爱沙尼亚对俄罗斯的能源和原材料高度依赖，并不适应欧洲和国际市场。苏联解体后初期，爱沙尼亚进出口贸易额迅速下降，能源价格飙升，通货膨胀十分严重。1992年，俄罗斯暂停对爱沙尼亚的石油出口，导致石油危机，通货膨胀将近1000%，爱沙尼亚GDP下降了21.2%，人均GDP从1990年的3610美元下降到1993年的1155美元（现价美元，下同）。此后，爱沙尼亚采用休克疗法稳定经济，经济结构的调整和港口基础设施的优势在经济恢复中发挥了作用。1993年爱沙尼亚的经济开始好转，成为苏联加盟共和国中生活水平最高的国家，人均收入比苏联均值高40%，主要依赖出口贸易和外国投资，芬兰成为爱沙尼亚最大的贸易伙伴[③]。1995年爱沙尼亚通货膨胀率减小到29%，GDP恢复增长5%。在此过程中，尽管严格的货币政策相对遏制了通货膨胀，但社会极化加剧，1988～1994年爱沙尼亚贫困人口比例从1%上升到33%。尽管如

---

① 转型后，爱沙尼亚基本实现进出口的完全自由化，只有皮草、汽车、船舶需要缴纳进口税，石油需要交纳出口税，其他产品进出口基本不需要缴纳关税。

② 1992年波兰成为第一个GDP恢复增长的国家，到1994年包括爱沙尼亚在内的波罗的海国家恢复增长。

③ 1994年爱沙尼亚主要出口货物包括食品、纺织、机械、设备、木材、家具等，房地产、零售和批发贸易的经济比重也有所提升。

此，由于爱沙尼亚在转型前后持续不断的长期社会动员、公众来自二战前主权独立的市场经济集体记忆[①]，以及独立运动期间的民族主义情绪，制度转型仍然在爱沙尼亚获得了广泛而长期的社会支持，在经济压力、社会压力不断加剧的情况下，实现了转型后衰退期间的政治稳定性，并最终实现了经济恢复增长（诺格德，2007）。

在此过程中，外国直接投资也发挥了巨大作用——中东欧地区的外资流入主要集中于捷克、爱沙尼亚、匈牙利、斯洛文尼亚，主要是由于这些国家社会和宏观经济相对稳定，地理和文化上也与欧洲其他国家接近，尤其是匈牙利和爱沙尼亚允许外资参与国有企业私有化过程。在外资投资领域方面，爱沙尼亚基本没有限制，只在银行、能源、交通、医疗等领域要求一定资质。

在此期间，爱沙尼亚的人口总量每年减少2%左右，城市化率也略有降低，从1990年的71.2%下降到1994年的70.5%。其原因主要在于苏联移民的回流，1992～1994年间爱沙尼亚工人和军人家庭共计54900人移民外流，俄罗斯社区在政治上被边缘化[②]。但与此同时，其城市建设仍然有所增长，1993～1995年住房及非住房新增共计约100.4万平方米——这种城市化率和人口稳定甚至收缩，同时城市空间增长的现象成为爱沙尼亚转型期间城市化发展的典型特征，并在之后的发展过程中进一步加剧。

3.2.2 加入欧盟阶段的高速发展（1995～2007年）

1995年，爱沙尼亚与欧盟之间的自由贸易协定开始实行，同年年底爱沙尼亚正式提出申请加入欧盟。欧盟的贸易联系和审核标准对此后爱沙尼亚的社会经济发展和制度改革都产生了巨大的影响，欧盟标准和相关要求是爱沙尼亚政治经济体系改革的重要外部因素。

1999年，爱沙尼亚加入WTO，进一步推动了市场化和国际贸易的发展，天然气领域完成私有化，铁路、能源、市政设施等领域的私有化也逐步推进。1997年爱沙尼亚GDP增长率达到11.8%，但随后受1998年俄罗斯金融危机的冲击，1999年爱沙尼亚经济出现短暂的负增长，2000年又再次恢复高增长率。

2004年，爱沙尼亚正式加入欧盟。私有化和市场化水平进一步提升，2005年私人

[①] 与其他中东欧转型国家相比，波罗的海三国爱沙尼亚、拉脱维亚和立陶宛曾经在一战后实现短暂的主权独立，期间实行市场经济体制。这一历史与其他中东欧国家显著不同，使得民众对市场经济体制可能带来的影响较为易于接受，从而为其再次独立后的制度改革提供了一定的历史基础。

[②] 爱沙尼亚要求会说爱沙尼亚语作为获取公民身份的强制条件，导致很多苏联移民无法获得公民身份，被俄罗斯谴责为侵犯人权，也遭到了国际批评，但爱沙尼亚仍然坚持这一政策。到2005年，爱沙尼亚国内仍有10%的人口没有公民身份。

部门GDP占比达到80%，80%的国土面积完成了土地改革，其中私有土地占比约65%。2000～2007年间，在欧美低利率以及欧盟东扩的背景下，大规模的外国直接投资流入中东欧地区。作为区域开放程度最高的国家，爱沙尼亚借此实现GDP高速增长，年增长率高达6%～10%，2007年人均GDP达到16586美元，并成为全球网络基础设施最好的国家之一，IT产业迅速发展[1]。外国投资和新兴技术促进了企业精神的兴起。加入欧盟后，大型企业，尤其是跨国企业分支机构成为爱沙尼亚经济发展中的重要角色。依托较小的国家规模和有利的贸易区位，塔林成为很多欧洲国家银行在波罗的海地区发展的门户，银行业为竞争中东欧地区的市场份额也提供了扩张的信贷资本，共同激发了爱沙尼亚国内消费的爆发和工资水平的迅速上涨（Kalvet，2016）。

随着金融自由化和信贷管制放开，爱沙尼亚房地产价格也开始逐渐上涨，1997～2007年期间首都塔林房价上涨了600%。在此期间，爱沙尼亚私人信贷迅速增加。以私有化住房为信贷基础，2007年私人信贷占GDP比例达到56%，负债水平远高于捷克等国的10%～20%，房地产业GDP占比达到10%以上。大规模信贷和房地产业的繁荣甚至影响了出口企业和传统产业的发展。这在城市空间发展上反映为建设量的增长，2004年开始，年度城镇新增建设量超过了100万平方米，是1993年的3倍以上。

3.2.3　全球经济危机的影响（2008年至今）

2008年，全球经济危机导致外来资本锐减，爱沙尼亚经济严重衰退，房地产价格下跌。2007～2009年期间塔林住房价格下跌40%，2009年爱沙尼亚GDP负增长率-14.7%。对此，国际货币基金组织指出，包括爱沙尼亚在内的波罗的海三国经济发展模式主要依赖外来资本和国内房地产市场。从GDP构成来看，其经济增长主要依靠内需而非出口拉动，并且这种内需又主要集中在房地产市场，随之带来工资的快速增长和进口的扩大，但生产力提升相对有限。此外，国内储蓄也并不足以支持其高投资水平，在很大程度上依赖外来资本，尤其是加入欧盟以后的外资流入，2003年以来这些投资大部分集中在房地产业，以住房贷款为主的信贷需求也持续增加，这并不能提升生产力，而是对经济增长的短期刺激。因此，在全球金融危机的背景下，一旦外来资本下滑，爱沙尼亚便会成为此轮全球经济危机中经济衰退最为严重的国家之一。

面对经济衰退，爱沙尼亚仍然坚持不进行市场干预，而实行财政紧缩政策。到2010年，经济恢复增长，这使得市场化的合法性在爱沙尼亚得到了再次确认和公众的广泛支

---

[1] 爱沙尼亚网络基础设施发达，IT产业蓬勃发展。塔林诞生了全球知名的IT企业Skype，爱沙尼亚全国实行电子选举，98%的银行转账通过网络进行。

持。2011年，爱沙尼亚正式加入欧元区。

此后，爱沙尼亚经济波动发展，GDP年增长率为1%～4%，2017年人均GDP达到18977美元；人口负增长速度每年0.2～0.3个百分点[1]，城市化率保持在67%～68%；城镇新增建设量则从经济危机后2010年的66万平方米逐步恢复，2017年达到134万平方米。

3.2.4 爱沙尼亚转型发展的整体评价

目前来看，爱沙尼亚1990年代以来的市场化转型历程可以说取得了总体上的成功。

转型的成就首先在于经济发展方面，爱沙尼亚被誉为"波罗的海之虎"，2018年人均GDP将近2万美元（Statistics Estonia，2018），已经进入高收入国家之列。目前，爱沙尼亚已经成为中东欧地区最具经济竞争力的国家之一，尤其是在行政体系、信息和通信基础设施、市场开放度方面优势显著，在高水平劳动力和基础设施方面则略有欠缺。

爱沙尼亚建立了自由开放的市场化经济体系，在世界银行2018年的《全球商业环境报告》中，根据企业注册、建设、获取基础设施、信贷支持、税务、合同保障等方面的综合表现，爱沙尼亚的商业环境指数（doing business index）排名全球第16名[2]，领先于很多传统发达国家。在美国传统基金会（The Heritage Foundation）发布的2018年全球经济自由度指数（index of economic freedom）中，爱沙尼亚排名第7位[3]，是转型国家中排名最高的，也领先于很多欧美发达国家。

除此之外，在整体的社会发展水平方面，根据联合国开发计划署的人类发展指数（human development index），综合预期寿命、受教育水平和人均收入水平，爱沙尼亚的HDI评分从1992年的43名上升到2017年的30名（UNDP，1995；UNDP，2008），目前在转型国家中仅次于捷克（第27位）[4]。教育发展水平也表现良好，在经济合作与发展组织（OECD）的国际学生评估（international student assessment）中，爱沙尼亚的中学生在数学、科学和阅读方面的综合评分排名第9，比德国和瑞典等西欧发达国家表现更好。

而在城市建设和环境品质上，爱沙尼亚也实现了较高水平的发展。耶鲁大学、哥伦比亚大学和世界环境论坛合作发布的环境表现指数（environmental performance indicator, EPI）排名中，综合了大气、水资源、气候、能源、生物多样性以及农业发展和环境健康方面的表现。2016年爱沙尼亚在全部180个国家中排名第8位。此外，咨询机构美世

---

① 例外情况是人口年增长率在2015～2016年短暂回正，2015年为0.06%，2016年为0.03%。
② 详见世界银行网站，http://www.doingbusiness.org/en/rankings。
③ 中东欧转型国家中，捷克排名第24位，波兰排名第45位，匈牙利排名第55位。
④ 中国排名第80位。

（Mercer）发布的全球宜居城市排名综合考查了城市住房、经济环境、交通水平、公共服务、休闲设施、政治社会环境、教育医疗、自然环境等方面因素。2018年塔林在全球近500个样本城市中排名第86位[1]。

3.3 市场化的整体影响

对照来看，中国和以爱沙尼亚为代表的中东欧国家在转型或改革前的发展起点存在很大差距。图3-7、图3-8对中国和爱沙尼亚社会经济和城镇化发展方面在转型起点、阶段背景、发展规模和速度、外部影响等方面的情况进行整体梳理和比较。其中涉及多来源历史数据的引用、整合和测算，相关数据在本章后续分析中也多有引用，完整的原始数据及其来源详见附录，此处不再一一列出。

由于苏联时期工业化的持续推进，转型初期中东欧各国已经成为典型的工业化国家，城市化率已经普遍超过50%。其中，1991年爱沙尼亚的城市化率已经达到71%，农业产值占比仅为13%。与之相比，我国改革开放初期的城镇化率仅为17.9%，1991年为27.3%，经过几十年的发展，到2013年才超过50%。

也就是说，在制度转型的同时，中东欧各国的社会经济发展主要是从二产主导转向三产主导的过程，总人口和城市人口均保持稳定，甚至略有收缩，更多地体现为城市经济产业结构、人口社会结构的区域内部调整；而我国的改革开放则同时伴随着工业化水平和城镇化水平的快速提升，城市人口大量增长，城市发展和开发建设面临着更为显著的增长压力。

在制度转型方面，尽管二者存在渐进与激进的路径差别，但总体上都坚持市场化的导向，这正是双方发展存在对照价值的根本所在。不论中国还是中东欧国家，随着经济市场化改革，央地关系方面的分权化都成为普遍趋势——由于地方政府在获取具体信息、服务本地人口方面都更具有优势，出于经济发展效率的诉求，分权化是二者共同的理性选择。新的经济管理体系需要新的行政和财税体系支撑运行，税收和财政支出的决策权是权力分配的核心。但不同之处在于，中国的渐进改革路径选择在推行经济政策分权化的同时仍然坚持政治上的集中，也就是自上而下的任命制度，央地博弈基本局限在经济管理和财政分配方面，这保证了中国的政治体制稳定性；而爱沙尼亚等中东欧国家则是推行全面的经济市场化和政治民主化，地方自治成为行政体系改革的根本选择。

在此背景下，地方竞争和对外开放使得二者的发展显示出相当类似的特征：在市场

---

[1] 低于布拉格（第69位）、布达佩斯（第76位）、华沙（第82位）、台北（第84位），高于上海（第103位）。

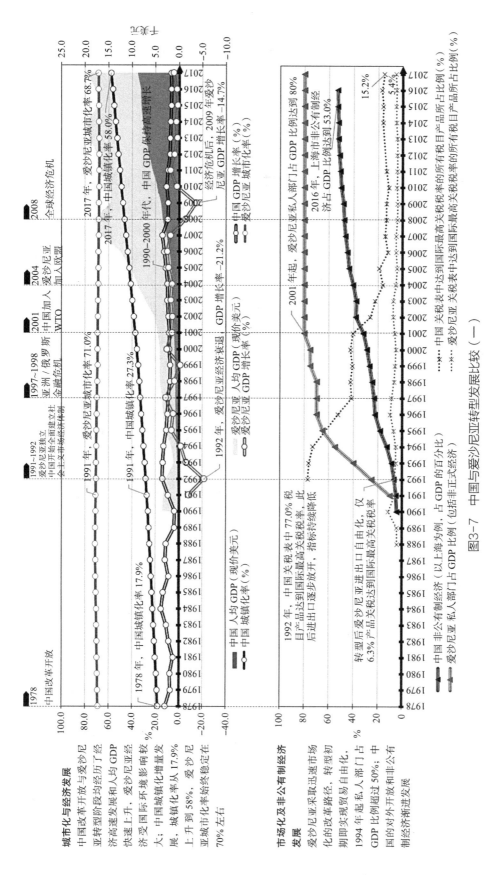

图3-7 中国与爱沙尼亚转型发展比较（一）

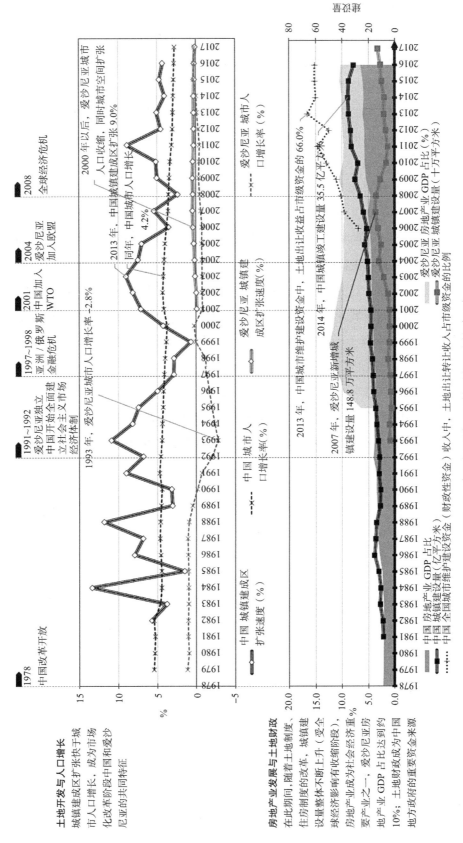

土地开发与人口增长

城镇建成区扩张快于城市人口增长，成为市场化改革阶段中国和爱沙尼亚的共同特征

房地产业发展与土地财政

在此期间，随着土地制度、住房制度的改革，城镇建设量整体不断上升（受全球经济影响有收缩阶段），房地产业成为社会经济重要产业之一，爱沙尼亚房地产业GDP占比达到约10%；土地财政成为中国地方政府的重要资金来源

图3-8 中国与爱沙尼亚转型发展比较（二）

化导向的政策路径下，外来投资成为推动城市发展的重要力量；第三产业的崛起显著影响了城市空间结构；土地开发和住房供应体系的市场化改革过程中，在地方政府和社会资本的共同推动下，房地产业成为社会经济支柱产业之一，土地和房地产价格在一定时期内迅速上涨，建设量快速扩张，区域非均衡发展加剧。

综合来看，二者的体量规模、地缘格局、发展基础存在巨大差距，激进改革与渐进改革的路径选择显然也不尽相同，但总体上的市场导向使其发展过程仍然呈现出一定的相似性。

这种对照再次启示了以爱沙尼亚为代表的中东欧地区对我国未来城市和城镇化发展的研究价值——该地区的转型发展过程构造了一个相对完全的转型发展"试验"条件。即在一定城市化水平的基础上，从原有的计划体制转向全面市场化的制度变革，同时在此过程中整体的城市人口规模保持基本稳定。在上述条件下，全面市场化的制度转型对城市发展有何影响？对中东欧地区的观察将提供可能的答案。

尤其是在城市发展方面，爱沙尼亚的情况表明，在较高程度城市化、城市总人口增长缓慢甚至略有收缩、工业化水平较高、社会经济水平已经达到较高水平的情况下（与中国相比），完全的市场化改革，尤其是地方自治与地方竞争、资源要素的自由流动、社会经济的进一步发展，仍然给核心城市发展带来了极大的增长驱动力，并通过市场化的土地开发制度和规划管理体系转化为城市空间的快速重组和规模扩张。中小城市则并未经历同步增长，区域范围内呈现出以都市区为核心的大范围集聚、小范围扩散的发展趋势。

本书后续实证章节将对爱沙尼亚的上述转型过程和城市空间发展特征进行更深入的分析和讨论。

第 4 章

制度转型：爱沙尼亚产权改革和规划管理体系市场化转型

本书第1～3章对研究背景、研究对象、相关理论进行了概述，其中对中东欧各国转型的"制度—社会—空间"关键要素进行了解析，并在此基础上建立了本书的研究框架。此外，从中国的研究立场出发，第3章对中国的渐进改革与城市发展以及中东欧地区的转型语境进行了更广泛的回溯和讨论，从而为研究核心内容——爱沙尼亚的市场化转型与城市发展提供了更好的理解基础，同时这种对照也更加合理地反映了本书的研究立场和价值所在。

在此基础上，第4～6章将针对转型城市发展的三个关键要素，从制度、社会、空间三个方面，对爱沙尼亚的转型历程和城市发展相关情况进行深入的分析讨论。

本章聚焦制度变迁，这既是爱沙尼亚乃至整个中东欧地区转型的起点，也是影响社会发展、人口流动、城市建设的根源与基础。本章将对产权改革的政策选择和实践、规划管理体系的市场化转型、规划实践和城市建设影响进行全景式的描绘，并对其背后的行政体系、财税体系等制度基础进行深入挖掘。

4.1 产权改革：私有化与地方化

转型后，爱沙尼亚中央政府接管了苏联的土地和建筑物，并立即通过了《土地改革法》[①]，此后又颁布了《产权法》[②]和《土地登记法》[③]，进行全面的产权改革和确权登记，基本原则是纠正苏联时期国家强制征收导致的土地和房产所有权变更，恢复1940年以前的产权所有者和此后使用者的权益，主要目的是通过产权私有化和地方化，建立土地出让和交易市场化的制度基础。

产权改革后，所有土地都逐步完成了确权登记，一部分通过地方化产权转移至地方政府，一部分完成私有化，其余部分重新登记后继续归中央政府所有（图4-1）。

4.1.1 产权改革方式：归还、出让和拍卖

产权私有化改革是市场经济转型的基石，《土地改革法》（Maareformi seadus，1991）是爱沙尼亚独立后最早通过的法案之一。

---

① Maareformi seadus（土地改革法）[Z/OL]. Tallinn: Riigi Teataja, 1991 [2018-08-05]. https://www.riigiteataja.ee/akt/129062018029.

② Asjaõigusseadus（产权法）[Z/OL]. Tallinn: Riigi Teataja, 1993 [2018-08-05]. https://www.riigiteataja.ee/akt/129062018006.

③ Kinnistusraamatuseadus（土地登记法）[Z/OL]. Tallinn: Riigi Teataja, 1993 [2018-08-05]. https://www.riigiteataja.ee/akt/129062018016.

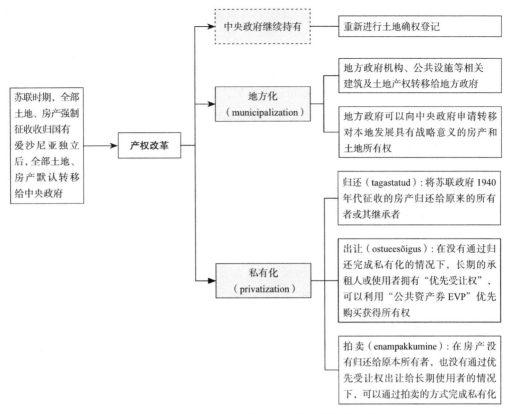

图4-1　爱沙尼亚产权改革——土地所有权转移方式

产权改革的主要目标是建立以私有产权为主体的房产和土地所有权体系，作为土地利用和交易市场化的基础。独立初期，所有的房产和土地所有权默认归中央政府所有；改革中，一部分所有权被转让给私人部门的自然人、法人和地方政府，也就是私有化和地方化，另一部分继续由中央政府持有并进行了所有权确认①。

产权改革中，房产和土地被分别对待，并由不同的机构执行。在城市建成区，一般情况下，房产所有权是土地所有权确立的基础，也就是说，某房产或建筑物的所有者可以申请获得所占据土地的所有权。

产权的私有化主要有以下三种途径：归还、出售、拍卖。

①归还（tagastatud）：将苏联政府1940年征收的房产归还给原来的所有者或其继承者②。如果某块土地上在社会主义时期建造了新的建筑，并且新建筑产权归其他人所有，例如新的使用者已经对土地进行了显著的改善甚至在苏联政府征用后建设了新的房

---

① 在特定情况下，除土地所有权之外，《土地改革法》还承认并支持地上构筑物的所有者的所有权、出租权和使用权。

② 在一些情况下，合法的产权所有者已经去世、被驱逐或流放很久了。很多继承者和索偿人争夺同一个房产的产权，成为私有化过程中的一大困难。

屋，导致归还土地不具备可操作性，那么爱沙尼亚政府将对原所有者或其继承者给予补偿。

②出让（ostueesõigus）：一种通过出售完成房产私有化的方式。在房屋所有权没有通过归还完成私有化的情况下，房屋可以被出售，其长期承租人或使用者拥有"优先受让权"，可以优先购买获得所有权。通过"优先受让权"出售房产的私有化方式，称为"出让"。社会主义时期建设的住区由于没有原本的所有者，"出让"成为这部分房产最主要的私有化形式。

③拍卖（enampakkumine）：另一种通过出售完成房产私有化的方式。在房产没有归还给原本所有者，也没有通过优先受让权出让给长期使用者的情况下，可以通过拍卖的方式完成私有化。其中，住宅大部分通过拍卖出售给个人，非住宅房产大部分通过拍卖出售给投资者。

为了将市场制度引入到房地产部门，提高住房供应效率，降低公共支出，大部分转型国家都采取免费或低价策略推动私有化，鼓励社会主义住区的居民或承租人成为房产所有者①。在爱沙尼亚，转型初期中央政府根据工龄向居民发放"公共资产券"（public capital voucher, EVP）②，每一年工龄可获得一张资产券。资产券可用于购买出让或拍卖的住房，也可以交易。住房的价格受到建筑年代、地点等因素的影响，一张资产券大约可购买1平方米住房。大部分社会主义住区的居民可以用资产券购买自己居住的公寓，基本不需要额外花费，从而通过"优先受让权"获得产权③。

产权地方化则是将国有土地相关房产的所有权从中央政府转移到地方政府的过程，主要包括地方政府机构、公共设施等。地方政府也可以向中央政府申请转移对本地发展具有战略意义的房产和土地所有权，这部分土地成为此后地方政府进行土地拍卖、开发商参与城市建设的重要空间。

在产权私有化的过程中，中央政府拥有决策权，由环境部土地局负责监督、指导、咨询整个实施过程，并参与相关立法④，但地方政府可以指定不进行私有化的特定房

---

① 俄罗斯、乌克兰等国将这部分公寓免费分配给居住者；爱沙尼亚、拉脱维亚、立陶宛采取发放资产券的办法；匈牙利、波兰、斯洛文尼亚等国将其直接出售，但提供高达市场价60%～90%的折扣。部分国家还提供长期低息贷款。各国政策参见 Lux M..Housing policy: An end or a new beginning?[R].Budapest: Local Government and Public Service Reform Initiative/Open Society Institute, 2003.

② 各国实际政策有所差别：爱沙尼亚根据工龄发放资产券，拉脱维亚根据社会主义期间在国内居住或被强制流放的时间长短发放资产券，立陶宛则根据居民年龄发放资产券。爱沙尼亚和拉脱维亚允许资产券的交易，而立陶宛不允许。

③ Lux M. Housing policy: an end or a new beginning? [R]. Local Government and Public Service Reform Initiative/Open Society Institute, 2003.

④ 爱沙尼亚土地局 Maa-amet. http://www.maaamet.ee/et/eesmargid-tegevused/maareform.

产。在实践过程中，由于中央政府和民众的私有化意愿都非常强烈，地方政府很少使用这一限制权力。

4.1.2 产权改革的实践历程

1993年，爱沙尼亚颁布《土地登记法》（Kinnistusraamatuseadus，1993），在全国范围内开展土地登记确权，以此推进土地改革的实施。

土地改革是持续的长期过程。其中，房产和土地的进展有所差别。转型初期房产私有化进展迅速，但土地改革的速度有所滞后。转型第一个十年土地私有化持续推进，到2005年私有土地的确权登记基本完成，2005年以后新增登记土地大部分为中央政府所有的国有土地。虽然此后私人产权的土地增量有限，但开发与再开发活动蓬勃发展，私有房产的建筑面积从2000年的约3550万平方米增长到2012年的约3950万平方米，同期公共住房基本稳定（图4-2、图4-3）。

截至2014年，爱沙尼亚全国超过92%的土地已经完成土地改革和登记确权，约60%土地产权归私人所有，其中2/3通过"归还"的方式完成私有化；国有土地绝大部分为中央政府持有。

在此过程中，由于转型后的经济增长和1990年代中期起利率下降对投资的促进，爱沙尼亚房地产市场得到迅速发展。除土地拍卖之外，通过"归还"完成确权的私人产权

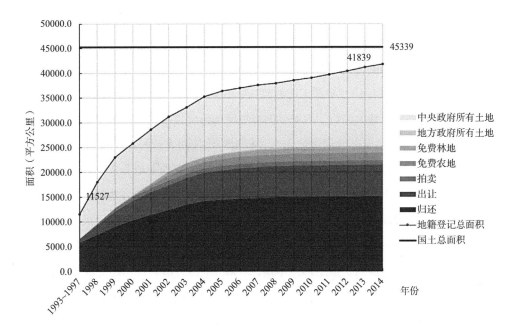

图4-2　爱沙尼亚土地改革进程（1993~2014年）

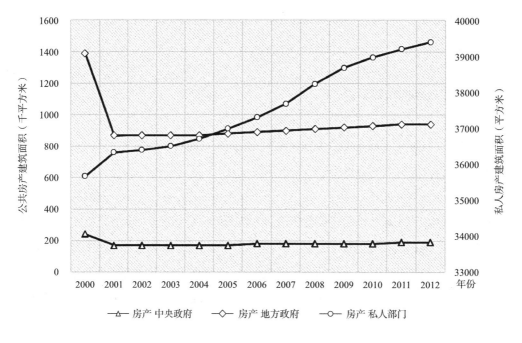

图4-3 爱沙尼亚全国住房产权结构（2000~2012年）

成为开发商获取土地的主要渠道之一。在此过程中，房产中介通过房地产机构发挥了巨大作用。除了产权所有人，房产中介通过战前的土地登记和其他相关记录，积极寻找1940年以前的土地所有者，很多通过"归还"获得土地的私人所有者会马上把土地产权出售给房产中介；房产中介进而整合土地来达到房地产开发的需求。由此，开发商和房产中介也推动了私有化的深入。此外，芬兰、瑞典等国的外国资本及其开发的大型商业地产也对土地改革过程起到推动作用。

在首都塔林所在的哈留县，归还是土地私有化的主要方式。截至2014年，有95%的土地完成改革确权（图4-4）。全部土地的51%是私人所有，其中有70%通过"归还"给了原所有人，这部分土地大多位于内城、内城边缘的传统住区或者原本用于耕作的城市腹地；另外，有1/4的私有土地通过优先受让权出售给使用者或长期承租者（图4-5）。中央政府仍然是哈留县重要的土地所有者，但地方政府所有的土地非常少。在产权改革中，地方政府所有的土地基本仅包括道路、公园、市政单位办公和公共服务场所，1980年代建造的一些基础设施，以及1940年以前就归城市所有的土地。

塔林的产权改革过程与区域普遍情况类似，但也有一定不同。初期房产私有化迅速推进，但土地改革相对滞后，截至1997年秋，有82%的房产所有权已经完成私有化，而80%的土地所有权仍然归中央政府所有，仅有10%~15%归私人部门。2000年塔林颁布新版城市总体规划时，地方政府所有土地仅占全部的土地的5%，并且其中大部分是建成区（图4-6）。

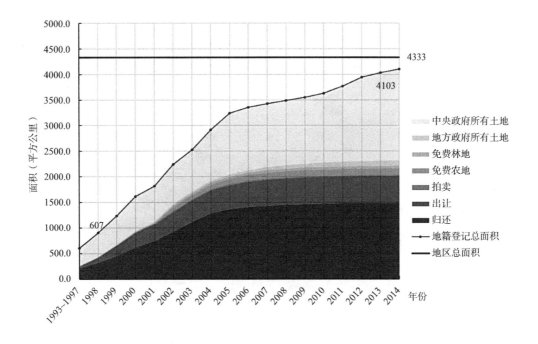

图4-4 哈留县土地改革进程

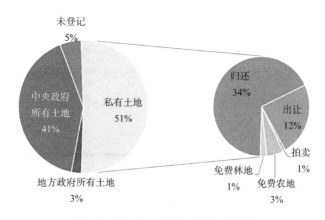

图4-5 2014年哈留县土地产权结构

截至2003年，塔林有8%的土地是城市（地方政府）所有，10%的土地是中央政府所有，31%的土地私人所有，尚有51%的土地没有完成登记；截至2015年，共有82%的土地完成登记（图4-7）。塔林的土地登记确权进程相对落后，主要是受到首都地区产权博弈复杂、矛盾冲突较多的影响。

随着爱沙尼亚城市的扩张和发展，转型初期完全市场至上的价值观有所转向，城市规划等公共干预政策的作用重新得到认识[①]。在此背景下，2005年以后，在土地私有化

---

① 详见 4.4 节城市规划体系的转型。

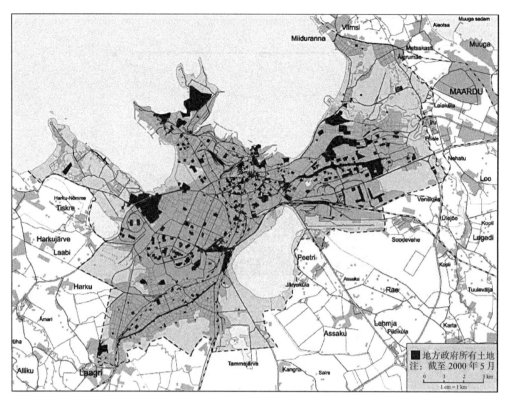

图4-6　2000年塔林地方政府所有的土地

（图片来源：Tallinna Üldplaneering（Tallinn Masterplan）[R/OL]. Tallinn: Tallinna Säästva Arengu ja Planeerimise Amet, 2000[2018–07–22]. https://www.tallinn.ee/est/ehitus/Tallinna–uldplaneering.）

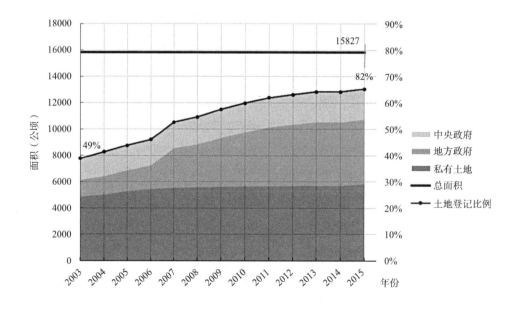

图4-7　塔林土地产权结构演进（2003～2015年）

基本完成的情况下，塔林在国有土地登记中主要推进地方政府的土地所有权，这一点与全国趋势有所不同。2015年，塔林有31%的土地为地方政府所有，15%为中央政府所有，37%为私人所有。

随着土地登记和确权的推进，塔林土地税收也有所增长，从2005年的773万欧元（55%土地完成登记确权）增长到2015年的2780万欧元（82%土地完成登记确权），占地方政府财政总收入的比例增长超过一倍[①]。

4.1.3　土地兼并与产权交易

爱沙尼亚在私有化和市场化的土地交易制度背景下，资源配置效率得到了提升，城乡建设加速，但同时土地兼并和投机也成为可能存在的问题。

对农业用地而言，初期的私有化交易设置了一定的优先政策[②]，通过出售土地进行产权转移也存在政策限制，但通过以租赁形式为主的实际交易仍然存在产权碎片化和土地兼并共存的趋势。

一方面，很多通过"归还"获得农业用地的个人所有者，实际上已经长期脱离农业生产，家庭继承也导致土地产权的碎片化和大量的共有产权[③]。另一方面，由于社会主义时期大型集体农场的路径依赖作用，以及转型后的土地兼并过程，包括爱沙尼亚在内的中东欧国家（尤其是波罗的海国家）目前已经成为欧洲农业用地集中水平较高的地区。2010年，爱沙尼亚面积大于100公顷的农场数量仅占农场总数量的8.8%，但其总用地面积占农用地总面积的73.2%（表4-1）。

---

① 与土地及住房产权相关的财政收入还有国有房产出租的收入，大约占总财政收入的1.5%～1.6%。

② 捷克在国有农地私有化的过程中，针对农民、前集体农场工人、合作社成员、通过产权归还获得土地的所有者提供优先权，2006年完成私有化的国有农地中，90%以上都通过优先权实现了私有化。波兰则针对租赁土地三年以上的实际使用者设置优先权，同时在亲属之间的产权转移、不超过300公顷的家庭农场扩大、购买者居住地在农地附近的情况下，可以简化产权转移程序，不需经过审查。立陶宛规定，法人单位在近两年内农业收入超过总收入的50%的情况下才可以购买农业用地，单一所有者购买农地规模不得超过500公顷。

③ 例如在斯洛文尼亚，2003年共有960万宗土地登记，每块土地平均面积为0.45公顷，并且很多是12～15个所有者的共有产权。

国家	100公顷以上农场数量占总量的比例	100公顷以上农场面积占总量的比例	国家（中东欧）	100公顷以上农场数量占总量的比例	100公顷以上农场面积占总量的比例
欧盟27国	2.7%	50.6%	爱沙尼亚	8.8%	73.2%
比利时	5.3%	24.6%	立陶宛	1.9%	41.6%
荷兰	3.1%	18.3%	拉脱维亚	3.1%	47.0%
英国	21.0%	73.9%	捷克	19.6%	88.6%
丹麦	19.2%	66.1%	匈牙利	1.3%	64.7%
芬兰	6%	24.6%	保加利亚	1.5%	82.4%
法国	18.3%	59.1%	罗马尼亚	0.4%	48.9%
德国	11.2%	55.1%	斯洛伐克	9%	91.1%
意大利	1%	26.2%			
爱尔兰	3.4%	23.0%			

（数据来源：Kay S, Peuch J, Franco J. Extent of Farmland Grabbing in the EU[R]. European Parliament's Committee on Agriculture and Rural Development, 2015.）

　　加入欧盟阶段，中东欧各国认为，市场开放后来自西欧的投资者在信贷资金的支持下相对本国农民更具竞争优势。为了避免外国投资者进行大规模的土地兼并，中东欧各国普遍在农业用地交易方面采取了针对性的限制政策，保护本地投资者和国内农业生产。由于欧盟对市场开放的要求，这些政策设置了一定的有效期，爱沙尼亚的保护期为加入欧盟后7年，其他国家基本均为7~11年。

　　具体而言，爱沙尼亚规定，一般情况下农业用地不对外国人士出售。以下部分情况得到额外允许：欧盟居民可以购买不超过10公顷的农用地；与爱沙尼亚居民结婚，或已经在爱沙尼亚通过租赁土地方式从事农业生产超过3年的，可以购买10公顷以上的实际使用的土地；境内注册的外资分支机构也可以购买农业用地[①]。这一规定比大多数中东欧国家更加宽泛[②]。实际上，很多外资企业通过收购本地企业，或注册本地分支机构来规避相关限制规定。

　　在土地交易环节，中东欧国家普遍设置了相对西欧各国更高的税费，交易成本高达土地交易价格的10%~30%。与土地出售不同，租赁通常没有针对外国投资者的限制，

---

① 除以上情况之外，外资购买农业用地需要向县一级政府申请获得许可，申请需要包括农业和林业相关的使用计划、申请者的资金保障和农业生产经验等内容。

② 捷克、匈牙利、拉脱维亚、立陶宛等国都规定无论面积大小，只有与本国公民结婚或租赁3年以上的外国人士才可以购买农用地。

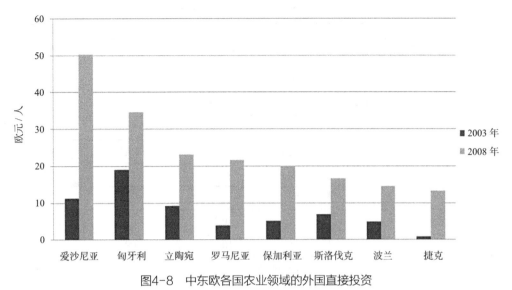

图4-8　中东欧各国农业领域的外国直接投资

（图片来源：Ciaian P, Kancs D, Swinnen J, Herck K, Vranken L. Sales Market Regulations of Agricultural Land in the EU Member States and Candidate Countries[R]. Factor Markets Working Paper No. 14, CEPS, Brussels, 2012.）

他们和本国投资者享有同等权力①。由于土地出售的高额交易成本和土地抵抗通胀的作用，很多土地私有化后的所有者更倾向于将土地出租而不是出售；而又由于个人投资者信贷资源比较有限，因此土地出租的对象往往是大型企业，大型企业也利用竞争优势在本地市场中操控土地价格和租赁条件。在爱沙尼亚，2007年有50%的农用地是出租的，这一比例低于捷克的83%，高于拉脱维亚的27%。

　　总的来讲，虽然中东欧国家设置了一定的限制政策，但通过设立外资分支机构或长期租赁，农业用地的集中和兼并仍然是产权改革后土地市场的显著趋势。原因主要在于中东欧各国土地价格远低于欧盟原有各国，引发了外来资本的土地投机需求，产权改革提供了土地兼并的契机，欧盟农业补贴和农产品市场的集中竞争也有利于大规模企业的竞争（Kay et al.，2015）。从间接角度考查，加入欧盟后，中东欧国家农业领域的外国直接投资增长十分显著（图4-8），也反映了这一点。

　　在城市建设用地方面，缺乏与农业用地类似的整体性统计数据。但对爱沙尼亚而言，首都塔林是唯一的都市区，土地和房产价值及交易量都占有绝对优势，在整个波罗的海地区也是最具代表性的城市；对塔林情况的分析，能够在一定程度上反映城市土地和住房交易的趋势。

---

① 但部分国家针对租金和租期有一定限制，爱沙尼亚规定租期最长99年，也比大部分国家的规定（10～30年）更加宽泛。

2015 年塔林产权交易不动产类型

表 4-2

不动产类型		交易数量（宗）	占比	交易金额（欧元）	占比
不含房产的土地	林地/耕地等	508	3.3%	153.3	9.5%
房产 （独栋，包括对应土地）	总计	1171	7.5%	494.5	30.8%
	居住类	938	6.0%	124.5	7.8%
	非居住类	233	1.5%	370.0	23.0%
房产 （多层建筑，如公寓）	总计	13857	89.2%	957.7	59.7%
	居住类	10440	67.2%	858.7	53.5%
	非居住类	3417	22.0%	99.0	6.2%
租赁权交易		42	0.3%	4.3	0.3%
总计		15578	100.0%	1609.8	100.0%

（数据来源：Estonian Land Board, transactions database.）

从不动产类型来看，塔林2015年的产权交易以房产所有权为主，尤其是多层建筑中的房产交易占到了总数量的89%，交易金额接近60%；独栋住宅等（包括土地和房产的交易）占总数量的7.5%，但交易金额高达30%；单独土地或租赁权的交易非常有限（表4-2）。这与城市地区的建成环境现状密切相关：塔林绝大部分用地已经建成，可用的空闲地块很少；中心地区和社会主义住区建筑密度较高，以多层为主；独栋类型的产权交易主要是中心地区的传统建筑及其更新活动，以及郊区的独栋住宅，普遍价值较高，实际上塔林周边的行政单元存在更多的中产阶级郊区化独栋住宅，但超出了塔林的行政边界和统计范围。

进一步地从产权交易的参与者来看（表4-3），出售方中企业以38.4%的交易数量贡献了超过60%的出售面积和金额，个人出售者以接近50%的交易数量贡献了30%左右的交易金额；而在购买方中66%的交易为个人购买，占总交易面积的26%和交易金额的44%；企业购买者仅占总交易的不到20%，但面积占比高达64%，金额占比为46%。

从单位面积价格来看，个人购买房产价格要显著高于个人出售房产，而企业的情况相反，企业购买不动产的价格要显著低于企业出售的。也就是说，一部分交易的情况是企业收购产权后通过改造或开发，出售给个人，在这一过程中实现增值收益。当然，存量市场中个人之间的交易和企业之间针对产业空间的产权交易也都具有相当的规模。此外，一方面，政府参与的交易活动数量基本不到1%，面积占出售总量超过10%，但金额不到1%；而另一方面，外国投资者直接参与的交易活动约占总量的10%，面积占3%，交易金额占6%左右。这意味着政府出售不动产的总量虽然不多，但单宗交易产权规模远远大于个人和企业，并且价格很低；外国投资者参与交易的总量有限，但单位面积均价较高。

出售者	交易数量（宗）	占比	面积（公顷）	占比	价格（百万欧元）	占比
个人	7519	48.3%	108.9	23.8%	511.3	31.8%
企业	5976	38.4%	285.1	62.2%	974.5	60.5%
共有	325	2.1%	3.2	0.7%	20.6	1.3%
地方政府	125	0.8%	13.6	3.0%	5.6	0.4%
中央政府	36	0.2%	34.8	7.6%	6.6	0.4%
外国投资者	1597	10.3%	12.8	2.8%	91.2	5.7%
总计	15578	100.0%	458.4	100.0%	1609.8	100.0%
购买者	交易数量（宗）	占比	面积（公顷）	占比	价格（百万欧元）	占比
个人	10267	65.9%	119.2	26.0%	713.1	44.3%
企业	3066	19.7%	295.0	64.4%	740.1	46.0%
共有	754	4.8%	8.4	1.8%	54.9	3.4%
地方政府	31	0.2%.	5.4	1.2%	2.3	0.1%
中央政府	6	0.0%	17.3	3.8%	5.7	0.4%
外国投资者	1454	9.3%	13.2	2.9%	93.8	5.8%
总计	15578	100.0%	458.4	100.0%	1609.8	100.0%

（数据来源：Estonian Land Board, transactions database.）

也就是说，在以塔林为代表的爱沙尼亚主要城市，个人之间、企业之间的存量交易是市场的主体，政府出让不动产单宗规模较大、价格较低，企业收购开发后出售，获得增值收益；外国投资者的产权交易规模有限，但是往往选择价格较高的重点区位。

实际上，企业交易的背后往往也受到外国投资或信贷资源的支持，个人购买行为也受到住房贷款扩张的影响，外国资本通过直接投资、商业银行和信贷渠道参与了产权交易。资本的增值需求引发投机活动，推动塔林的房地产价格在转型阶段迅速上涨，基本成为波罗的海地区房地产价格最高的城市。1997~2007年期间塔林房价上涨了600%。在此期间，爱沙尼亚私人信贷迅速增加，以私有化住房为信贷基础，到2007年私人信贷占GDP比例达到56%，负债水平远高于捷克等国的10%~20%。拉脱维亚和立陶宛主要城市的情况也类似，形成了"波罗的海房地产泡沫"，2008年经济危机后，泡沫迅速破裂，2007~2009年塔林房价下跌40%，2011年后缓慢恢复。

总的来讲，中东欧国家针对产权改革后的市场交易设定了一定的保护性政策约束，但为了吸引投资、促进市场流动性，政策约束水平并不高，在实际交易中也存在一些规避途径；尤其是在加入欧盟和开放市场后，在跨境土地和房产价格差距、境外信贷资本的推动下，城市和乡村市场都出现了一定程度的土地兼并或投机现象，加剧了市场剧烈波动、实体经济受损、乡村人口流失等问题，但与此同时市场也提升了资源配置效率，外来投资和土地升值也为城市建设提供了支持。

4.2　基于地方自治的行政体系

城市规划作为一种公共政策，规划体系与整体的国家和地方行政体系具有紧密联系。转型后，爱沙尼亚成为独立的议会民主制国家，从社会主义时期自上而下的中央集权体系转向地方自治的行政体系，和私有产权为主体的土地所有制度共同作用，为市场主导的规划体系提供了基础。

1991年独立后，爱沙尼亚建立了国家—县—地方的三级行政体系（图4-9）：全国共有15个县（maakonnad，county），又进一步划为227个地方行政单元（kohalikud omavalitsused，municipality），其中包括33个城市单元（linnad，city/town）和194个乡村单元（vallad，parish）[①]。

在国家层面，采取三权分立制度：议会（riigikogu）作为立法主体，由101位议员组成，每四年进行一次选举；议会选举产生总统，经议会提名、总统任命总理和各部部长，组成中央政府，作为行政主体；由19位大法官组成国家法院，以及地方法院、上诉法院和行政法庭，组成司法主体。

在县一级层面，各县并不自治，县长是中央政府在各县的代表，由总理提名后经内阁任命，任期5年，领导县政府（maavalitsused），主要职责包括环境保护政策、空间规划和经济发展、紧急情况下的协调统筹，以及整体统筹地方当局的各种决策。

在地方行政单元层面，地方当局拥有自治权。城市单元和乡村单元都属于地方层级，拥有平等的法律地位，这一点与我国的行政体制存在很大差异。地方当局有权将辖区划分为区，或进行进一步的行政单元划分。1992年，宪法规定"所有地方事务由地

---

① 独立初期爱沙尼亚全国地方行政单元共计240余个，1991～2010年期间有个别单元进行了合并，形成227个地方行政单元。此后个别调整继续进行，2017年爱沙尼亚大规模调整行政区划，地方行政单元由213个合并至79个。本书主要研究时期为1990～2010年代，同时为了对地区发展情况进行更为详细的考查，因此并未采用79个单元的划分，而是以2011年人口普查时期的227个地方行政单元为基准，并对2000年普查数据进行了相应的校正，以在统计单元上保持一致。

方当局根据法律独立操作、管理和解决"①，地方政府负责解决和管理全部地方事务，依法独立运行。1994年，爱沙尼亚又批准了《欧洲地方自治宪章》，再次确认地方自治权力，227个地方行政单元拥有平等的法律地位②。地方议会议员通过四年一度的选举直接产生③，议会再选举产生地方长官（市长或乡长），并不受到中央政府和县政府的指派；地方公务人员包括永久员工、附属员工和外部合同员工④。地方议会的职责包括教育、社会保障、医疗卫生、文化体育设施的管理，垃圾收集和污水处理，给排水设施、道路维护和城镇规划。中央政府通过县长（maavanemad）、国家管理处（riigikontroll）和法律大臣（õiguskantsler），对地方当局的决策进行调控。

塔林的市议会由79名议员组成，1993年起城市划分为8个区，分别设区议会和区政府，市政府管辖各区政府、各部门和办公室（图4-9）。城市规划、土地事务和交通、环境是市政府的重要部门和主要工作内容之一。市政府由市长和6副市长组成，每周开会投票决策城市管理的各项事务，2004年市政府共通过3528项决议，其中包括2856项决策和110项指导意见，大部分决议都是有关于产权纠纷和土地改革事宜；城市总体规划和详细规划编制的推进，也带来大量的行政纠纷⑤。

地方自治是转型时期爱沙尼亚行政体系的最主要特征，与苏联时期中央集权体制存在根本性的区别。在此框架下，地方总体规划和详细规划均属于地方事权，由地方政府全权负责；中央政府和县政府可以从国土均衡和区域可持续发展方面进行引导，并通过在环境保护、历史保护等方面的立法进行原则性的监督和约束，但在具体建设层面并无直接的管辖权。值得注意的是，私有产权保护是转型时期爱沙尼亚立法的核心原则之一，产权所有者在规划体系中也拥有很大的话语权，因此中央政府也可凭借所持有的土地而影响地方的规划建设实践，但从这一角度而言，中央政府、地方政府和私人部门在规划体系中作为土地所有者的权利是平等的。

① 地方自治的法律基础还包括：1993年的《地方政府组织法》，规定了地方当局的组织方式；1993年的地方预算法案；1995年的《爱沙尼亚行政划分法案》，规定了县、城市和乡村地方当局的管辖范畴；2002年的地方选举法案；2010年的地方财政管理法案等。

② 地方当局由地方议会和地方政府组成，城市是市议会(linnavolikogu)和市政府(linnavalitsus)，乡村是村地方议会（vallavolikogu）和乡政府（vallavalitsus）。

③ 议员人数取决于地方人口规模，平均每个地方行政单元人口约为5600人。首都塔林是最大的城市，人口超过40万，市议会由60～80名议员组成，部分乡村议会只有7名议员（法定最少人数）。

④ 2009年地方政府员工总量为68754人，占全国公共部门就业人员的49%，其中5323人为永久员工。

⑤ Tallinn Yearbook 2004 [EB/OL]. http://www.tallinn.ee/eng/Yearbooks-and-Statistics.

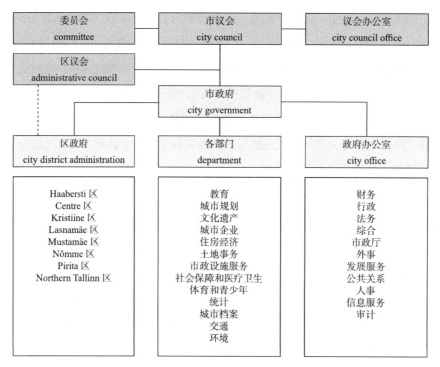

图4-9 塔林市地方当局组织结构

4.3 基于所有权的土地税制度[①]

4.3.1 土地税制度安排

在产权制度改革的基础上，1993年爱沙尼亚颁布《土地税法》（Maamaksuseadus，1993），建立了基于所有权的土地税制度。根据《土地税法》，包括国有土地在内的所有土地，每年均需缴纳土地税，土地税收入归属于地方政府（中央政府负责征收，之后100%返还地方政府[②]）。

土地税收制度的基本原则是"谁所有，谁纳税"：未经确权登记的土地，由实际使用者支付土地税；经过确权登记的土地，由所有者支付土地税；地上构筑物具有使用权、出租权和所有权的土地，由地上构筑物的所有者或使用者纳税[③]；未通过归还、出让或拍卖完成私有化，并且无人使用的国有土地，由中央政府缴纳土地税。

---

① Maamaksu seadus（土地税法）[Z/OL]. Tallinn: Riigi Teataja, 1993 [2018-08-05]. https://www.riigiteataja.ee/akt/104072017102.

② 1993年颁布土地税法之后，初期土地税由中央和地方按一定比例分成；1995年后政策调整，全部土地税收入归地方政府。

③ 一种特殊情况是工矿用地所有权属于中央政府或地方政府，但由实际使用者缴纳土地税。

土地税基于土地应税价值，也就是市场价值确定，基本原则是"多收益，多纳税"。与多数国家不同的是，爱沙尼亚的土地税只对土地价值征税，而不对开发建设征税，并且主要是针对土地的持有环节，而不是交易环节。这种政策设计希望通过土地持有成本的增加、交易环节和开发环节的低税负，鼓励通过归还等手段完成私有化的土地所有者进行生产性开发或直接出售土地。在交易环节，另有0.2%左右的交易费（费率与土地价值相关，但普遍较低），产权交易所得增值部分按26%税率缴纳所得税，但持有超过2年以上的住宅可以免征，在其他产权的继承、赠予等环节均不再设置其他税费（Malme et al., 2001）。

在法律法规影响土地收益的情况下，所有者将得到土地税减免。例如自然保护法规定的限制发展区按50%缴纳土地税；此外，不需纳税的土地包括：法律法规禁止进行经济活动的土地，包括严格的自然保护区、特别保护区和物种保护特殊管理区；外事用地及外国使领馆用地；教堂及教会用地；地方政府持有的土地，公共水体和道路用地；军事用地；中央政府持有的用于公共建设活动的国有土地；公共用途土地，如墓地。针对自住型住房，居民拥有0.15公顷的免税额度，但要求申请免税的房产与其产权所有人在人口登记中的居住地址相同。这一制度鼓励了居民在产权转移和人口流动的情况下及时更新户籍信息。

土地税主要是为了增加地方税收、强化税基，同时目标也在于将税负转移到直接税种，加速土地改革，促进房地产市场发展，鼓励有效的土地开发，明确土地价值。转型初期，一方面，在土地和住房私有化价格远低于市场价格的情况下，上述税收政策安排使得私有产权受到了一定的平衡和制约，避免了私人部门对土地房产的过度索偿。另一方面，由于中央政府对无人使用、无人索偿的土地和房产负有纳税义务，这一政策也鼓励了政府积极推动私有化，减轻公共财政压力。

土地税属于地方财权税收是地方政府财政来源的重要组成部分[①]。2002年起，爱沙尼亚税法调整，土地税率也由市议会确定，建设用地税率在0.1%~2.5%之间浮动，耕地和草地的税率在0.1%~2.0%之间浮动，每年1月31日之前公布。在市场化机制下，如果税率过低，将导致地方政府收入减少，税率过高也将造成私人部门外迁，给地方政府带来财政压力。因此，地方政府之间的博弈和平衡，保证了土地税率的合理浮动。

---

① 爱沙尼亚独立后进行了整体的税制改革，税收分为国税和地税。国税包括企业所得税、增值税、社会保障税、赌博税、消费税、关税；土地税也由中央政府征收，但100%返还地方政府，个人所得税由中央政府和地方政府分成；地税还包括广告税、停车税等。地税收入中有90%依赖个人所得税，土地税约占7.2%（2005年），但各地情况不同，塔林土地税占地税收入的4.8%，在某些乡村地方单元，土地税收入占地税的1/3左右。

4.3.2　土地税制度的规划影响

在政府部门和土地所有者的协调过程中，税收影响也成为划定自然保护区、文化遗产保护区等规划决策的考量因素之一。在保护区的划定过程中，针对自然或历史资源往往存在着"保护"和"利用"的博弈，房产或土地所有者通常存在开发利用的诉求，而中央政府则更注重对自然或历史资源的保护（Macura et al.，2012）。一方面，由于土地税收100%收归地方政府，因此在上述博弈环节中，地方政府出于增加税收、促进土地开发和城市建设的考量，时常支持产权所有者或开发者的诉求——城市建成区详细规划的重要内容就包括申请将地块内的某建筑移出历史保护目录，从而避免受到建设指标方面的约束。但另一方面，土地税收并不属于中央政府财政收入，因而从更广泛的社会利益保护出发，中央政府往往更倾向于天秤的另一端。实际上则是由于城市规划和建设管理属于地方政府事权，自然保护和历史保护是中央政府监督和介入开发活动的法定权力和最主要手段。

例如首都塔林的港口及沿海区域由于优越的区位条件成为城市再开发的热点地区；塔林地方政府出于增加税收和促进城市发展的考量，自1991年起就向中央政府申请获得相关土地及房产的所有权，希望引入开发商进行大规模改造建设。其间经历了复杂的协调环节，1996年塔林市政府终于与持有土地的国有港口公司达成一致，但1997年中央环保部行使了法定监督权，根据自然环境保护要求终止了产权转移过程，地方政府和开发商的再开发计划至今也没有实现（详见第8章案例研究）。除此之外，也存在土地所有者为了税收减免而积极加入自然保护区的个别案例。例如在Lääne县的Linnamäe保护区，土地所有者为了保护自然资源、保护个人隐私、获得土地税减免，主动要求在沿海地区划定了相当规模的自然保护区（Ahas，1999）。

总体而言，爱沙尼亚转型后在地方自治的行政体系下，土地税的制度设计通过市场化手段取代直接的行政命令，制约和协调着中央政府、地方政府及私人部门在产权转移和城市规划建设中的关系。中央政府需要为未进行产权改革并且无人使用的城市建设用地纳税，以此推动中央政府进行产权私有化和地方化，避免城市国有土地低效率闲置，此外由于中央财政不涉及土地税收入，因此其更注重自然和历史资源保护；包括居民和投资者在内的私人部门虽然可以在承租等情况下以较低价格申请获得产权转移，但此后需要持续缴纳土地税，从而避免大规模的产权过度私有化索偿；地方政府在税基、税率等政策安排方面具有一定灵活性，但在居民自由流动的情况下也面临地方竞争，需要平衡土地税收和财政支出，提升公共服务效率，同时在自然资源和历史文化遗产保护方面受到中央政府的监督。

4.4 基于地方自治和私有产权的规划管理体系改革

苏联时期，爱沙尼亚的城市规划服从自上而下的中央计划体系，地方规划仅仅是国家政策的执行机构。爱沙尼亚独立后，土地改革在市场经济转型的过程中重新建立了私人土地产权和房地产市场，城市发展由私人部门主导，全社会对"上层计划"持有普遍的批判和质疑态度，城市规划的合法性受到质疑，整个体系面临危机。

在地方自治的行政体系框架下，城镇规划属于地方政府事权，《地方政府组织法》①规定地方政府负责制定发展规划、总体规划、详细规划和建设条例，而中央政府作为立法者保留建立总体规划框架的权力。但在实践过程中，总体规划在1990年代的作用很弱。虽然地方政府拥有制定总体规划的法定权力，但截至2002年全国227个地方行政单元中仅有少数几个主要城镇实施了总体规划（Policy of Architecture 2002）。多数情况下土地开发逐项完成，没有体现总体原则，城市建设管理在"专案式规划"体系下运行（详见下一节关于塔林规划实践的介绍）。

随着国民经济的快速发展，以塔林为代表的大城市及周边地区成为城乡人口集聚的主要地区，郊区化扩张趋势显著；与此同时，房地产价格快速上涨，开发活动愈发活跃，城市建设管理压力增大，尤其是塔林的交通拥堵问题加剧，引发了社会舆论的普遍关注。在此背景下，城市规划的价值和合法性得到了一定的再认识。2003年，爱沙尼亚中央政府机构改革中将规划建设活动的管理事权从环境部转移到了内务部，同时将1995年的《规划和建设法案》分拆为《规划法》（Planeerimisseadus）和《建设法》②。2003年的《规划法》③建立了比较完整的市场导向法定规划体系，目标在于"建立一个均衡和可持续的空间发展、空间规划、土地利用和建设体系，保障全社会最广泛的公共利益。"

4.4.1 上下互动的规划调整机制

《规划法》将空间规划定义为：对空间发展的民主的、有效的长期计划，协调并整合各领域的发展计划，并对经济、社会、文化和自然环境的长期发展方向和发展需求进

---

① Kohaliku omavalitsuse korralduse seadus（地方政府组织法）[Z/OL]. Tallinn: Riigi Teataja, 1993 [2018-08-05]. https://www.riigiteataja.ee/akt/122112013003.

② Planeerimisseadus（规划法）[Z/OL]. Tallinn: Riigi Teataja, 2015 [2018-07-22]. https://www.riigiteataja.ee/akt/114022013003.
Ehitusseadustik（建设法）[Z/OL]. Tallinn: Riigi Teataja, 2015 [2018-07-22]. https://www.riigiteataja.ee/akt/129062018010.

③ 此后规划法又经历了几次修订，但基本只涉及个别条款，规划管理体系的整体思路和核心内容一直得到了延续。

行均衡的考量。

规划分为国家规划、县规划、（地方）总体规划和详细规划（表4-4），其中在县和地方的层次上还可能有专题规划，宏观层次的规划更多的是一种发展策略，而微观层次的详细规划才是土地利用和建设活动的前置条件。

爱沙尼亚法定规划的类型、范围和主要内容

表 4-4

规划类型	范围	主要内容
国家规划	全部国土范围	•确定国土空间可持续和均衡发展的方向和原则； •为区域发展提供引导和基础，为自然系统和生物群落体系建立基础网络； •为城镇聚落、交通网络和基础设施发展提供引导； •确定县级规划的定位； •对环境影响和风险管理进行战略评估
县规划	县域、若干县域的部分区域，或专题规划	•确定县域空间发展方向和原则，为空间可持续和均衡发展提供基础，并平衡经济、社会、文化和自然环境的发展需求； •平衡国家和地方的需求和利益； •保护自然资源，为土地、水域、矿产资源保护利用提供条件； •确定道路交通走廊、轨道线路、水路和设施管线的位置；确定机场空域、港口、垃圾处理和其他市政设施的位置； •设立、完善和取缔保护区；划定旅游休闲区；划定国防区域
（地方）总体规划	地方行政单元、若干地方单元的部分区域，或专题规划	•确定地方空间发展原则； •评估规划空间发展的潜在经济社会文化影响和自然环境影响，并在此基础上建立空间均衡和可持续发展的方向； •确定土地利用的总体条件，包括土地利用类型和建筑限高等；划定城镇以外不需要进行详细规划的地区，划定人口密集区； •确定道路、轨道、港口、机场的选址以及交通组织的基本原则；保障市政设施和管线有效运行；在必要的情况下，根据《道路法》规定的程序，将私有土地划为公共道路； •划定具有文化和环境价值的建成区、有价值的耕地、公园、生态用地、景观区，并建立保护和使用规范；根据《自然保护法》在水体堤岸沿线划定限制管理区和禁止开发区； •在必要情况下细化县规划中划定的国防区域边界；通过规划手段降低城市地区的犯罪风险
详细规划	局部地区	•将规划用地划分为地块（plots）； •确定地块的建设指标，包括用地类型[①]、建筑数量、建筑面积和建筑高度；确定建筑最小间距；确定地役权的要求； •确定地区和街道交通组织，在必要的情况下，根据《道路法》明确划定已建或规划在私人土地上的公共道路； •确定植被、公共服务和设施的配置；确定市政设施及管线的选址； •提出规划实施的环境条件要求，在必要情况下，要求建设项目进行环境影响评价； •划定具有文化环境价值的建成区并建立相应的保护和使用规定；申请设定、细化、完善或取缔保护区或保护建筑； •确定其他相关法律法规规定的不动产所有权限制

---

① 同一地块可能有多种用地类型。

市场导向下，爱沙尼亚的规划体系自由而宽松。2012年，爱沙尼亚内务部颁布了"国土规划2030"（Siseministeerium，2012），对总体的发展理念等内容进行了阐述。原则上，规划体系存在自上而下的等级性，下位规划需要以上位规划的原则和定位为基础；但根据规划法，在产权所有者和利益相关方意见一致的情况下，各级规划都有申请调整上位规划的权利。

这种上下互动的规划调整机制，使得规划之间的协调更为弹性灵活，能够充分考虑各层次的具体情况，体现了自下而上的市场导向原则。但其也存在负面影响，尤其是在地方规划层面，由于法律允许基于详细规划的要求对总体规划进行调整，在规划实践中，这种法定调整权力被普遍甚至过度使用导致法律规定的"例外情况"成为一种普遍现象，受到"为个别团体利益而牺牲公共权益"的批判。

4.4.2 多方博弈与公众参与

总体规划及更高层次规划的发起和制定由相应的行政主体进行，国家级规划的管理监督由内务部负责，县级规划由县政府负责，地方规划由地方当局负责。所有的规划制定程序必须由地方政府、县长或中央部门实施，不能委托给相关顾问或咨询方，这一规定体现了规划法最重要的原则——组织规划编制的地方政府对规划内容、程序和决策负有全部责任（表4-5）。

规划是一个公共过程，主要任务是在规划地区发展的原则和条件上达到一致。为了尽可能保障广泛和均衡的社会共识，规划活动必须公开，并保证所有利益相关个体的参与，向利益相关方及时公开信息，使其能够在规划过程中保卫自己的权益。《规划法》规定地方当局应当保证提供有效的空间规划作为土地使用和建设活动的基础，保证规划制定过程中平衡各团体的公共权益，并保障规划得到实施。在规划编制期间，地方政府有权颁布建设活动临时禁令，停止颁发建设许可，时效最长为两年，但颁布禁令前要提前至少两周通知相关业主。

在详细规划层次，任何土地所有者或开发商都可以发起制定规划的提议，但详细规划的审批通过必须得到规划区周边业主的同意，因此多方博弈的协调过程非常重要。在规划公示和讨论期间，所有人都有权提出建议或反对意见，政府需要在此基础上进行规划调整和完善，必要时将调整后的规划和上述意见一起提交给监督机构。

按上述程序，包括一般居民、周边业主在内的其他产权所有者的参与都非常关键。但实践中，虽然存在周边居民提出合理的反对建议使得详细规划被地方政府否决的案例（Julegina，2007），但更多情况下，在开发商发起详细规划的过程中，居民往往不相信自己的意见能够发挥效果，或者难以按照程序有效及时地提出反对意见，政府也没有充分的资源和动力组织更积极的公示和听证程序。因此，上述框架下开发商及市场力量更能参与规划，起到主导作用，普通居民的公众参与程度并不理想，协商环节更多地成为产权相关方、开发商、地方政府部门就产权转移、土地交易、基础设施建设等方面条件的博弈过程。

爱沙尼亚各类规划程序主体及特点　　　　　　表 4-5

	国土空间规划	县规划	（地方）总体规划	详细规划
提案 proposal	任何公民都有权提案发起规划编制流程			
启动 initiation	中央政府	县政府	地方议会	地方议会 或地方政府
审批 prerequisites	无	内务部	县政府	地方议会 或地方政府
颁布 adoption	中央政府	县政府	地方议会	地方议会 或地方政府
评估 review	国家议会选举后一年内进行实施评估	无	地方议会选举后6个月内实施评估	无
修订 amendment	无	（地方）总体规划或专题规划可以提议调整县规划	详细规划或专题规划可以提议调整（地方）总体规划	详细规划不可以修订，必须重新编制
法定效力	指导下级规划	指导总体规划，对产权所有者没有直接法定约束力	指导详细规划；在非强制编制详细规划的地区，为产权所有者的建设活动提供约束条件	是地籍划分的法定依据；开发权相关指标对产权所有者具有法定约束力

4.4.3　对私人产权的有条件征收

私人产权与公共利益在城市规划和建设的过程中必然产生冲突和博弈，为了解决这一问题，1995年爱沙尼亚颁布《不动产征收法》（*Kinnisasja sundvõõrandamise seadus*），授权政府为了公共利益可以不通过不动产所有者同意进行强制的产权转移。中央政府进行征收决策，在法定情况下，其他国家机构和地方政府也有权进行征收，并为所有者提供合理的补偿。

为了保护私有产权，法律规定如果征收的目标可以通过获取他人产权以外的其他方法达成，那么就不允许进行征收。在征收程序开始之前，国家和地方政府必须向产权所有者提供不低于市场价格的交易条件，确认其是否同意转移产权。如果所有者接受条件，政府就必须通过交易获得相应产权，否则政府才能在上述法定情况下发起征收程序。

在实践中，转型背景下私人产权保护成为受到广泛关注的政治问题。爱沙尼亚宪法规定私有财产不能因公共利益而被使用，因此强制征收权很少得到使用，通常情况下政府都通过交易的方式达到目标。只有重点地区的道路建设，由于涉及广泛的公共利益，有时通过征收的方式获取土地，但往往也争议频发、旷日持久[1]。

4.4.4 "产权所有者协商"制度：详细规划简化程序

原则上，对于土地所有者来说，详细规划具有强制性法律约束力。根据《规划法》，详细规划提供了建设活动的具体要求，是短期内建设活动和土地使用的基础[2]。在不强制制定详细规划的区域，总体规划是调整土地利用和制定设计条件的依据[3]；在不需要制定详细规划，也没有综合规划的地区和尚未制定综合规划的人口密集地区，则根据县规划确定设计条件。城市、集镇和村庄建成区的新建和扩建项目必须制定详细规划，作为建筑设计文件的基础和前置条件[4]。在文物保护区等具有重要公共利益和广泛价值的地区，详细规划的程序要求更为严格。除建设活动以外，详细规划也是建立和调整地籍单元（cadastral units）的基础。

详细规划为城镇建设提供短期内土地利用的约束条件，主要内容与我国的详细规划类似，包括规划用地的地块划分、开发权（用地类型、建筑数量、覆盖率、限高）、交通组织、绿化原则和公共设施、基础设施条件、环境保护条款（必要时要求进行环境影响评估）、保护建筑、重要的建筑设计原则要求、地役权，有时还包括针对总体规划的调整提案。

---

① 法律规定可以进行征收的其他情况包括：警察局、海关、监管机构和救助服务机构的建设和扩建；能源生产或能源供应相关的工程建设和扩建；矿产资源开采；线型工程安装和扩张（轨道、供电线路等）；公共教育、医疗、福利机构的建设；公共道路、铁路和广场的建设；对周边环境和景观存在危害且所有者没有在限期内进行拆除或修缮的情况；为水体、景观点、自然保护区和文化纪念地的可达性和保护需要；文化体育设施、公共海岸、旅游线路的建设；墓地的建设；垃圾处理厂和废弃物管理设施的建设；水利设施，包括供水、水处理、排水和污水净化设施的建设；燃气站建设；边防设施和国防设施的建设；环境监测站建设和其他法定情况。

② 详细规划应当通过附录提供至少一张满足要求的设计方案图，从而在详细规划公示期间提供一个规划建成环境和建筑的空间意向。

③ 必要时详细规划可以申请调整总体规划的相关内容，包括对用地类型的重大变更、超越建筑限高，以及其他重要调整。

④ 部分情况除外：新建建筑为独立住宅、夏日度假房或花园住宅的附属用房，占地不超过20平方米；扩建独立住宅、夏日度假房或花园住宅，扩建部分不超过现存建筑物地上建筑面积的33%。

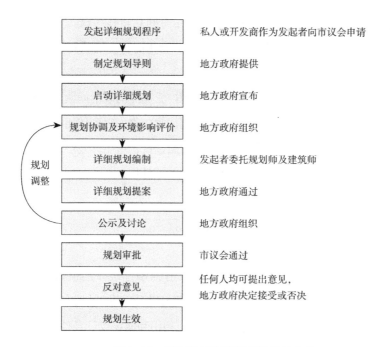

发起详细规划程序	私人或开发商作为发起者向市议会申请
制定规划导则	地方政府提供
启动详细规划	地方政府宣布
规划协调及环境影响评价	地方政府组织
详细规划编制	发起者委托规划师及建筑师
详细规划提案	地方政府通过
公示及讨论	地方政府组织
规划审批	市议会通过
反对意见	任何人均可提出意见，地方政府决定接受或否决
规划生效	

规划调整

图4-10　详细规划完整程序及相关主体

　　根据规划法，任何个人均可以针对某一项目或地块发起编制详细规划的提案（proposal），由地方政府（或地方议会）对提案进行评估，之后同意或拒绝启动规划程序（initiation），若拒绝则需要向提议者明确答复原因（图4-10）。

　　确定启动详细规划之后，地方政府将通知公众、县政府及相关的产权所有者，公布规划初始条件（initial plan outline）并确定详细规划的编制方式。通常编制方式包括三种：地方政府自主编制、委托规划咨询单位编制、授权相关利益方（通常是开发者）委托规划编制。在规划编制过程中，针对规划启动条件和规划草案（draft plan），将组织相关产权所有者和基础设施提供方交流讨论，进行各方利益的博弈和权衡，包括针对同一地块竞争的开发商、规划发起者和原本的产权所有者等。编制过程中是否进行了充分的意见沟通将直接涉及规划颁布后能否顺利实施；否则相关方可以以未在规划编制过程中获得充分信息为由向法院起诉，推翻详细规划。

　　此后，详细规划进入协调（concertation）环节，主要是在涉及生态环境保护、文化遗产保护、中央政府所有产权，尤其是修订总体规划的情况下，与相关的中央机构、县政府部门等进行沟通和协调。

　　在规划编制基本完成并进行了协调之后，地方政府将组织至少两周的规划公示（public display），如果期间收到了正式的修改建议和反对意见，地方政府需要在公示后组织公众讨论（public discussion）。此后地方政府（或地方议会）对详细规划进行审批（supervision）及颁布（adoption），并提交至中央地籍登记处，至此，详细规划法定程序完成并生效。

但在私有产权的广泛背景下，规划被认为是一种维护公共利益和协调各方权益的政策手段，因此在若干情况下可以执行简化程序。主要包括：①详细规划建设项目是在城市建设区范围内规划建设不超过5户的联排住宅或夏季度假屋；②详细规划建设项目选址位于建成建筑之间的空闲地块，且用于居住或办公用途、建筑尺度不超过周边地区已有建筑；③详细规划内容是为建成建筑确定和划分地籍边界。

在简化程序下，详细规划遵循"产权所有者协商"原则，即规划地块的产权所有者发起提案，经地方政府同意启动详细规划程序后，只要编制完整的规划文本，并就规划方案与周边地块产权所有者协商，形成书面同意文件，就可以省略上述的协调、公示、审批环节，直接提交地方政府颁布并生效。

这一政策安排来源于对发展权的保护理念和早期规划管理体系的历史延续。转型初期总体规划缺位的背景下，城市建设采取市场导向的"专案规划"，根据周边建设情况确定规划地块的设计指标。《规划法》颁布后，出于对私有产权的重视和发展权平等的考量，仍然允许利益相关者通过自行协商达成共识，在不影响公共利益的情况下，地方政府授权部分特定情况可以执行详细规划简化程序。

在实践中，由于转型后产业结构调整和社会集体审美偏好的变化，大量苏联时期建设的军事和工业设施被废弃，这部分用地的改造、重建和周边空闲地块承载了大量建设项目，加之早期内城木质传统住宅的衰败与重建、郊区独立住宅的蔓延，分别满足详细规划简化程序的几种条件，共同形成了城市建设的重要组成部分。上述"产权所有者协商制度"迅速成为城镇建设的主流选择，延续了以私人和开发商为主体的市场导向的规划体系，使得城市发展受到私人部门的直接影响。所有者的协商意见对详细规划具有决定性作用，再次反映出其对私有产权的保护和对发展权平等的重视，这也是爱沙尼亚市场化规划体系的重要制度基础。

4.5 塔林的规划管理转型实践

4.5.1 1990年代市场导向的"专案规划"及其影响

在爱沙尼亚全国性规划法案颁布之前，1993年塔林就颁布了《临时建设条例》①，将苏联式综合计划体系转为自由规划体系。原则上，市政府通过总体规划划定城市空间发

---

① Tallinna ajutise ehitusmääruse kinnitamine(塔林临时建设条例)[Z/OL]. Tallinn: Tallinna õigusaktide register, 1993 [2018-08-010]. https://oigusaktid.tallinn.ee/index.php?id=3001&aktid=9949.

展要点，简要定义用地类型、道路网络和建设活动的一般条件；详细规划则针对更小的尺度范围，为建设项目提供许可条件，包括地块划分、交通组织、绿地、基础设施、建筑要求和法律要求，并规定了具体的用地类型和建设指标，包括地块上的建筑数量、层数、最大高度等。与后来的《规划法》一样，《临时建设条例》也允许私人土地所有者或其他法人实体开发者发起详细规划的程序。

与全国的情况类似，转型初期，塔林市议会废除了苏联时期的城市总体规划，1994年开始编制新的总体规划，但到2001年才通过审批。因此整个十年间塔林也没有有效的总体规划。与此同时，土地所有者和开发商仍然可以通过申请规划许可、编制详细规划来发起规划进程。

原则上，城市规划部门要审订详细规划是否符合总体规划的要求、对特定地块和位置来说是否合适。但由于塔林在1990年代没有一个有效的总体规划，城市规划部门的主要工作就是审阅和批复每个项目中土地所有者和开发商编制的详细规划申请。但由于评估标准针对每个案例都具有灵活性，书面规定很少，存在很大的自由裁量和协商的空间，因此这个体系被称为"专案规划"（ad hoc urban planning），这也是其他中东欧国家的城市规划在转型第一阶段的普遍情况。

实践中，规划者主要以周边建筑作为参考标准，评估新建筑的功能、高度、密度和层数。在周边建筑质量良好、肌理和谐的时候，这种方法比较有效；但在周边环境无法提供合理参照的情况下，对私人开发活动的管控就难以有效完成。例如在内城传统木质建筑地区的再开发活动中，由于规划者没有制定整体的愿景和规划，各种各样私人开发商发起的提案都得到许可。这种灵活性带来了有创意的建筑和城市设计，但同时也造成利益驱动下部分项目带来负外部性。最典型的情况是一些项目用超尺寸的建筑占满整个地块，日照、交通和绿化空间都依赖周边其他小型建筑，因此被称为"寄生虫建筑"（图4-11）。体量过大的建筑限制了周边地块建设的权利，这类项目还对未来的地区更新造成消极影响。

一方面，整体上规划更多地遵循市场导向，成了为私人部门开发活动的服务工具，而不是对开发活动的管控和干预。这造成了城市发展中公共空间的缺位（Mark et al., 2006）；另一方面，私人部门为提高物业空间品质，在购物中心等商业建筑中提供一定的半公共空间，使得公共空间私有化成为重要趋势。

图4-11　塔林的"寄生虫"建筑

4.5.2 塔林2000：产权私有背景下的总体规划

1993～2000年，在没有有效总体规划的情况下，塔林审批通过了220项详细规划。随着塔林城市发展，交通拥堵[①]、无序建设、公共空间缺位等问题的出现，使得1990年代完全市场导向的城市建设受到反思，作为一种公共干预政策的城市规划再次受到关注。

哈留县1999年4月颁布了县规划，爱沙尼亚国家规划2000年9月通过，在此基础上，2001年1月塔林市议会颁布了新版城市总体规划（图4-12）[②]。

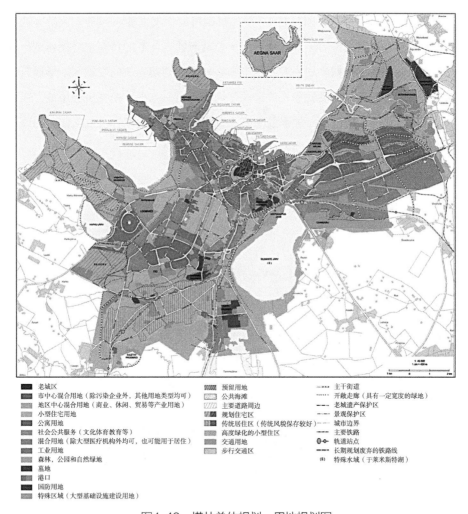

图例：
- 老城区
- 市中心混合用地（除污染企业外，其他用地类型均可）
- 地区中心混合用地（商业、休闲、贸易等产业用地）
- 小型住宅用地
- 公寓用地
- 社会公共服务（文化体育教育等）
- 混合用地（除大型医疗机构外均可，也可能用于居住）
- 工业用地
- 森林，公园和自然绿地
- 墓地
- 港口
- 国防用地
- 特殊区域（大型基础设施建设用地）
- 预留用地
- 公共海滩
- 主要道路周边
- 规划住宅区
- 传统居住区（传统风貌保存较好）
- 高度绿化的小型住区
- 交通用地
- 步行交通区
- 主干街道
- 开敞走廊（具有一定宽度的绿地）
- 老城遗产保护区
- 景观保护区
- 城市边界
- 主要铁路
- 轨道站点
- 长期规划废弃的铁路线
- (E) 特殊水域（于莱米斯特湖）

图4-12　塔林总体规划—用地规划图

（图片来源：Tallinna Üldplaneering（Tallinn Masterplan）[R/OL]. Tallinn: Tallinna Säästva Arengu ja Planeerimise Amet, 2000[2018-07-22]. https://www.tallinn.ee/est/ehitus/Tallinna-uldplaneering.）

---

① Alas J. Tallinn may introduce traffic 'congestion tax'[N/OL]. The Baltic Times. (2007-01-10)[2018-10-19]. https://www.baltictimes.com/news/articles/17100/.

② 塔林2000年城市总体规划的重点章节详见附录。

此版总体规划预计，塔林人口将稳定在44万人左右，或略有增长；随着服务业的发展和第二产业的衰退，塔林的就业结构将接近典型的北欧城市。就业在市中心的过度集聚和居住在哈留县周边地区的蔓延，以及随之而来的潮汐交通负荷过大是城市发展面临的最主要问题。塔林周边的行政单元集中了除塔林以外的哈留县人口的近90%，其中一半以上的工作年龄人口将在塔林就业，潮汐通勤在高峰时段的交通流量中占重要部分。市中心的货运铁路线也对城市交通产生干扰，更加剧了交通问题。

对此，总体规划提出了包括土地利用、交通体系、市政设施、环境保护等内容，可以总结为以下两方面的主要对策。

①在城市功能布局方面（图4-13），市场机制可能促使商业、服务、贸易等职能在市中心持续集聚，家庭规模的缩小以及居民从公寓向独立住宅的转移也将使得城市继续蔓延。对此，城市总体规划计划一方面在市中心外围规划建立新的发展区，形成若干次级商业服务业中心，从而提供就业、促进职住均衡；另一方面，挖掘机会用地，在市域范围内提供多元化的住房供给，加强前军事工业用地的再开发和社会主义住区的改造，提高土地使用效率，促进城市紧凑发展。

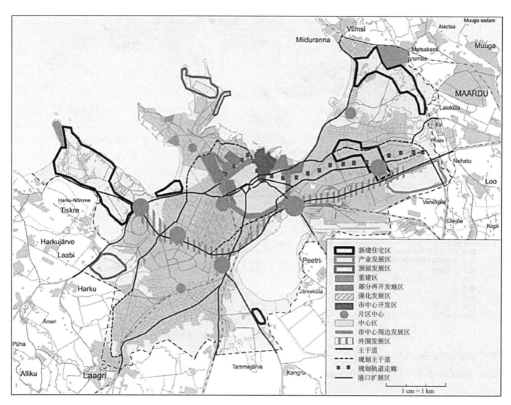

图4-13　塔林总体规划—城市空间结构

（图片来源：Tallinna Üldplaneering（Tallinn Masterplan）[R/OL]. Tallinn: Tallinna Säästva Arengu ja Planeerimise Amet, 2000[2018-07-22]. https://www.tallinn.ee/est/ehitus/Tallinna-uldplaneering.）

②在城市交通组织方面，塔林拥有46.2公里海岸线和16个大小不一的港口，是波罗的海最大的货运和客运中心之一，货运港口铁路线直达俄罗斯，过境货物周转量持续增长；客运方面，塔林旧港与老城毗邻，游客数量持续增加，旅游业在城市经济发展中也占有重要地位。因此，总体规划计划将货运业务迁移到远离市中心的其他港口，并相应改造铁路线路，同时扩建旧港客运设施。

总体规划编制期间，由于地方政府仅拥有5%的城市土地，使得规划在协调多方利益方面遇到很多困难[①]，也在很多方面体现出私有产权和自由市场对城市规划的影响。

①总体规划在目标动机方面呈现出明显的市场导向和问题导向特征，规划目标的第一点即"促进城市总体发展，降低投资风险"，后续内容中也体现出自由市场的特点：对塔林老城和滨海区域的历史环境和景观保护中很重要的考量来自于旅游业的发展，"在塔林的经济发展中，旅游业占有重要地位，从业人口约占总就业人口的10%"；规划建立服务中心体系的目的在于鼓励就业、减缓交通拥堵问题，并强调规划的"三家新建购物中心"选址，对上述目的非常有利；面对城市低密度蔓延的趋势，总体规划认为主要问题在于潮汐通勤和人口向周边行政单元迁移造成对城市税基的削弱，但在应对措施方面也并未对独立住宅建设进行限制，而是希望通过军事工业用地的改造促进城市紧凑发展，提升土地使用效率。

规划意图受到自由市场的限制，往往需要通过对于经济发展、城市税基、交通拥堵等问题的剖析寻求社会共识，从而为景观保护、紧凑发展、设施建设等方面的规划建立合理性和权威性。

②总体规划对私人部门的土地产权和开发活动高度关注，但干预手段非常有限，对未建设机会用地的规划策略也受到产权结构的影响。在空间建设方面，总体规划根据需求决定供给，主动调控手段有限，对私人部门的开发活动仅仅进行趋势判断作为规划基础：在市中心经济活动过度集聚的情况下，外国投资者的需求仍将带来在市中心的新的大型办公建设；住房方面，没有市政住房建设计划，居民对独栋住宅的偏好也并未受到限制。城市规划着力挖掘尚未建设的机会用地，并在城市空间发展结构中加以强调，但实际上只有前工业区和社会主义居住区的部分用地属地方政府所有，其他均为中央政府和私人部门所有；总体规划中甚至直言，市中心周边老旧住房均为私人所有，因此地区改造、提升效率所需的时间是"不可预测的"。

---

① 例如总体规划划定了一些自然地区不宜开发，但城市往往不得不把这些土地买下来建设公园。城市再开发项目大多由斯堪的纳维亚国家投资支持，采取PPP模式，例如Jüriöö Park最初是私人开发商将自己酒店的土地送给市政府但要求这块地作为一个公园保留下来，这块土地最后被发现是1918～1920年爱沙尼亚独立战争的战场之一，具有重要历史价值。市政当局筹措了1000万克朗资金来建设公园。PPP的案例还包括Pae Park、Linnahall等。

③总体规划对详细规划高度重视，但并没有进行严格的限制、调整或指导。已有的详细规划和其他上位规划一道，都被作为总体规划编制的基础，虽然"详细规划覆盖了近150万平方米的办公和商业空间建设所需的土地面积，可能达到甚至已经超过了实际需求"，也并未加以调整。具体空间发展的条件方面，总体规划的指导作用也比较笼统，"并不排斥（规划以外）的其他地区出现新的商业中心""市中心是一个有计划的混合使用区域，因此特定建筑物的位置由详细规划决定"，公共服务设施的选址也都由详细规划决定。

总的来说，私人产权和市场导向下，塔林城市总体规划是对当前发展趋势及问题的总结和在有限手段下的可能解决方案，而不是对城市未来发展战略方向的主动引导。

4.5.3 次级区域规划取代城市总体规划

2000年塔林总体规划颁布之后，爱沙尼亚也颁布了国家规划"Eesti 2010"，提出了国土空间发展原则，目标在于根据城镇聚落现状、县级中心城镇的需求和首都区域的增长引导住房发展，为空间发展制定整体策略。

2005年，新的大塔林地区区域发展战略也投入实施。作为对"2000城市规划"的细化，"2005战略"更细致地提出了一些没解决的问题。战略包括控制建筑物高度的新规定、对Paljassaare保护区和Kakumäe港口的详细规划，并力图解决停车和交通问题。

"2005战略"的主要目标是保障每个地区到2015年实现可持续发展。设定的目标包括将哈留县的人口控制在全国总人口的41%以下，将爱沙尼亚北部占全国GDP总量的比例控制在70%以下，保证所有县级单元的就业率在45%以上，均衡收入使得各县的最低生活标准在最高县标准的61%以上[①]。在社会融合和经济增长方面，这些目标反映了一些欧盟的可持续发展指标。战略规划集中关注上述经济方面的问题，没有制定额外的长期的空间发展和环境保护措施。

此后，地方当局决定不再编制城市总体规划，而是按照区级行政单元作为次级区域逐个更新规划（图4-14）。

实际上，在塔林的规划实践中，详细规划与总体规划的冲突由区议会进行协调，这也使得市政府对总体规划的实施力度有限。因此，2000年总体规划颁布以后，塔林索性放弃更新总体规划，直接通过次级区域规划更新对城市空间发展的策略，以继续开展土

---

① 2004 年哈留县人口占全国人口的 38.6%，GDP 占全国 GDP 的比例略大于 50%。社会融合方面，2004 年哈留县的人均月收入比全国均值高 17%，整个爱沙尼亚，最富裕的 20% 人口的收入是最贫困的 20% 人口的 6 倍，2004 年爱沙尼亚的贫困线是月收入低于 2161 克朗（174 美元）。

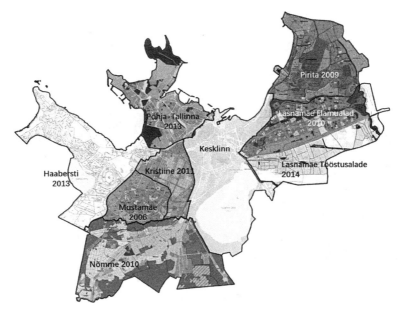

图4-14　塔林市各次级区域规划拼合图[①]

地利用、交通、绿化等方面的工作。2006年至今，除市中心和于莱米斯特湖地区以外，各区总体规划已逐步编制完成。

次级区域规划对开发活动给出更为详细的导则，建立约束条件；但更反映出自由主义和市场机制下，规划对城市总体发展战略的引导乏力，其主要着眼于空间土地利用和城市设施，较少关注对社会经济发展的影响，对城市发展仅起到被动约束作用。

4.5.4　所有者和开发者主导的详细规划

2000年以后，虽然城市总体规划和次级区域规划陆续制定并颁布，但对城市建设和空间塑造的引导作用相对有限，起到直接影响作用的仍然是详细规划。在前述法定规划体系下，详细规划是开发建设活动的前置条件，可以由开发者发起，并且有申请调整总体规划的权利。

新自由主义和市场体制下，城市发展主要由私有制所有者和开发者所驱动，私有财产受法律强力保护，其中既包括所有权，也包括开发权。详细规划反映了私人部门的开发意图，从2000年至2012年更为活跃（图4-15），并呈现更为碎片化的马赛克特征[②]。开

---

① 由各次级区域不同阶段规划拼合，原始资料来自各区官方网站。

② 但值得注意的是，很大一部分详细规划在生效后并未进行实际的建设，尤其一些通过较早的详细规划约束条件非常宽松，并未考虑到后续发展的影响。

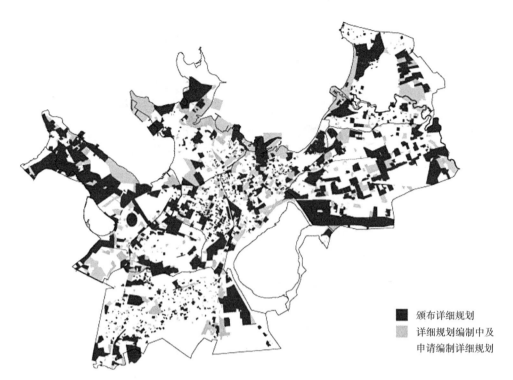

颁布详细规划

详细规划编制中及
申请编制详细规划

图4-15　塔林市域范围的详细规划编制情况（2012年）

（图片来源：Tallinna Planeeringute juhend. 2012. http://planeerimine.linnalabor.ee/）

发者决定"在什么地方建造什么东西"，从而塑造城市空间。

4.6　制度转型的整体框架

转型时期，爱沙尼亚经历了深刻的制度变革，对城市发展影响最为直接和显著的是城市建设从严格的中央计划体系转变为"自由而被动"的规划管理体系。在地方自治和土地私有的制度背景下，地方政府一方面负责制定地方规划，保障空间均衡和可持续发展；但另一方面，私人产权受到相关法规的严格保护，因此规划是在相关利益主体之间博弈的结果，更多地体现市场导向的影响，地方政府为保护公共利益而通过规划手段进行的干预比较有限。

改革后的规划管理体系（图4-16），在央地关系方面依托于地方自治的行政体系架构，强调地方政府自主权，国土规划关注全域生态保护和空间均衡发展，城市规划建设则明确划为地方政府事权范围，并且通过下位规划可以申请调整上位规划的政策设计进一步加强了地方政府的话语权，中央政府针对实际开发建设活动的基本职能依靠生态环境和历史文化保护方面的法定监督权进行介入和干预。

同时在公私关系方面，在私有化和地方化的产权改革基础上，通过"产权所有者协

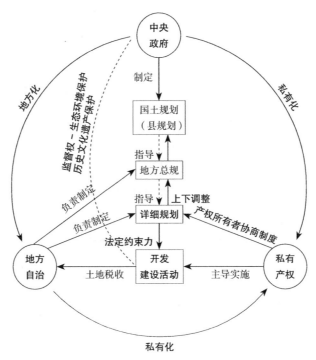

图4-16　爱沙尼亚市场导向的规划管理制度改革框架

商"的详细规划简化程序，有效地鼓励了市场力量积极参与甚至主导城市建设，对2000年以后的大城市快速发展起到了关键作用。此外，增加土地税收和更广泛的促进经济增长的意图，也鼓励了地方政府的"振兴主义"倾向。但与此同时，爱沙尼亚的实践也表明，自由主义导向下，规划的作用更多地在于为所有者及相关方之间的利益博弈提供协调机制，避免产权所有者之间利益互相影响，对社会公共利益的保障和对城市整体发展的战略引导作用相对有限。

在塔林的实践中，转型初期的"专案式规划"是基本放任市场力量主导城市空间发展。2000年开始，随着新的塔林总体规划、次级区域总体规划、各地区建设条例的通过，对建设权的约束限制逐渐增加；然而，总体规划仍然更多的是关于城市功能区、交通组织和基础设施网络的空间结构的总结，而缺乏对城市整体发展方向的主动干预；虽然城市开发方面最大的公共投资就是道路建设，但也仅仅着眼于解决交通问题，而不是创造发展机遇；微观上的详细规划也仍然以市场为导向，以产权所有者和开发者为核心。

城市规划和建设模式体现了价值导向。根据公共干预在产权市场中的作用，Haila（1999）划分了四种类型：北美的振兴主义（boosterism）、欧洲的城镇规划（town planning）、中国香港的公共土地预算和新加坡的产权干预模式。振兴主义模式下，个体商人通过土地投资寻求利润，城市发展由此驱动；土地开发的主要动力是经济效益，由市场决定土地的使用。城镇规划模式下，个体商人作用减小，规划当局有更多的管理权力，规划和公共土地利用指导着房地产开发，规划管理体系通常由土地和房产税进行补充，从而创造出针对私人所有者开发房产的奖励。城镇规划的支持者对社会问题和城市建设项目的外部性往往存在更多担忧，试图在经济利益和社会责任之间达到妥协，并考虑城市的整体利益；振兴主义的城市规划者更多地考虑土地利用类型、建设强度与区划、道路交通等问题，让市场决定空间和社会发展。二者的关键区别之一就是政治制度的有力影响和中央政府公共资源在地方政府财政上的重要性。

在爱沙尼亚的转型过程中，地方自治的行政体系、私有化和地方化为核心的产权改革和基于所有权的土地税收政策是"振兴主义"规划体系的制度基础，也共同反映了转型时期自由市场机制在城市建设和管理方面的绝对优势地位。在此基础上，市场化导向的爱沙尼亚规划体系，形成了自上而下与自下而上互动相结合的规划调整机制、基于一系列"产权所有者协商制度"的详细规划简化程序、临时建设禁令与部分采用规划等具有特色的政策手段。

第 **5** 章

社会过程：爱沙尼亚城乡人口流动与分异

在转型城市分析框架下，社会变革受到制度转型的影响，同时又影响了空间重组的进程，这是城市转型的另一个重要方面。聚焦到城市发展实践中，区域经济与人口要素的集聚与扩散、分异与融合是中东欧城市转型的重要特征，也是驱动城市空间涌现的内在核心要素。本章将以塔林及其周边地区为例，对转型城市的人口流动与分异特征进行深入剖析。

5.1 转型期经济社会发展概况

5.1.1 国民经济的衰退与恢复增长

转型后，中东欧国家均经历了一定时期的经济衰退（图5-1），到1994～1995年，爱沙尼亚GDP累计下降了约40%，此后开始增长，2000～2002年左右恢复到了1989年的水平，2015年GDP接近230亿美元。

2000年以后，爱沙尼亚经济迅速发展，GDP年均增长率超过7%，人均GDP与欧盟的差距不断缩小；2008～2009年受经济危机的严重影响，GDP降低近15%，此后逐步恢复。总体而言，爱沙尼亚经济总量较小，受外部因素影响较为显著，与欧盟经济发展总体趋势相似，但波动较大，2015年全国人均GDP超过17000美元（图5-2）。

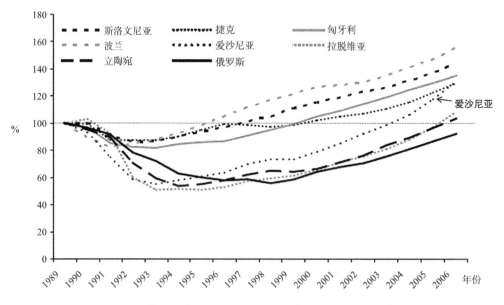

图5-1　转型后中东欧国家GDP动态（以1989年为基准）

（图片来源：Lumiste, R., Pefferly, R., & Purju, A.（2007）. Estonia's Economic Development: Trends, Practices, and Sources. A Case Study. Washington, DC: World Bank Commission on Growth and Development.）

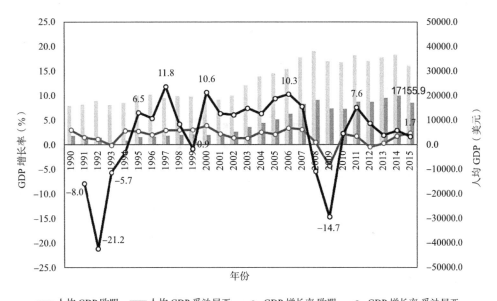

图5-2 爱沙尼亚GDP增长率与人均GDP与欧盟的比较
（数据来源：世界银行，爱沙尼亚统计局）

5.1.2 经济结构调整，第三产业占比接近欧盟水平

社会主义时期，爱沙尼亚经济发展以工业为主，1990年第二产业增加值占GDP总量的50%，第三产业仅占34%，与西欧发达国家相比，其制造业和农业占比较高，服务业和对外贸易并不发达。转型初期，随着市场化经济体制的建立，经济结构也迅速调整，到1995年第二产业增加值占GDP总量的比例降至29%，相应地第三产业占比超过60%。此后，随着经济恢复增长，服务业进一步发展，截至2015年，第三产业增加值占比已近70%，接近欧盟平均水平（73.8%）（表5-1），尤其是房地产业、信息通信、金融保险等行业增长迅猛（图5-3）（Kalvet，2016）。

爱沙尼亚三次产业增加值的 GDP 占比（%）　　　　　表 5-1

年份	1990	1995	2000	2005	2010	2015	EU2015
第一产业	16	9	4.8	3.5	3.2	3.1	1.6
第二产业	50	29	27.8	29.8	28.0	27.8	24.6
第三产业	34	62	67.4	66.7	68.8	69.1	73.8

（数据来源：1990~1995年数据来自世界银行，2000年以后数据来自爱沙尼亚统计局。）

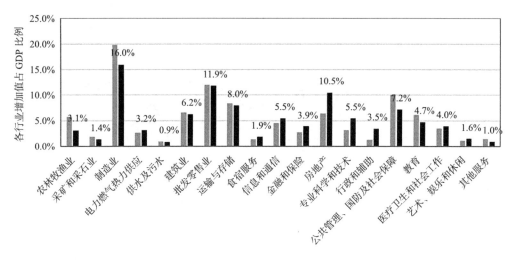

图5-3　爱沙尼亚各行业增加值占GDP总量的比例（1995/2015年）

5.1.3　外来资本的重要经济文化影响

外来资本在转型地区的经济发展中发挥了重要作用。作为市场化水平最高的中东欧国家，爱沙尼亚的资本流动自由度甚至超过了欧盟的要求。1992年货币改革以后，外国直接投资没有受到任何限制，外汇政策也完全自由。在此背景下，大量外来投资涌入，促进了经济发展，尤其是固定资产投资（表5-2）。2006年，爱沙尼亚固定资产投资占GDP比例超过30%，其中外国直接投资的比例又超过30%；分行业来看，外国直接投资中有约30%进入金融业，约30%进入房地产业。

爱沙尼亚 FDI 及 GDP 动态（1995 ~ 2006 年）　　　　　表 5-2

年份	1995	2000	2003	2004	2005	2006
国内生产总值GDP（百万欧元）	2638	5926	8494	9375	11060	13074
固定资产投资（百万欧元）	676	1519	2488	2951	3436	4423
外国直接投资FDI（百万欧元）	148	425	822	775	2254	1341
固定资产投资占GDP比例（%）	25.6	25.6	29.3	31.5	31.1	33.8
FDI/GDP（%）	5.6	7.2	9.7	8.3	20.4	10.3
FDI占固定资产投资的比例（%）	21.9	28	33	26.3	65.6	30.3

（数据来源：Lumiste R et al.，2007）

外来投资不仅提供了大量资本，同时也在技术、制度、市场、管理等方面产生积极的影响。转型初期，瑞典和芬兰合计占爱沙尼亚对外贸易的40%，占外国直接投资总额的近70%；1995年，瑞典和芬兰退出欧洲自由贸易联盟（EFTA）并加入欧盟，对爱沙尼亚申请加入欧盟具有重要促进作用。尤其是芬兰，由于邻近的区位因素，以及爱沙尼亚语与芬兰语非常相似，苏联时期，市场经济及相关社会制度就通过芬兰的广播、电视等渠道传播到爱沙尼亚，在冷战时期也实现了一定的信息交流。与芬兰的紧密经济联系大大促进了转型期爱沙尼亚对外贸易的发展，尤其是与西欧的融合。

1990年代中期以后，欧盟成为爱沙尼亚发展的关键因素，尤其是受到德国的重要影响。历史上，波罗的海地区一直存在规模虽小但具有重要经济地位的日耳曼群体；二战以前，德国约占爱沙尼亚进出口总额的30%，是最重要的贸易伙伴。在社会经济制度方面，德国成为爱沙尼亚转型后重要的学习和参考对象。这一方面是因为其受到上述历史经验的影响，另一方面原因在于德国在欧盟中的重要地位。

5.1.4　首都地区的经济发展

转型期间，爱沙尼亚首都地区经济强化发展，GDP占全国的比例逐步上升。2015年哈留县占全国GDP的60%以上，其中首都塔林GDP占比超过全国的50%（图5-4）。2015年塔林人均GDP超过28000美元，比全国平均水平高60%以上，达到欧盟平均水平，约为西欧发达城市的一半左右[①]。

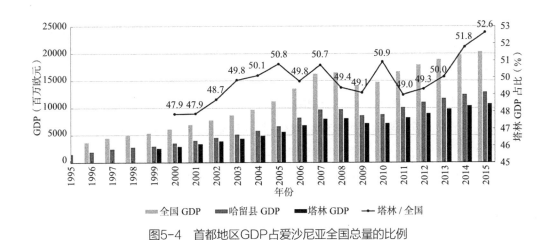

图5-4　首都地区GDP占爱沙尼亚全国总量的比例

[①] 根据欧盟统计，2015年塔林人均GDP约为25700欧元，柏林为35600欧元，巴黎（法兰西岛大区）为54600欧元，伦敦（大伦敦地区）为67500欧元。

服务业的集聚成为首都地区经济发展的重要特征，当前哈留县第三产业GDP占比超过75%，塔林第三产业GDP占比超过80%（表5-3）。经济结构调整驱动了城市空间的重组、第二产业的衰退和第三产业的发展，促使投资和就业在城市中心区集聚，使得外围工业用地大量废弃，距离中心较近的则经历重组。

首都地区三次产业增加值的 GDP 占比（%） 表 5-3

年份		1995	2000	2005	2010	2015	EU2015
第一产业	塔林	0.5	0.6	0.4	0.4	0.2	1.6
	哈留县	2	1.2	1	0.9	0.5	
第二产业	塔林	20.5	21.9	22.7	20.1	19	24.6
	哈留县	29.3	23.8	25.5	22.7	22.7	
第三产业	塔林	79	77.4	76.9	79.6	80.8	73.8
	哈留县	68.7	75.1	73.5	76.4	76.8	

（数据来源：爱沙尼亚统计局）

5.2 爱沙尼亚城市化整体趋势

5.2.1 转型国家的整体情况：人口城乡流动与跨国流动相叠加

转型后，中东欧国家普遍经历了经济快速发展阶段。在此过程中，城市由于就业机会和收入水平方面的优势，持续吸引乡村人口的集聚，城市化加速发展。与此同时，2004年部分中东欧国家加入欧盟以后，在人口自由流动的背景下，中东欧与西欧发达国家间的经济发展差距导致了人口自东向西的跨国流动。上述两种趋势相叠加，使得大部分西欧国家城市人口和乡村人口均呈现增长趋势，其中来自中东欧的跨国劳动力流动成为城市人口增长的重要来源；而中东欧地区乡村人口普遍萎缩，城市人口动态则取决于跨国人口流出和城市化人口集聚的博弈（图5-5）。

2004～2014年，爱沙尼亚城市地区人口增长约7%，乡村人口减少约10%，全国范围内人口持续向城市地区集聚。

5.2.2 人口总量持续下降，老龄化趋势加剧

转型初期，由于大量苏联移民回流，爱沙尼亚人口从1990年的157万人迅速减少到2000年的140万人，2010年进一步降至133万人，此后人口稳中有降，当前人口约131万

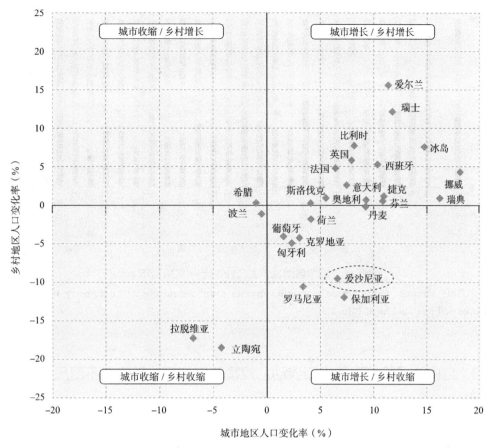

图5-5　欧盟各国城乡人口动态（2004～2014年）

（图片来源：Eurostat，Urban Europe — statistics on cities, towns and suburbs[R]. Luxembourg: Publications office of the European Union, 2016. ）

人，人口密度约30人/平方公里[①]。1990年独立以来，爱沙尼亚人口自然增长率始终为负值，2015年约为-1%；人口老龄化趋势显著，65岁以上人口比例逐年上升，2015年接近总人口的20%。

　　全国超过40%的人口居住在城市，约15%人口居住在郊区，总体城市化率接近60%，低于欧洲平均水平（图5-6）。

---

① 欧盟 28 国平均人口密度约为 116 人／平方公里。

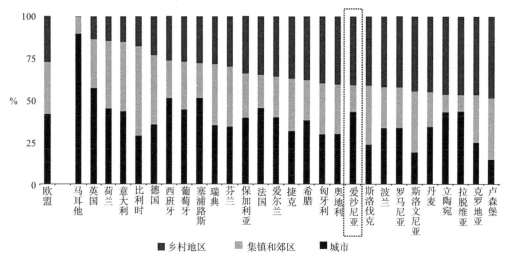

图5-6　欧盟各国城乡人口分布比例（2014年）

（图片来源：Eurostat，Urban Europe — statistics on cities, towns and suburbs[R]. Luxembourg: Publications office of the European Union, 2016.）

5.3　自由市场机制下的人口流动：规模效应与区位因素在不同尺度发挥作用

5.3.1　一级行政单元尺度（county）

人口集聚和扩散的规模效应非常显著，城乡人口区域流动呈现分化态势，首都地区首位度提升。

独立后，爱沙尼亚在2000年和2011年进行了两次人口和住房普查。在2000年普查中，对被调查者在1989年的居住地进行了调查，反映了转型第一个十年的区域人口流动情况。在此基础上，2010年普查再次对被调查者在2000年的居住地进行了调查。

在一级行政单元层次上，爱沙尼亚全国共分为15个空间单元——（county，即县级行政单元），平均面积约为3000平方公里，最小的希留县（Hiiu）约1000平方公里，最大的帕尔努县（Pärnu）约4800平方公里，在上述地理尺度下，区域人口流动呈现以下特征。

①首都地区首位度持续提升。首都塔林所在的哈留县（Harju）始终是区域人口流动的最主要目的地，同时也是重要的人口流出地。1989~2000年，哈留县人口总流动量[①]55000余人，其中流入约3.5万人，流出近2万人；2000~2010年，哈留县人口流动

---

① 指流入量与流出量的绝对值之和，而非净流动量。

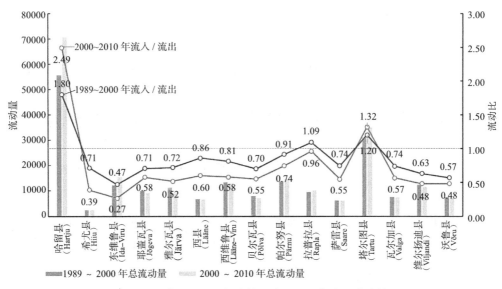

图5-7 爱沙尼亚一级行政单元（county）人口流动情况

总量增长到约7万人，其中流出约2万，流入约5万人（图5-7）。与转型后第一个十年相比，第二个十年首都地区流出人口基本平稳，但流入人口进一步显著增加。

②随着转型的深入发展，区域人口流动趋势分化。在15个一级行政单元中，与转型初的第一个十年（1989~2000年）相比，第二个十年（2000~2010年）有5个单元的人口总流动量有所上升，10个单元的人口总流动量下降。总流动量上升的5个单元也均是人口基数较大、总流动量较大的县（图5-7）。

③区域人口流动趋势呈现极化效应。转型后的第一个十年中，人口总量最大的哈留县和塔尔图县，以及邻近首都的拉普拉县实现了区域人口净流入（流入/流出大于1），其余地区人口均为净流出（流入/流出小于1）；第二个十年中，哈留县和塔尔图县人口流入流出比进一步增加，第三位的拉普拉县从略有流入转为略有流出，其余地区人口流入流出比则进一步减小（图5-7）。也就是说，区域人口流动趋势呈现极化效应，人口流入地区的吸引力越来越强，人口流出地区的收缩程度也在加剧，区域人口流动进一步集聚发展。在此背景下，中等地区面临分化发展的考验。

④中高等级地区之间人口流动更加活跃。塔尔图县作为人口流入第二大县，同时也是人口流入第一大县哈留县的外来人口主要来源地之一。从塔尔图流向哈留的人口从前十年的5740人增长到后十年的8659人，同时哈留流向塔尔图的人口从前十年的3461人增长到后十年的4333人。这些地区人口流动呈现高流入、高流出的特点，人口双向迁移频繁。

5.3.2 二级行政单元尺度（municipality）

区域人口的扩散与集聚相叠加，区位因素与规模效应共同作用，中心城市周边单元人口显著增长。

在二级行政单元（municipality，即地方行政单元）的层次上，爱沙尼亚全国15个县被划分为227个空间单元，平均面积约为200平方公里；其中36个较小的单元面积小于50平方公里，个别较大（7个）的乡村单元超过500平方公里，大部分单元面积在50～500平方公里范围内。

在上述地理尺度上，跨单元人口流动受到扩散效应和集聚效应的双重影响，表现为主要中心城市的人口流失与外围地区的人口增长。具体呈现出以下趋势。

①城乡人口向局部地区集聚趋势非常显著。2000～2010年，爱沙尼亚全国227个地方行政单元中，有197个单元人口下降，30个单元人口增长；其中76个单元人口减少超过20%，15个单元人口增长超过20%。与北部地区相比，南部乡村地区人口流失更为严重，表现出区域差异。

②中心城市人口减少，周边地区人口集聚。在全国人口总量下降5%的情况下，塔林、塔尔图、帕尔努三大城市周边21个二级行政单元实现人口增长，总量增长了43%。与此同时，人口最多的几个城市人口均有不同程度的减少：首都塔林的约40万人口减少了1.7%，塔尔图（Tartu）的约10万人口减少了3.5%，东部边境城市纳尔瓦（Narva）的约7万人口减少了14.6%，帕尔努（Pärnu）的约4.5万人口减少了12.7%。

③除区位因素外，二级单元人口流动趋势在一定程度上也受到单元人口总量的影响，表现出一定的规模集聚现象。在227个二级行政单元中，除几个大主要城市单元人口略有下降，中心城市周边的乡村单元人口显著增长以外，其余绝大部分单元大致都在人口1000～10000、变化率0%～40%的区间内，且人口越少的地区收缩越严重。对这部分约200个单元的人口总量和变化率进行回归分析，得出置信度达到99%（$P<0.01$）。也就是说，人口总量与变化率呈现一定程度的正相关，人口流动存在一定的规模集聚效应（图5-8）。

5.3.3 三级行政单元尺度（district）

区位因素发挥决定性作用，塔林成为区域人口流动"转换器"，呈现郊区化、城市化与通勤化特征。

在三级行政单元尺度（district，即区级行政单元）的层次上，以首都塔林所在的哈留县为分析对象，哈留县被分为443个三级空间单元，每个单元平均面积约为10平方公

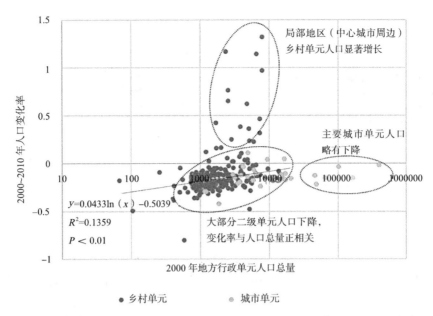

图5-8　爱沙尼亚277个二级行政单元人口总量及变化率（2000～2010年）

里，其中12个较小的单元面积小于1平方公里，15个较大的单元面积超过30平方公里，其余绝大部分单元面积在1～30平方公里范围内。数据表明，在上述地理尺度下，区位因素在人口集聚与扩散方面发挥决定性作用，区域人口流动呈现郊区化、城市化与通勤化的特征（图5-12）。

（1）郊区化：塔林中心城人口大量外流，周边地区人口增长，受区位影响显著

计划经济时代土地市场的缺乏使得中东欧城市的空间发展相对西欧国家而言更为紧凑，转型后，其增长的人口和有限的空间使得城乡分割越发模糊，机动交通的发展、道路网络的建设、改善居住环境的意图都进一步推动了郊区化的趋势。在此背景下，塔林中心城人口流失，人口向周边的郊区和半城市化地区大量迁移，外围地区人口增长（图5-9、图5-10）。

值得注意的是，在中心城市内部，人口发展趋势存在显著的结构性差异。社会主义时期建设密集的地区人口相对收缩，例如以港口、工厂和工人住宅为主的Põhja-Tallinna北塔林区、苏联时期大型住区和铁路工业为主的Lasnamäe区、瑞典时期开始发展的内城传统住宅区Kristiine区、同样是社会主义住宅区的Mustamäe区，都成为人口流失最为严重的地区。与此同时，社会主义时期发展相对滞后的地区则迎来显著发展。中心区Kesklinn区范围包括中世纪旧城、沙俄皇宫、客运港口和于莱米斯特湖，在苏联时期基本是衰败的老城，转型后则依赖旅游业和CBD服务业的发展迎来了复兴；苏联时期由于沿海的偏远区位而不受重视的Pirita区和Haabersti区则在郊区化的浪潮中迅速扩张，大量独立住宅蔓延，人口也显著增长。

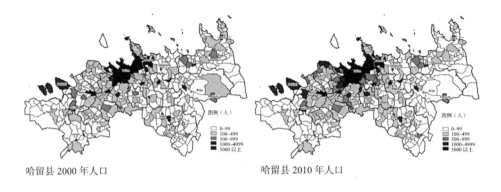

哈留县 2000 年人口　　　　　　　　　　　　哈留县 2010 年人口

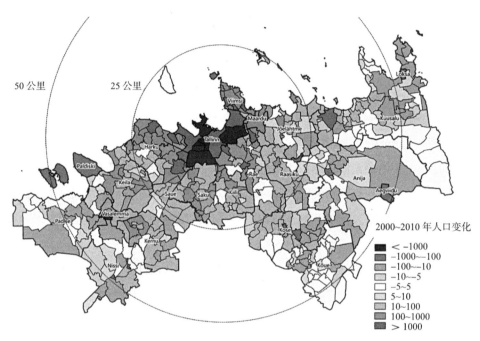

图5-9　哈留县区级行政单元尺度人口变化情况（2000～2010年）

在外围地区，人口郊区化趋势则受到区位因素的显著影响，主要外流地在中心城25公里半径范围内，中心城向西南方向的蔓延较明显。进一步考查2000～2010年间实现人口增长的261个三级单元，对其人口增长量与距塔林中心城的距离进行回归分析，置信度达到99%（$P < 0.01$），表明人口增长量随着与中心城距离的增加而显著减小（图5-11）。

（2）城市化：塔林中心城成为整个首都区域与全国更大范围地区人口交流的"转换器"

根据两次人口普查，以十年间隔为期，具体考查外来人口情况。从总量比例、城乡划分和来源地分类角度考查，中心城市（塔林市范围）和外围地区（哈留县范围）的外来人口情况存在显著差异。从转型后第一个十年（1989～2000年）和第二个十年（2000～2010年）的发展趋势来看，上述地区也表现出不同特征（图5-12）。

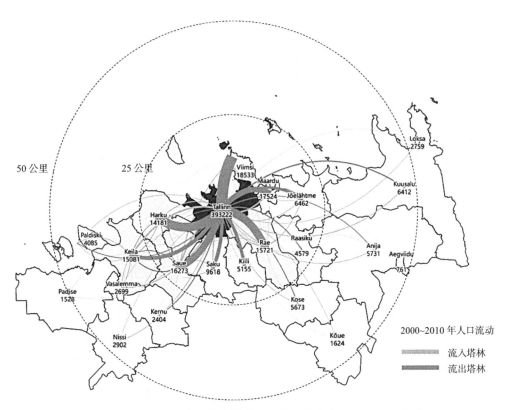

图5-10　哈留县中心城市塔林人口外流情况（2000～2010年）

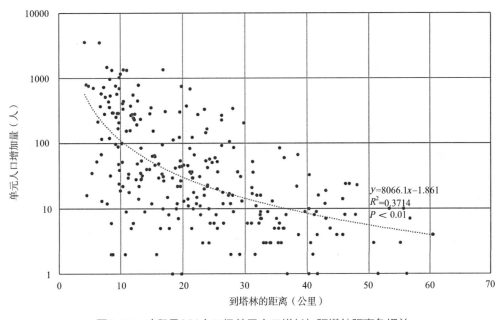

图5-11　哈留县261个三级单元人口增长与距塔林距离负相关

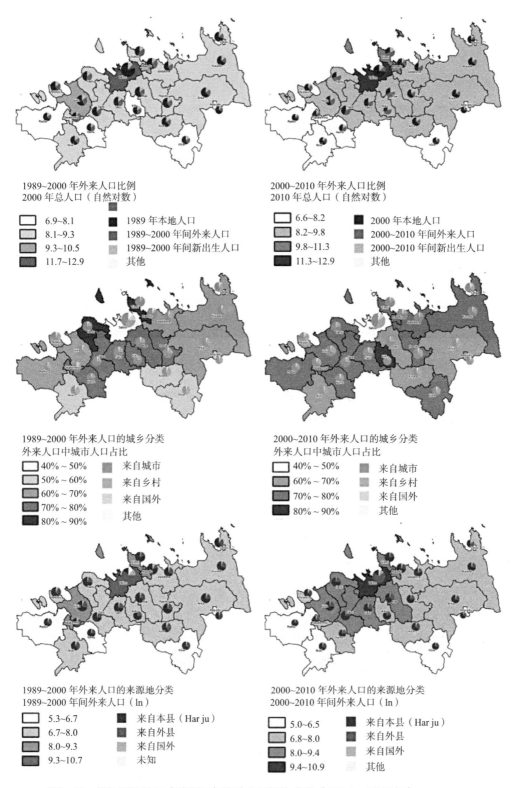

1989~2000 年外来人口比例
2000 年总人口（自然对数）

☐ 6.9~8.1	■	1989 年本地人口
☐ 8.1~9.3	■	1989~2000 年间外来人口
☐ 9.3~10.5	☐	1989~2000 年间新出生人口
■ 11.7~12.9	☐	其他

2000~2010 年外来人口比例
2010 年总人口（自然对数）

☐ 6.6~8.2	■	2000 年本地人口
☐ 8.2~9.8	■	2000~2010 年间外来人口
☐ 9.8~11.3	☐	2000~2010 年间新出生人口
■ 11.3~12.9	☐	其他

1989~2000 年外来人口的城乡分类
外来人口中城市人口占比

☐ 40%~50%	■	来自城市
☐ 50%~60%	■	来自乡村
☐ 60%~70%	☐	来自国外
☐ 70%~80%	☐	其他
■ 80%~90%		

2000~2010 年外来人口的城乡分类
外来人口中城市人口占比

☐ 40%~50%	■	来自城市
■ 60%~70%	■	来自乡村
☐ 70%~80%	☐	来自国外
■ 80%~90%	☐	其他

1989~2000 年外来人口的来源地分类
1989~2000 年间外来人口（ln）

☐ 5.3~6.7	■	来自本县（Harju）
☐ 6.7~8.0	■	来自外县
☐ 8.0~9.3	☐	来自国外
■ 9.3~10.7	☐	未知

2000~2010 年外来人口的来源地分类
2000~2010 年间外来人口（ln）

☐ 5.0~6.5	■	来自本县（Harju）
☐ 6.8~8.0	■	来自外县
☐ 8.0~9.4	☐	来自国外
■ 9.4~10.9	☐	其他

图5-12　塔林周边地区（哈留县）流动人口结构分类（1989～2010年）

总体而言，塔林的总人口和外来人口数量都远大于周边其他单元，但从外来人口占总人口的比例来看，塔林远低于周边单元。2000～2010年，塔林和大部分周边单元的外来人口比例都有所提升，但塔林的增长幅度远低于周边单元，二者差距进一步拉大。根据2010年普查情况，一部分周边单元的外来人口占比已经接近或超过50%。也就是说，周边单元人口流入持续增长，是承担区域人口增长的主要地区。

具体来看，外来人口的城乡分类方面，塔林的外来人口中乡村人口与城市人口占比大致持平，而与塔林相邻的周边单元外来人口中城市人口占比基本高达75%以上，更外围单元的城市人口占比相对较低，但仍然显著高于乡村人口的比例。上述外来人口的城乡差异在1989～2010年始终存在，但总体而言外来人口中城市人口占比在2000年以后有所上升。

外来人口的来源地分类方面，塔林的外来人口中来自哈留县以外地区的比例较高，达到70%左右；外围单元的外来人口则主要来源于哈留县内部，占比基本超过75%。与转型第一个十年（1989～2000年）相比，2000～2010年期间二者比例差距略有加剧。

上述现象表明，在市场机制调解下，中心城市（塔林）成为整个地区与更大范围地区人口交流的转换节点，跨一级行政单元、来自乡村的外来人口首先流入塔林，而中心城市本地居民进一步向周边流动，成为外围地区新增人口的主要来源。

（3）通勤化：中心城市就业辐射范围扩大，人口流动日常化（图5-13）

郊区化背景下，塔林中心城人口向周边地区大量外流，与此同时，跨地区人口和乡村人口也大量流入塔林。上述两种人口流动趋势相叠加，总体上塔林中心城常住人口总量仍然呈下降趋势。

但与此同时，塔林集聚了区域绝大部分的就业机会，大量郊区化外流人口和周边地区居民的工作地点仍然在中心城，中心城市就业辐射范围也非常广泛。2000年数据表明，塔林中心城25公里范围内，在约60%的地方行政单元中，前往塔林通勤的就业人口占地方全部就业人口的比例高达50%～85%，其余单元为25%～50%；50公里范围内，大部分区级行政单元就业人口中有超过25%前往塔林工作，仅最南端个别区级行政单元

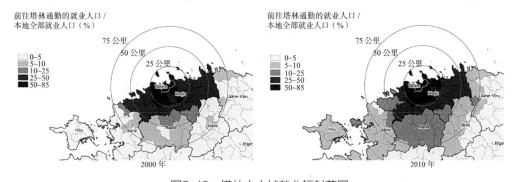

图5-13　塔林中心城就业辐射范围

的比例为5%~25%；中心城就业辐射范围最远可达75公里，在这一范围内也有若干区级行政单元的塔林通勤者比例达到5%以上。

到2010年，随着道路网络和机动交通的进一步发展、常住人口郊区化的推进，以及产业经济和就业岗位的集聚增长，塔林中心城的就业辐射范围显著扩大。25公里内基本全部单元的塔林通勤者比例都超过了50%；50公里内，塔林通勤者占比均超过了25%或10%；75公里范围内，各单元塔林通勤者占比全部超过了5%，其中拉普拉县各单元超过了10%；此外，更大范围内仍有若干单元通勤者占比超过5%，个别单元通勤距离超过100公里。

塔林中心城就业辐射范围的扩大，与前述人口郊区化外流的情况结合来看，表明转型期间塔林人口居住地向整个都市区周边地区不断扩散，呈现显著的郊区化，但就业地点仍然集中在中心城市，通勤范围扩大，人口流动日常化的趋势不断增强（Tammaru，2005）。

实际上这一情况也影响了本书第四章提到的交通拥堵、基础设施供给不足等城市发展问题，并引起了社会对规划政策价值的再认识。

5.4 社会分异与政策应对

人口空间流动带来了上述郊区化、通勤化、区域集聚等现象。除此之外，人口社会分化以及随之而来的空间分异也是中东欧城市转型阶段的普遍特征。

在城市内部，不同社会群体的人口往往存在同类聚集、异类排斥的居住偏好。中央计划时期，爱沙尼亚在城市建设的集体主义、平均主义和住房统一实物分配机制下，这种偏好往往无法影响城市居民的住房选择，因此城市仍然呈现相对比较混杂、平均的社会空间格局。

转型后，市场化机制下，城市居民在住房自由交易的条件下实现了居住迁徙；不同群体对居住地点的集体选择和空间博弈，将群体偏好和社会阶层差距转化为物质空间距离，形成社会空间分异现象（图5-14）。城市社会空间分异体现了城市居民内部不同社会群体空间集聚的水平和模式，使土地价值与住房供给消费相联系，是市场化转型中城市发展的普遍现象。在这一过程中，伴随着不同阶层人口的外迁和流入，社会主义时期的居住空间本身往往也经历衰败、更新改造、重组、开放，以及可能的复兴。这在我国的"单位大院"中得到了典型体现，单位大院根植于计划体制的生产生活和住房分配体制，构成了计划经济时期基本的城市社区单元，并在改革开放后逐步经历了开放化和混合化，与现代城市空间在一定程度上互相融合（Zhang et al.，2014）。爱沙尼亚也存在类似的大型行列式居住区，往往是苏联时期依托工厂或行政机构建设、分配的，被称为

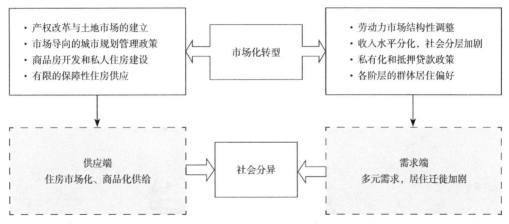

图5-14　市场化转型影响下的社会分异机制

"社会主义住区"，是转型期社会分异空间的典型反映。

5.4.1　塔林社会空间分异概况

对塔林而言，社会经济方面，在从社会主义中央计划体制迅速转向自由市场体制的过程中，城市社会分层加剧，贫富阶层差距扩大；同时伴随着土地和住房体系的市场化改革，城市人口居住迁移和空间流动大大加强，社会空间分异成为其城市转型的重要特征（Loogma，1997）。这也是中东欧转型城市的普遍现象（Marcinczak et al.，2012）。其转型期社会分异的空间模式，即城市内部不同社会群体的分布，在地方语境下主要受到两方面因素的影响：一是社会经济因素，通常以职业、收入、受教育水平为代表；二是种族因素。

在种族问题方面，爱沙尼亚转型后仍然有大规模的俄语人口[①]留在塔林，成为重要的少数群体，其居住空间分布模式基本由苏联时期的新建住房计划和住房分配体制所决定。与外来移民持续流入的西欧城市不同，塔林的种族分异体现为长期稳定存在的少数族裔群体与本地群体的持续分异进程。

相关研究表明，在转型的前十年，路径依赖效应缓解了经济市场化的影响，社会主义时期的住房分配制度和城市建设模式使得迅速扩大的社会贫富差距并未立即转化为同等水平的社会空间分异，马赛克式的社会分异也发生在碎片化的微观尺度上，而难以被一般统计数据所反映（Temelova et al.，2010）。但在2000年以后，不同职业群体的居住分异水平有相当程度的增强（Ruoppila et al.，2003；Ruoppila，2005）。依托移动数据分析，不同群体的日常活动空间也表现出了显著的分异水平（Ahas，2010；Ahas，2014）

---

① 包括俄罗斯、白俄罗斯、乌克兰等苏联地区人口，以俄语为母语，统称为俄语人口。

5.4.2 各时期社会分异的空间模式演进

针对塔林，Raitviir（1991）和Marcińczak等（2015）分别通过不同职业的就业者群体的空间聚集情况，对1981年和2000年的社会分异空间模式进行了调查研究，反映出转型以前社会主义时期和转型第一个十年后城市的社会分异情况（图5-15、图5-16）。

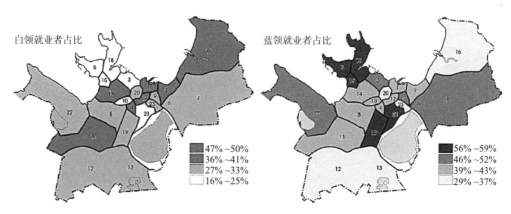

图5-15　1981年塔林社会分异空间模式

（图片来源：Raitviir, T. Linna Sisestruktuurid, Faktorökoloogiline Lähendus（Structures of the City, a Factor-ecological Approach）[R]. Tallinna Linnauurimuse Instituut, Tallinn, 1990.）

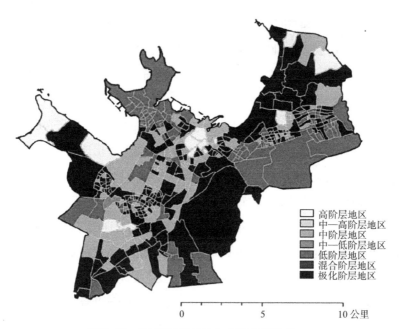

图5-16　2000年塔林社会分异空间模式

（图片来源：Szymon Marcińczak, Tiit Tammaru, Jakub Novák, Michael Gentile, Zoltán Kovács, Jana Temelová, Vytautas Valatka, Anneli Kährik & Balázs Szabó. Patterns of Socioeconomic Segregation in the Capital Cities of Fast-Track Reforming Postsocialist Countries[J]. Annals of the Association of American Geographers,2015, 105:1, 183–202, DOI: 10.1080/00045608.2014.968977）

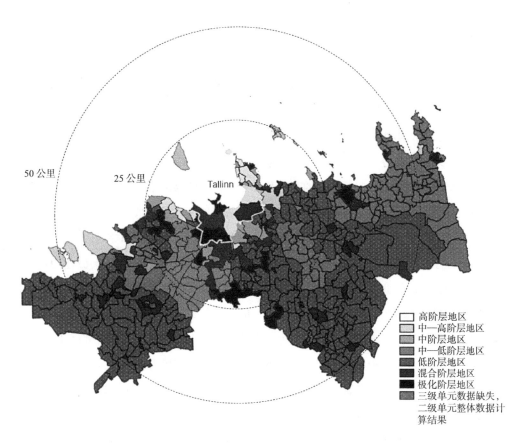

职业	阶层
1. 公职人员、高级职员和管理人员	高阶层
2. 专业人员	高阶层
3. 技术人员及助理专业人员	中阶层
4. 办事员	中阶层
5. 服务员和售货员	低阶层
6. 农民和渔民	低阶层
7. 手工业及相关行业工人	低阶层
8. 制造业工人和机器操作员	低阶层
9. 基础职员	低阶层

地区类别	各阶层就业者占比		
	高阶层	中阶层	低阶层
高阶层地区	50~100	—	—
中—高阶层地区	25~49	25~49	0~25
中阶层地区	—	50~100	—
中—低阶层地区	0~25	25~49	25~49
低阶层地区	—	—	50~100
混合阶层地区	25~49	25~49	25~49
极化阶层地区	25~49	0~25	25~49

图5-17　2010年塔林周边地区（哈留县）社会分异空间模式[①]

在此基础上，笔者沿用了2000年研究的方法，对2010年的数据进行了相应的测算（图5-17）：根据职业类别将就业者划分为高、中、低阶层，并进一步根据空间单元内部不同阶层就业者占比，确定其主导阶层，将空间单元划分为高、中、低、混合、极化等类别。此外，2010年的研究范围扩大到塔林周边的哈留县，以适应这一时期城市郊区化扩张的实际情况。

---

① 原始数据来自爱沙尼亚国家统计局。在塔林行政范围以外的地区，统计部门仅提供了重点乡镇在三级空间单元尺度上的详细数据，其他地区仅提供了二级空间单元的整合数据，图中将这部分空间单元以点状纹理加以区分。

1980年代，蓝领工人主导了北部围绕着港口和工业区的Põhja-Tallinna北塔林区、东部铁路沿线工业区周边的Lasnamäe拉斯拿马尔区和南部于莱米斯特湖周边地区，西部Haabersti哈伯斯蒂区在靠近城市中心的片区建设了一部分郊区社会主义住宅，也由蓝领工人主导。

转型后，2000年相关学者通过社会分异指数的测算，指出塔林的社会分异水平仍然比较低，并未达到高分异水平。但从空间格局上看，上述港口工业区周边和铁路工业区周边地区仍然有大量作为蓝领工人的苏联移民留下来，使这两个地区成为最主要的低阶层群体聚集地，同时也是少数群体集中区；哈伯斯蒂地区、于莱米斯特湖周边地区，以及大部分内城地区，通过局部的绅士化进程、小型城市再开发项目和棕地改造，各阶层群体呈现"小聚居、大混居"，形成微观尺度上的社会分异和各阶层混合/极化的片区；此外，老城核心区的商务中心区和商业旅游业迅速发展，城市边缘社区则在郊区化的过程中吸引大量中产阶级，形成了中高阶层人口的两端集聚模式。到2010年，郊区化进一步发展，在塔林外围的哈留县乡镇也成为中高阶层群体聚集的地区，并且郊区化居民群体的社会阶层要显著高于更大范围、更偏远的哈留县腹地居民群体。

从整体社会分异格局来看，随着社会经济的不均衡发展，塔林中高阶层群体在郊区化的过程中不断外迁，老城中心随着商业和旅游业发展经历了绅士化进程，形成中高阶层人口的两端集聚模式；内城地区持续进行小规模的局部改造和再开发项目，形成马赛克式的社会空间分异模式；部分俄语人口和低阶层群体则缺乏迁移能力，仍然聚集在苏联时期形成的传统工业区和社会主义住区。这也是爱沙尼亚的普遍情况。

总体而言，社会分异格局的演进体现了爱沙尼亚在战前及苏联时期以来城市建设的影响，同时也反映了城市动态演进的社会—空间进程。社会经济分异和种族分异相叠加，共同形成了塔林的社会空间分异格局。

5.4.3 政策应对Ⅰ：社会融合的策略响应

上述社会分异的加剧趋势是少数群体和贫困人口的社会隔离在城市物质空间方面的反映，在爱沙尼亚及其他中东欧国家的市场化转型过程中都是普遍现象，也带来了一系列的政策响应。

对爱沙尼亚而言，近年来整体社会福利水平有了很大增长，但分配仍然不均，是欧洲基尼系数最高的国家之一；爱沙尼亚的贫困群体在很大程度上与俄语群体重合，应对移民依赖、适应多民族人口和加强社会融合被认为是国家发展的三大挑战（Estonian human development report 2016/2017，2017）。

转型后，俄语人口在社会经济文化各方面的普遍衰退和隔离成为爱沙尼亚在社会分异与融合方面面临的主要问题。在区域尺度上，转型后随着社会经济发展从向东（俄罗斯）到向西（欧盟）的转变，爱沙尼亚东北部以苏联移民为主的俄语人口集聚的工业城镇人口外流，经济衰退趋势显著（Jauhiainen, 2006）；随着塔林等地的产业结构调整，部分俄语人口的原有职业技能与新的劳动力市场需求并不匹配；成年人口以俄语为母语，影响了其寻找新的就业机会，有些甚至由于爱沙尼亚语水平无法达到入籍要求而成为无国籍人口。在城市内部，由于计划时期住房分配体制的影响，俄语人口大多在社会主义住区聚居，其私有化房产在新的房地产市场上价值也相对较低，俄语幼儿园和学校的位置也影响着俄语居民的居住地选择。

本地居民与俄语群体的文化冲突仍然显著存在，双方在语言文化联系，尤其是针对社会主义时期历史的认识上存在冲突和分歧（Regelmann，2012）。2007年塔林爆发的青铜骑士暴动成为种族问题激化的标志[①]。

2014年，爱沙尼亚发布了新的社会融合战略"Integrating Estonia 2020"（Estonia Ministry of Culture，2014），总目标在于增强社会凝聚力，由文化部、内政部、教育部、司法部、财政部共同推行。该战略指出当前爱沙尼亚社会融合方面的主要挑战在于：①增强社会开放性，提升本地社会对多元文化的包容和支持；②持续支持包括俄语人口在内的少数群体；③支持新增外来人口的适应与融合。在此背景下，爱沙尼亚采取了一系列社会融合政策，例如通过入籍改革和语言培训计划帮助少数群体人口，尤其是青年人口入籍；允许开办俄语学校，但要求10～12年级60%的课程以爱沙尼亚语教授；在公共广播领域建立俄语频道，力图加强不同种族社区之间的信息交流等。

然而，政府的社会融合政策被部分俄语人口认为具有侵略性和政治意图，效果比较有限，双语教学能力不足也导致俄语学校的教学水平比较落后（Kondan et al.，2017）。但由于爱沙尼亚本地民族人口规模较小，具有保持本民族文化独立性的强烈危机感，上述具有同化性的社会融合路径成为本地群体坚持的政策选择。

---

① 青铜士兵纪念碑建于1947年，当时的苏联建立者将其命名为"塔林的解放者"，爱沙尼亚独立后更名为"二战结束纪念碑"。

自苏联解体以来，这座纪念碑一直是争议的焦点。当地退伍军人团体和许多俄语人口认为这座纪念碑是对那些把欧洲从法西斯主义中解放出来的人的致敬；而许多爱沙尼亚人则认为它是爱沙尼亚被苏联占领数十年的一个令人反感的象征。

2006年塔林市议会收到转移纪念碑及苏联士兵遗骸的提案，此后纪念碑愈加成为爱沙尼亚民族主义者和俄语人口冲突的焦点，后者成立了"守夜人组织"。2007年爱沙尼亚议会通过《战争坟墓保护法》，规定转移埋葬地点不合适的士兵遗体，国防部随后宣布计划将纪念碑及其下方的士兵遗骸移至战争公墓，同年4月底纪念碑正式拆除。

随后塔林爆发了大规模抗议和连续两晚的暴动事件，导致一人死亡，一千多人被捕。爱沙尼亚驻莫斯科大使馆被围困一周，并引发了俄罗斯网络组织对爱沙尼亚的网络攻击。详情可参见维基百科 https://en.wikipedia.org/wiki/Bronze_Soldier_of_Tallinn.

5.4.4 政策应对Ⅱ：社会主义住区的管理与改造

社会分异在城市建设方面带来的主要问题在于少数群体和贫困人口集聚地区的空间衰败和居住环境恶化。相应地，在此方面的政策应对主要关注社会主义住区的管理和改造问题，采取了以私有化后的产权所有者为主体、通过市场机制推动改造的政策路径。

苏联时期建设的大规模住区成为塔林重要的社会主义遗产，主要是由多层公寓住宅楼组成。私有化以后，政府不再承担住房管理和维护工作，部分住区维持了相对稳定的居民群体和环境品质（Kahrik et al.，2010）；也有部分社区的楼梯、门厅等没有所有者的公共空间缺乏维护而迅速衰败，其改造成为塔林城市建设和社会融合面临的重要问题。

产权改革后，政府要求每栋住宅楼强制成立一个住房合作社（housing co-operatives）或业主管理协会（Homeowners' Housing Management Associations，HHMAs）[①]，作为自收自支的非营利性机构，承担住房管理和维护责任。1996年又成立了爱沙尼亚合作住房协会联合会（Eesti Korteriühistute Liit，EKÜL[②]），指导和帮助业主管理协会的各项工作，为新当选的组织和管理人员提供培训。目前爱沙尼亚有超过1万个业主管理协会，每个协会也可以管理多栋住宅建筑。

社会主义住区建设质量较差，尤其采暖设施的能源效率较低，大多需要进行改造。其中最典型的是Lasnamäe地区，该地区居住着塔林近1/4的人口，以俄语人口为主。苏联时期的住房分配政策向俄语人口倾斜，导致居住的种族隔离。转型后曾经的优惠政策现在成为劣势：这些社会主义住区远离中心城的经济机会和商业网络，缺乏就业机会，学校和商业服务设施也非常有限。大部分居民都试图迁出，导致该地区住房空置率升高，大部分建筑年久失修。

改造工作也由业主管理协会负责，主要通过业主出资、政府补助和商业贷款共同筹集资金。转型初期，中央和地方政府财力有限，高达16%～18%的利率也使得信贷资金获取困难，改造过程推进缓慢。2000年以后，为提升居住条件、鼓励社会主义住区的改造，中央和地方政府推出了一系列政策。

2001年爱沙尼亚经济事务部成立了爱沙尼亚信用和出口保障基金KredEx[③]，为企业

[①] 二者在法律上略有区别，但基本类似。1992年颁布住房合作法案（*The Estonian Co-operatives Act*），2001年转为商业协会法案（*Commercial Associations Act*），后又颁布公寓协会法案（*The Apartment Associations Act*）。2008年起住房合作社可以转为协会，共同管理业主在土地和建筑上的共有份额，代表业主集体利益。2016年还剩下300个住房合作社，其他已经全部转为协会。

[②] Estonian Union of Co-operative Housing Associations. 参见官方网站 http://ekyl.ee/organisation/housing-cooperatives-in-estonia/?lang=en.

[③] 参见官方网站 http://www.kredex.ee.

扩张和投资、住房建设和设施改造提供贷款和担保服务。为支持公寓住房改造和能源效率提升，KredEx可以向业主管理协会提供相当于改造工程成本15%～40%的资金补助（取决于改造工程的复杂程度）。此外，为帮助业主管理协会从商业银行获得贷款，KredEx还可以为其贷款额度的最多80%提供担保。

2003年起，中央政府进一步提供两类补助，为所有住房改造项目提供10%的资金，并专门针对住房改造前的技术调查环节提供50%的补助。塔林市政府则对商业银行提供的改造贷款进行贴息，使得业主管理协会能以1%～3.5%的低利率获得商业贷款。2004年，塔林市政府共为业主管理协会提供了34.1万克朗的补助，同时为81个改造贷款项目提供了利息支持，供给295.8万克朗[①]。2003年4月～2004年6月，塔林共有136个业主管理协会获得了国家一般补助（10%），2004年地方政府贴息贷款额度在5月份就已申请完毕。

2010年，塔林市政府发起了"立面时代"（Fassaadid Korda）项目，旨在进一步帮助业主管理协会针对1993年以前建造的公寓楼进行建筑节能改造，补贴金额不超过改造项目所需贷款的10%，作为自筹资金支持其申请区域部分的商业贷款。2010～2015年，塔林通过这一项目支持了142个公寓的业主管理协会的改造计划（图5-18），总金额接近190万欧元。

图5-18　塔林"立面时代"项目支持下改造后的社会主义住宅楼

---

① Tallinn Yearbook 2004[EB/OL]. https://www.tallinn.ee/eng/Yearbooks-and-Statistics.

总体而言，市场导向下，社会主义住宅的维护和改造以产权所有者为主导，相关支持政策都是在业主承担一部分改造成本的基础上进行资金方面的支持。一方面通过直接补助降低业主的改造负担，另一方面以担保和贴息的方式，加强业主通过商业贷款的方式筹措资金，承担改造成本的能力。虽然上述政策提供了一定的支持，具体的改造意愿仍然取决于居民的支付能力。

由于公寓产权的私有化，对社会主义住区的改造面临很多困难。较低的收入影响居民申请信贷资金，不同种族的群体很难在翻新共同住宅的问题上达成共识。因此只有小部分住宅实施了改造，完全翻新的住宅紧挨着完全被废弃的住宅成为普遍现象。

以Mustamäe区为例，该区是塔林社会主义住宅集中区之一，于1962～1973年建成。由于二战期间的破坏和战后苏联工业移民的大量涌入，当时塔林的住房短缺现象极为严重。1957年当局决定"在12年内解决住房短缺问题"，同时1961年塔林建材厂建成投产，生产与当时苏联相同标准的预制板，为大规模标准化、行列式住宅楼的建设提供了技术基础。此后Mustamäe区建设了典型的社会主义住区，共有365栋预制住房[①]，其中大部分为5层或9层，个别建筑14层以上，私有化改革后有超过98%的住房都是私人所有。

目前，约有6.5万人居住在Mustamäe地区，约占塔林总人口的16%，大部分居民已经在此居住了超过30年。转型后这一地区缺乏维护，建筑不断衰败。近年来，Mustamäe地区的居民通过私人基金和银行贷款相结合的办法获得资金，对15栋住宅进行了改造（图5-19），把苏联时期建设的多层行列式公寓楼改造为多功能现代化住宅，是塔林最早实施的社会主义住宅改造项目之一[②]。爱沙尼亚银行提供了部分贷款，其余则由私人业主出资，每栋建筑改造投入在22万～28万马克，包括更换管道、保温、外墙、门窗以及集中供热系统，既涉及技术问题，也有组织和财务问题。改造过程的主要困难有两方面：一是大部分社会主义住区房屋的价值和租金都比较低，影响了信用贷款的额度；二是同一栋住宅楼中不同种族、不同经济情况的居民很难达成一致意见。

---

① 住宅楼以混凝土框架和预制构件建成。墙面为12.5厘米混凝土、12.5厘米木质隔热层、5厘米混凝土构成的"三明治式"构造，楼板为10厘米厚的钢筋混凝土，平屋顶为30厘米的钢筋混凝土梁支撑8厘米矿棉层和10厘米钢筋混凝土屋面，部分出挑，并以沥青覆盖。卫生间和厨房有烟道。窗户为双层玻璃，但没有密封条。住宅楼通过地下室的设备节点与地区集中采暖系统相连。

② 2012年，该区域在瑞典银行发起的"健康和经济的住房"项目资助下进行了住宅改造和翻修。这栋公寓楼建于1966年，共有60户，共5层，采暖面积2968平方米，居民总计约180个。改造项目包括立面和屋顶的整体翻修、增加保温层，并更换了采暖系统。主要原则是提高能源效率，改善室内环境，延长建筑使用年限。改造后，包括采暖、用电和居民用水加热在内的建筑能耗下降了38.8%。
参见欧盟案例库：European Commission. Tallinn: Renovation of Prefabricated Buildings in Mustamäe District. SURBAN - Good Practice in Urban Development database,1998.www.eauee.de/winuwd/156.htm.

改造前   改造后

图5-19　Mustamäe地区Sōpruse 244号公寓楼改造前后对比

（图片来源：Borodinecs A, Gabriel A. Handbook on Buildings Renovation in Central Baltic Region[R]. Riga Technical University, 2013.）

　　此外，在爱沙尼亚的存量住房市场中，社会主义时期建设的公寓式住宅楼占大多数，这部分住宅进行交易时会注明房屋的建设时间以及改造时间，是否改造、改造程度（立面、屋顶、门窗、采暖设施等）、建筑结构和材料都会对其市场价格产生重要影响。因此，业主在住房改造方面的投资，可以在存量住房交易中得到认可，并通过交易价格的上涨获得一定补偿，这部分收益也可以用来偿还改造贷款。在一定程度上，这一机制加强了住房改造的回报，也使得通过贷款补助方式推动住房改造的政策获得了更强的有效性。

　　从社会分异政策应对的角度来看，针对社会主义住房改造的相关政策主要着眼于对低收入阶层聚集区的居住环境提升和空间品质维护，但仍然以市场化机制为导向。在实际操作中，为了提高改造推进效率，业主管理协会业主通过"少数服从多数"的投票机制对改造项目进行决策；只要某栋公寓楼有超过一半相对富裕的业主同意进行改造项目，业主管理协会就拥有法定权力可以申请驱逐无力支付改造成本份额或偿还贷款的业主和租户，因此不同意改造的贫困家庭只能在出售住宅后搬迁到居住成本更低的公寓中去。尤其是在中心城区位较好的住区，由于房产价值较高，大部分居民改造意愿较高，迁出贫困群体的社会问题就比较显著。这一机制有助于推进住区改造和环境质量提升的效率，但在实际上可能也反而加剧了更贫困群体的分异水平。

　　总体而言，在转型背景下的爱沙尼亚，市场化进程中的社会分异问题是地区发展的普遍现象和重要挑战，但实际上更受重视和担忧的本质问题在于社会分异对政治稳定、劳动力市场供应、城市建成空间质量的威胁。因此政策回应在社会文化联系领域关注少数群体的语言教育、文化联系和交流，在城市建设领域则关注社会主义住区的更新和改造。在政策实践的过程中，仍然以市场机制、效率优先为导向，教育支持被少数群体认为是同化政策，住区改造也在一定程度上加剧了更极端贫困人口的隔离。社会分异成为该地区发展的客观现实和长期挑战。

第 6 章

空间重组：转型城市空间增长模式——以塔林为例

制度转型和社会变迁的剧烈过程反映到城市发展上，对转型城市的物质空间演进具有关键影响，这也是本书关注的核心问题之一。在此方面，本章以爱沙尼亚首都塔林为案例进行深入刻画。

塔林在历史上曾经是个岛屿，早期旧城建设成为"丹麦堡垒"，到中世纪时期发展成波罗的海的日耳曼前哨，17世纪瑞典统治者将Kristiine地区排干水分，建设了街道网络和运河；1850年代成为很受欢迎的度假目的地，建设了作为夏日度假地的Nõmme地区，沙俄时期在卡利柯治地区建设了巴洛克特色的宫殿，并建立了塔林的轨道系统和工业中心，1900年代初期工人住房在Põhja地区蔓延，使得当局委托沙里宁制定了市中心的总体规划；两次世界大战期间中心城的很多木质住区在轰炸中烧毁；战后苏联时期在Lasnamäe、Mustamäe和Haabersti地区建设了大量的大型集中住区。长期的外国统治和政权更迭成为早期塔林城市建设的背景，形成了转型初期的城市空间发展基础。

本章将对爱沙尼亚的整体空间发展情况进行概述，并在此基础上对塔林转型阶段的城市空间发展规模、趋势、特征进行全面讨论。

6.1 规模与趋势：爱沙尼亚及塔林的空间发展

6.1.1 爱沙尼亚空间发展整体概况

从爱沙尼亚全国范围来看，1950～2017年的年度住房建设量（由于历史数据的可得性问题，不包括非住房建设量）经历了剧烈的波动（图6-1）：1950年代初期每年新建约20万平方米，到1980年代上涨到近80万平方米，这一时期的住房建设主要是集中式住宅，独栋及联排住房非常少；1990年独立后建设量迅速下降，2000年住房建设量接近8万平方米，约为1980年代的10%，在此期间集中式住宅建设几乎停滞，仅余的建设量基本是维持个人供给的独栋及联排住房。2000年以后，随着城市建设的加速和郊区化的扩张，建设量迅速增加，2008年受全球经济危机影响再次剧烈下跌，2010年以后逐步恢复，目前基本达到经济危机之前的水平。

空间分布方面，由于数据可得性问题，本研究利用1999～2017年的地方行政单元建设量数据进行分析。前述分析表明1999年以前总体来讲住房及非住房建设极其低迷，因此这部分数据缺失对总量统计整体结论影响相对较小，已有数据能够较好地反映城市建设加速阶段至今的情况。

从1999～2017年爱沙尼亚全国200余个地方行政单元的累计建设量来看，前三大城市塔林、塔尔图、帕尔努的住房和非住房建设量都远远大于其他地区。尤其是首都塔林，集中了全国绝大部分的建设量，其郊区化扩张也带动了周边单元建设量上涨，其周

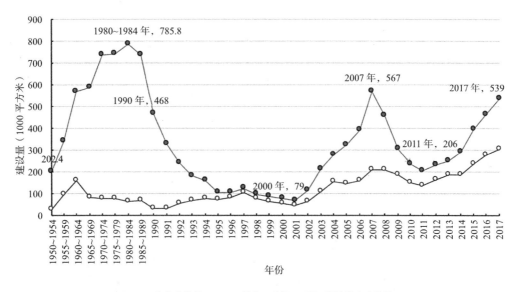

图6-1 爱沙尼亚全国住房建设量（1950～2017年）

（数据来源：原始数据来自爱沙尼亚国家统计局，1990年以前每5年进行统计，1990年以后为年度统计值，为了加强数据的可比性，这里对1990年以前采用每5年的年度平均值）

边单元累计建设量与塔尔图、帕尔努相当。从发展时序来看，在经济危机前后年度建设量波动剧烈，尤其是非住房建设量受危机影响比住房建设更为显著。转型后的爱沙尼亚，在自由市场导向下，受外部资本影响，非均衡发展的特征极其显著。

6.1.2 塔林空间发展：规模扩张与结构调整

转型初期的经济衰退和高利率影响了城市建设活动，1994年贷款利率高达20%，建设低迷；到1990年代中期，随着经济恢复发展，利率降低到1996年的10%，塔林开始进入开发建设高潮，1996～1997年间零售、办公和服务业建筑面积增长了接近30%。

作为新建建筑项目的关键审批手续，塔林市政府颁发的建筑许可（construction permit）数量反映了城市建设需求的波动情况（图6-2）。从1993年到1997年，塔林建筑许可数量从135处迅速上涨到700处；随着利率进一步降低，2006年全市颁发了超过3000处建筑许可，达到最高峰；此后由于经济危机的影响和房地产市场的波动，爱沙尼亚房贷利率从2006年的约4%上涨到2009～2010年的10%，建设许可量也相应降低到2000处左右；近年来，随着经济好转，房贷利率从2010年的中期5%下降到2016年的2%，建设许可数量也再次恢复到危机前的高峰数值。

从用地结构来看（图6-3），转型后，随着塔林的城市发展建设，在完成登记确权的土地中，交通、居住和商业用地不断增加，工业产业用地不断减少。从市域范围的土

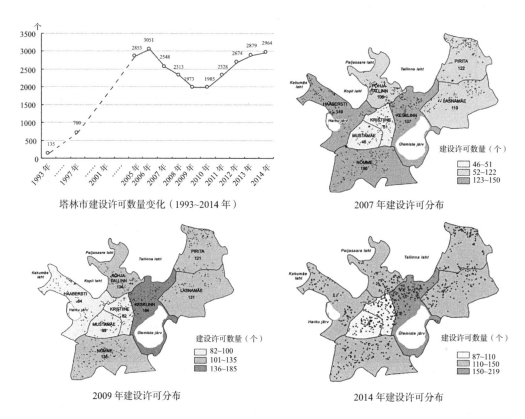

图6-2 塔林市建设许可数量及分布演进

（数据来源：历年塔林统计年鉴、2000年及2010年住房普查数据；分布图片来源：2007、2009～2010、2015年塔林统计年鉴）

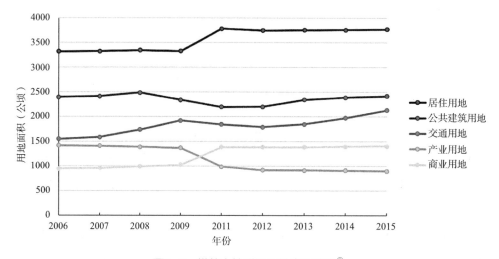

图6-3 塔林土地登记用地类型演进①

————————————

① 此处以进行了土地登记确权的用地为统计对象，不包括未进行确权的土地。另外，2011年起，土地登记中增加了"混合用地"的类别。混合用地主要为居住用地和商业用地，在此为了数据类别的一致性，在制图时将2011～2015年的混合用地按照1：1分配到居住用地和商业用地中。原始数据来自历年塔林统计年鉴，详见附录二。

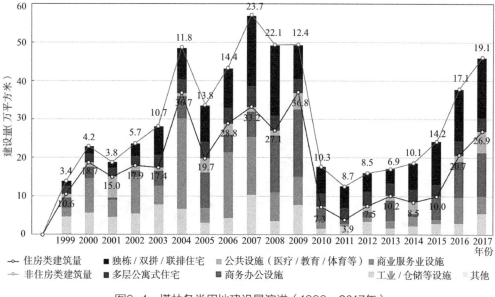

图6-4　塔林各类用地建设量演进（1999～2017年）

地利用来看，2014年塔林有24.6%的用地为公共绿地，28.3%为私人绿地，23.2%为居住用地。

从实际新增建成建筑的建设量来看（图6-4），相对于建设许可的颁布情况存在一定滞后。2000年以后新增建筑量迅速上涨，2007～2009年达到高峰，每年有50万平方米左右的住宅和非住宅类建筑建成。其中，住宅建设量中独栋、双拼、联排式住房占显著优势，多层公寓很少，反映了转型后本地居民的居住选择偏好发生集体转变；非住宅类建设量则以商业服务和商务办公设施为主，工业仓储设施建设量很低，体现了产业结构变化的影响。2008年经济危机带来巨大影响，由于建设周期的滞后，2009年仍有较高的建成量，这部分主要是前期获批的项目，此后总建设量迅速腰斩，尤其是非住房类建设量相比住房类受到了更大的影响。2015年后，随着全球经济形势的好转建设逐步恢复。市场主导下，塔林的建设活动在很大程度上依靠国际资本的推动。作为欧盟小国，爱沙尼亚受到国际经济环境和外部因素的影响显著，自身的抗风险和调节能力非常有限。

6.2　塔林：区别于社会主义时期的空间发展方向

塔林的城市空间布局以北端塔林港为核心，东西方向上沿波罗的海展开，南部至于莱米斯特湖。主要由老城、中心区及周边传统城区、郊区社会主义建设区及独立住宅区组成，展现了丰富多元的城市肌理和风貌特征（图6-5～图6-7）。

塔林老城建于中世纪，紧邻塔林港，环形绿地将其与周边的地区分隔开来。社会主义时期老城基本没有进行改造建设活动，转型后也得到了很好的保护。目前基本保持了

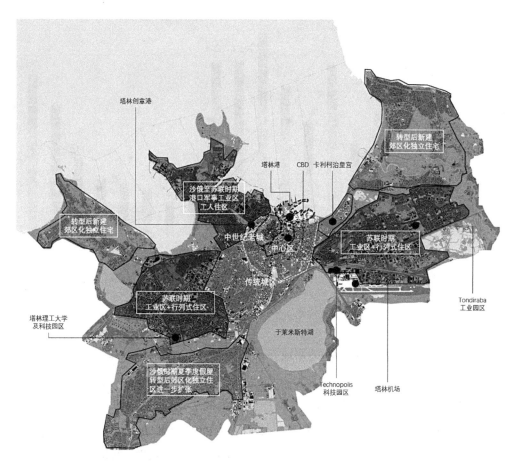

图6-5　塔林城市建设概况

（图片来源：Tallinn City Planning Department）

老城内的外交机构

老城城墙及外围绿隔

中心城区的绅士化公寓

局部改造重建的传统城区

CBD街景

更换门窗的社会主义住宅

郊区化的中产阶级独立住宅

图6-6　塔林城市风貌

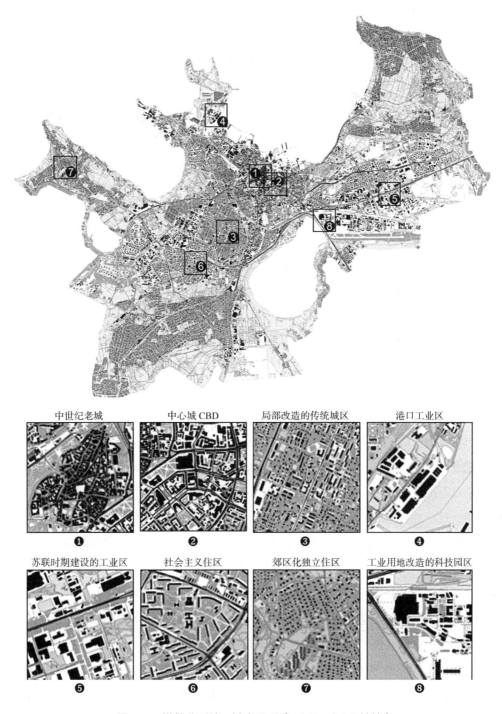

中世纪老城

中心城 CBD

局部改造的传统城区

港口工业区

❶

❷

❸

❹

苏联时期建设的工业区

社会主义住区

郊区化独立住区

工业用地改造的科技园区

❺

❻

❼

❽

图6-7　塔林典型片区城市肌理（1公里×1公里地块）

中世纪的城市空间风貌，一部分建筑用于中央政府和外事机构办公，包括内务部、农业部、文化部以及拉脱维亚、匈牙利等国的使领馆，一部分成为博物馆、文化馆、音乐厅等文化建筑以及部分宗教建筑，其余建筑大多用于旅游服务业。

塔林港周边地区在苏联时期主要作为军事及工业用途，转型后随着塔林旅游业的发展，港口客运量迅速增加，与此同时军事工业收缩，相关货运职能向西部沿岸迁移，港口区域成为城市再开发的关键地区，受到了国内外资本的关注。但由于产权问题和央地政府博弈，其整体改造过程比较曲折，历经数次整体规划但始终未能实现，仅有局部地区进行了"补丁式"的开发，近期又通过国际竞赛制定了新的发展方案（详见第8章案例研究），但能否实现还有待时间的检验。

与老城及塔林港相毗邻的是城市中心区，这一地区在苏联时期并不是建设重点，但由于区位优势，在转型后吸引了大量外国资本，经历了较大规模的重建及改造，形成了塔林CBD及其延伸区，集中了一系列的高层办公、高端公寓和综合商业设施，是整个爱沙尼亚乃至波罗的海地区的门户。此外，外交部、财政部、司法部等中央机构也位于此。由于土地改革后碎片化的私人产权结构，中心区也有局部的传统住房保留下来。

中心区外围的传统城区从瑞典大公时期至1940年代以前逐步建成，以木质传统住宅为主，还包括沙俄时期建设的卡利柯治皇宫。与老城和中心区类似，这一地区在社会主义时期的城市建设中也基本被忽视，是本地人集中居住的地区，基础设施和城市环境持续退化。转型后的重建活动大部分集中在中心区，广泛的内城地区仍然处于衰退过程中，部分住房空置，发展了部分小型服务业和商业设施。近年来，随着城市改造的进一步深入，局部片区也经历了绅士化过程。

苏联时期，塔林的城市建设主要位于郊区，对此前的城市中心建成区少有涉及：沙俄时期开发的北部港口工业区在社会主义阶段得到了延续，城市的东部和西部郊区新建了工业区及配套的行列式住区，体现了以工业生产为核心、以集体主义为导向的城市建设特点。这些社会主义住区在当时由于"现代化"的户型、集中供暖和给水排水设施成为相对高端的住房，在计划住房体系下主要分配给苏联工人移民。然而转型后，随着工业体系的崩溃以及苏联移民的回流，这些地区也迅速衰退，很多苏联时期建设的商业设施和工业设施被废弃。市域范围内，70%的新建项目都是利用土地改造以及现存建筑之间的空闲地块完成，改造项目主要位于具有区位优势的局部地区，例如前文提到的塔林港CBD扩展区，以及邻近机场的Technopolis科技园区、邻近火车站和中心城的塔林创意港、邻近主要干道和轨道线路的Tondiraba工业园区、邻近塔林科技大学的科技园区等，但仍有大量工业设施及用地处于荒废状态。苏联时期建设的集中住宅由于建设质量较差且缺乏维护，尤其是在转型后能源价格迅速上涨的情况下，缺乏墙体保温层、门窗气密性较差和供暖设施能源效率低下成为突出问题。加之本地居民传统上对独立住房的偏好、对集体主义的反感，以及种族隔离对居住分异的影响，这些住房在居民迁移的集体选择中被迅速抛弃，有能力的居民不断外流，剩下的主要是俄语人口和低收入阶层在此聚集。相关部门和国际组织持续致力于社会主义住宅的改造，也取得了一定成效，但其在转型时期仍然不可避免地成为新的"落后"地区。

郊区化独立住宅区是转型期塔林城市建设的另一大集中地区，转型后，尤其是2000年以后，这个中东欧地区的核心城市经历了显著的郊区化进程。对塔林而言，主要建设区是东西方向上的沿海地区以及城市南部的于莱米斯特湖西部地区，基本上新的独立住宅建设都选择了苏联时期未进行建设的郊区，并在空间布局上与社会主义时期的建设区以一定的绿地隔离开来。

总体而言，塔林的城市建设体现出地区集体选择偏好的剧烈转变：城市规划和建设布局的主导逻辑从统一计划的集体主义，转向自由市场的个人主义。转型后随着苏联移民回流，本地居民重新成为社会主体并掌握主流话语权，由于其对苏联时期计划体制的强烈不满，社会集体偏好发生了180度的剧烈转变，体现在城市建设上就是带来了空间增长的"错位发展"。苏联时期在港口区、中心城外围地区和东部郊区重点建设的大型工厂、仓库、公寓、公共设施大多废弃衰退，仅有局部进行了改造，东部工业区、北部港口周边和西部社会主义住区成为新建设活动的"空白地带"；而苏联时期被动衰落的中世纪老城及周边中心城地区得到了复兴，建立了商业中心，集中了大部分的高标准写字楼、商业空间和公寓建筑；东西沿海地区、滨湖地区等计划时期被忽视的地区也成为转型后独立住宅郊区化最为显著的地区。

6.3 塔林产业结构调整与空间发展

6.3.1 中心城的衰败、保护与再开发

转型时期塔林的另一个城市建设重点是中心城区的再开发。市场导向下，地租效应取代中央计划在城市土地利用转型过程中发挥作用，持续的开发活动塑造了城市形态。

随着独立住宅在郊区的蔓延，塔林旧城周边的传统木质住房和内城工业区逐步衰败，经济重构和金融、保险、商业、旅游、服务领域的快速扩张带来了对新建商业地产的需求，CBD持续扩张，沿主要街道集中的大型办公项目替代原有的工业建筑，部分原有的木质住房也被改造，建筑密度升高。旧城南侧和卡利柯治等环境良好的地区，原有木质建筑被新建住房持续更新，带来绅士化现象；北部邻近工业港口的地区更新活动则较为有限，社区衰败严重。其中最典型的是Põhja区的Kopli社区，该地区遗留着沙俄时期作为工人住宅建造的木质排屋，这些房屋原本属于工厂，供工人居住；转型期实施房产归还的私有化政策后，居住者成为所有者。随着工业在塔林经济地位中的降低，传统工业区不断衰败，工厂废弃，但居民不得不留下，导致该地区聚集大量的失业者，成为塔林最贫困的社区之一，带来巨大的社会问题。这些木质排屋中大约穿插着一百多户

烧毁空置的房屋，居住其中的底层群体和无家可归者常常不小心又造成新的火灾。该地区占据着邻近港口的滨水土地，损坏的门窗和倾颓的房屋与塔林湾的景色形成鲜明对比。

港口和铁路改造也成为塔林内城面临的问题。因为塔林工业港的位置最初是为了沙俄的便利而选址，因此所有的工业物流，包括卡车和火车，都拥挤在内城的狭窄道路上。此外，Haabersti的工业火车车场邻近塔林人口中心，在运输危险化学品和燃料的时候也可能导致污染。爱沙尼亚中央政府并不为地方交通改善项目提供资金，欧盟资金的主要资助对象也是区域交通项目，因此城市的财政来源也非常有限，筹措资金非常困难。

塔林中世纪旧城的很多部分得到保留，成为欧洲重要的旅游目的地，旅游业也成为塔林的支柱产业之一（老城保护相关内容详见本书6.5节）。旧城更新中每个新开挖项目都要进行考古发掘，如果有重大发现，项目建设就要停止。但也有一定的更新活动，例如沿哈留街的一块二战轰炸形成的废墟，最初被划定为保护区禁止开发，并设立了一块铭牌，向游客介绍历史。但随着集体记忆的淡化，塔林居民觉得战争废墟已经暴露了足够长的时间，于是再次提出建设计划，市政府购买了这块土地的产权，2006年这块废墟被改建为一个公园。

6.3.2 塔林CBD：外国资本推动下私人产权的整合与开发

塔林CBD位于老城附近的Maakri片区，1983年塔林市就审议通过了城市中心区的详细规划（Detailed Plan for City Centre），但实际上1980年代并没有什么建设活动。转型后，在私有化过程中，1992年该地区一处位于道路转角的旧造纸厂被卖给了芬兰零售商Stockmann，后者制定了详细规划，并于1994年审批通过，建设了以玻璃幕墙为立面的综合商场，成为转型后塔标中心区的第一个大型建设项目，也奠定了这一片区大体量高层建筑的基础。

此后，若干开发项目集中在Stockmann商场附近的道路沿线，尤其是随着外国资本进入中东欧国家，跨国企业、国际及地区性商业机构和银行纷纷在塔林设立本地分支机构，甚至波罗的海区域总部、高级酒店、大型商场也随之建成。主要项目包括1996年建成的Ühispank银行总部、2003年建成的高层公寓Maakri Maja、2007年的建成高级酒店和公寓项目Tornimäe双塔、2009年建成的北欧银行爱沙尼亚总部大厦Nordea Maja。

由于该地区位于中心城内部，距离老城很近，原本存在一部分战前传统木质住宅。在私有化过程中，塔林地方政府向中央政府申请包括一部分住宅用地在内的CBD地区的土地所有权，但被中央政府拒绝。出于转型期私有化优先的原则，中央政府坚持将上述房产和相关土地归还给了战前的私人所有者。在此背景下，由于该地区优越的区位条件和巨大的发展潜力，碎片化的土地所有权格局引发了土地投机行为。部分土地由开发商高价收购后建设了高层办公和商业建筑，部分土地所有者则仍然待价而沽，使得周边地区形成了新型摩天楼和老旧的战前木质住宅共存的状态。土地所有权也影响了CBD的道路建设，由于价格高昂，地方政府始终无法和所有的土地所有者就价格达成一致协议，只能逐步收购道路建设所需土地，并最终实施了强制征收程序，在2002年完成了CBD主要道路的建设。这也是转型后唯一一个地方政府实施强制征收程序的案例。

由于上述碎片化分割的土地所有权结构，地方政府难以实施整体统一的建设开发，也没有制定地区整体的发展规划。在CBD迅速发展的阶段，开发商和土地所有者的建设项目仅受到1996年制定的"视廊规划"的约束。这一规划划定了哪些地区要限制高层建筑的建设，以保护从海面上远望塔林老城历史景观的主要视廊。据此，CBD主要道路沿线不禁止建设高层建筑。因此，实际上只要从私人手中整合了所需的土地所有权，开发商仅需通过"专案式规划"的审批程序便有相当的自由来发起规划和建设项目。塔林CBD的形成和发展在很大程度上是市场导向和外国资本自发推动的结果。

2001年，CBD延伸区的Rotermann Quarter工业区也启动了再开发项目。在爱沙尼亚文化遗产部门的引导下，这一地区保留了工业遗产特色，并不建设玻璃幕墙大厦，而是结合废弃厂房进行改造。2006年第一部分改造完成，形成了包括办公、购物、餐饮、公寓在内的综合商业休闲区（图6-8）。

6.3.3　第二产业的迁移和园区化发展

转型后，塔林逐步建立了多元化的经济体系。苏联时期的军事工业和大规模制造业迅速衰退，新兴的第二产业主要包括能源产业、物流业、机器制造、金属加工、电子制造业、食品加工业等。

图6-8　塔林CBD（左）和Rotermann quarter片区（右）

（图片来源：维基百科https://en.wikipedia.org/wiki/Maakri）

在产业结构调整和极差地租效应的影响下，大量苏联时期的工厂遭到废弃，受土地价格、交通条件和环保要求的影响，新的工业区向中心城区外围转移。依托机场、火车站和主要区域交通通道，塔林推动了产业空间的园区化发展：地方政府从中央政府申请获得废弃的军事区、工业区和空闲地的土地所有权，对区位条件适宜的地区进行土地整理和基础设施建设，然后划分地块，公开出售；企业购买获得土地后，在限定条件下自行建设工厂。中心城外围的三个主要工业园区Tondiraba（图6-9）、Betooni、Suur-Sõjamäe基本已经建成投产或完成土地出售，个别地块尚待开发；更外围的郊区和市域范围以外的哈留县地区也建立了若干工业园区，尚在出售和开发的过程中（表6-1）。

图6-9　塔林Tondiraba工业园区

（图片来源：塔林地方政府工业园区出让信息. http://www.ltp.ee/?lang=en）

塔林工业园区发展情况　　　　　　　　　　　　　　　　表6-1

类型	名称	主要情况
工业园区	Tondiraba	22.5公顷，80%为工业用地，20%为商业用地。单个地块4900~14300平方米，已经全部出售，基本建成投产，个别地块尚在建设
	Betooni	3.6公顷，80%为工业用地，20%为商业用地。单个地块2500平方米，已出售4处，2处尚在出售，园区尚在建设
	Suur-Sõjamäe	6.4公顷，80%为工业用地，20%为商业用地。单个地块2500~5100平方米，已出售10处，4处尚在出售，园区尚在建设
周边其他产业园区		Jüri Industrial Park Tänassilma Technological Village PAKRI Science and Industrial Park Keila Industrial Park Muuga Industrial Park 30~80公顷，单个地块约2000~23000平方米

（资料来源：塔林地方政府工业园区出让信息. http://www.ltp.ee/?lang=en）

6.3.4 棕地改造形成高科技产业和文化创意产业的新型产业空间

依托塔林理工大学等教育资源、高水平的信息基础设施建设，以及与芬兰赫尔辛基之间的密切联系，塔林的信息技术产业发展良好，2005年被纽约时报称为"波罗的海硅谷"。在初期的软件外包和本地化互联网服务的基础上，新兴科技企业和小型创业公司也纷纷涌现，其中最著名的就是Skype公司，同时文化创意产业也逐步兴起。

因此，为推动高科技产业、创意产业和新建小型企业的发展，塔林建立了若干孵化器、科技园区和联合办公空间，成为产业空间的另一个重要组成部分。这些产业空间以办公功能为主，规模差异较大，从1000平方米至40公顷不等，以适应不同发展阶段和规模的技术和服务业企业（表6-2）。

其开发者和使用者基本不是同一主体：一部分由塔林地方政府主持改造或开发后出租给初创小型企业；另一部分由私人部门开发商购得土地并进行商业地产开发，而后进行出租出售。

塔林市主要新兴产业空间 表 6-2

类型	名称	主要情况
孵化器	Kopli孵化器[①]	小型和试验性制造业，2004年启动，以办公空间为主
	Creative Hub[②]	1200平方米，创意产业办公空间，2009年启动，由波罗的海行政大楼3~4层及内院改造而成
	Telliskivi Loomelinnak	文化创意产业为主，私人开发商建设完成，详见第8章案例研究
科技园区	Tehnopol[③]	新创企业的研发和商务园区，邻近塔林理工大学和爱沙尼亚IT学院，目前入驻超过200家企业，主要为信息通讯产业、环境产业、机电一体化产业，Skype的创立地。2003年开始开发，55000平方米办公和试验空间
	Technopolis Ülemiste[④]	36公顷，邻近机场和火车站，北欧跨国科技园区和商业地产开发商主导下的分期开发项目
联合办公社区	Garage 48，后更名为LIFT99[⑤]	社区型联合办公空间，由废弃的苏联工厂改造而来，以小型科技企业为主

[①] http://inkubaator.tallinn.ee/eng/business-incubation-services/offices-studios/the-kopli-business-incubator/.

[②] http://inkubaator.tallinn.ee/eng/business-incubation-services/offices-studios/creative-incubator/.

[③] https://www.tehnopol.ee/en.

[④] https://www.technopolis.ee/en/.

[⑤] https://www.lift99.co/.

图6-10　塔林Tehnopol科技园区及Technopolis Ülemiste产业区

由于塔林市存在大量苏联废弃工业用地的实际情况，大量新兴企业的办公空间和文化创意产业空间都是利用距离中心城较近的废弃工业区进行再开发，部分利用原有工业用地和空闲地拆除重建，部分保留了工业建筑进行改造。例如位于塔林机场和于莱米斯特火车站附近的Technopolis Ülemiste科技园区（图6-10），作为Ülemiste City综合产业区的一部分，其占地面积36公顷，前身为Dvigatel军工厂。该军工厂成立于1899年，转型后被收归国有，1996年完成私有化，此后十年间所有者尝试重新发展工业但未能成功。该地块同时邻近中心城和若干主要高速公路，交通条件优越，因此在房地产市场迅猛发展的情况下，2005年芬兰上市企业Technopolis Plc[1]在此启动开发综合产业园区，包括14万平方米的现代办公空间、0.9万平方米的文教设施和12.7万平方米的工业仓储空间。截至2016年有超过300家企业和7000名员工在此工作，主要是IT企业和新创企业。

6.4　市场化导向的住房政策与塔林的住房开发

6.4.1　多元化的商品住宅开发与房地产泡沫

目前塔林的存量住房市场中，战前传统住宅和1990年以前建设的社会主义住区仍然占有很高比例；而产权改革后的新增住房绝大部分由私人部门的房地产开发完成，主要包括开发商建设的多元化商品住宅，以及个人建设的郊区独栋住宅（图6-11）。

转型初期，低购买力抑制了房地产开发，塔林整个1990年代的住房建设量仅是1980年代的15%。1996年商业银行开始提供住房贷款，到1990年代末期逐渐普及。与此同时随着经济恢复发展，中产阶级开始形成，这一群体的信贷融资能力大大增强，可以通过

---

① 斯堪的纳维亚地区最大的商业地产开发商和服务商之一。

老城周边战前建筑改造为高端公寓

中心城地块整合产权后新建的现代公寓

郊区新建的联排式住房

中心城外围地区规模化开发的现代化公寓

图6-11　产权改革后的塔林多元化商品住宅开发

（图片来源：https://group.merko.ee/en/project/apartment–buildings–at–tartu–mnt–s2–stage–ii.）

商业贷款建造私人住房或购买商品住宅。

2000年后，塔林进入房地产开发的热潮，交易额从2001年的2.71亿欧元上涨到2005年的19.82亿欧元；与此同时，塔林新建住房量也从2002年月5万平方米上涨到2007、2008年的25万平方米。随着中心城的商业办公和服务业发展，开发商主导了一系列现代公寓的建设，但由于塔林私有化改革后土地所有权较为分散，从私人手中整合土地难度较大，地方政府能够一次性出让的土地规模也受制于现存建设状况和中央政府的约束，因此开发商新建项目普遍规模较小，很多项目只有一两栋公寓楼，使得富裕阶层和周边老旧住房中的贫困阶层共同形成马赛克格局。由于开发商主导的中心城区的多元化商品住宅发展非常迅速，这一时期独栋住房占比从42%下降到约20%。

高速的建设扩张背后是波罗的海地区的房地产泡沫，塔林是其中的典型。2004年加入欧盟以后，依托外资银行机构，大量外来信贷资本涌入爱沙尼亚，2005年FDI占GDP比例高达22.5%。外来资本主要集中在房地产业和建筑业，信贷规模的迅速扩大推动了消费导向的国民经济增长，进口增速远大于出口。2004年起，波罗的海各国的住房可支付指数（housing affordability index，按现价计算的名义房地产价格与人均GDP的比例）不断攀升，至2007~2008年到达顶点，远高于欧元区平均水平，塔林房价在1997~2007

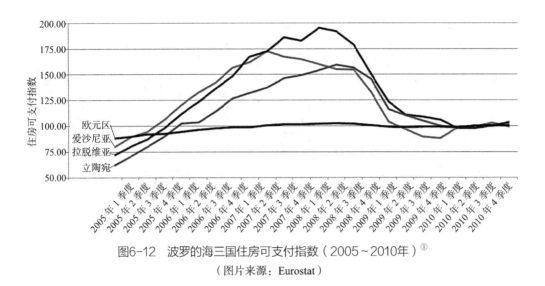

图6-12　波罗的海三国住房可支付指数（2005~2010年）[1]

（图片来源：Eurostat）

年间增长了660%（图6-12）[1]。

房地产泡沫的直接原因是金融政策的自由化，由于阶段性的全球流动性充足，外资银行向其在波罗的海地区的分支机构提供了低利率的信贷资源，加之投资者对于各国加入欧盟后经济发展的乐观期望导致了投机性需求增长，形成了大规模的资金流入和信贷扩张，外来资本大多投入房地产业和金融业，而没有投入制造业促进生产力实际增长，住房贷款也成为信贷扩张的主要部分。在此过程中，爱沙尼亚与欧盟平均水平相比较低的房产相关税费也刺激了投机性需求的增长（Kallalmaa，2013）。

2008年经济危机以后，随着全球流动性紧缩，波罗的海地区房地产市场泡沫破裂，塔林房地产2009年交易额下降到4.76亿欧元，此后逐步恢复到2014年的10.88亿欧元。在此期间，以开发商为主导的新建住房量迅速下降，使得总体的住房建设量减少约一半，但独栋住房建设量基本保持稳定，因此其占比相对上升，2013年达到47%（图6-13）。

6.4.2　郊区化发展与独栋住宅的蔓延

随着人口跨区域集聚和郊区化迁移，塔林周边地区独栋住房的扩张也非常显著。可以说，转型的过程就伴随着郊区化的推进（Leetmaa et al.，2009）。苏联时期，塔林本地居民普遍居住条件较为拥挤；转型危机之后，经济好转使得爱沙尼亚人尤其是塔林居民收入大大提升，在银行贷款的支持下，对私有产权独立住房的偏好成为本地居民改善居住条件的普遍选择。此外，转型初期，城市规划作为一种政府干预政策，在市场化导向下被认为具有"中央计划"的成分，受到质疑和忽视。苏联时期的规划被废弃，新的

① 住房可支付指数为以2010年为100的相对值。

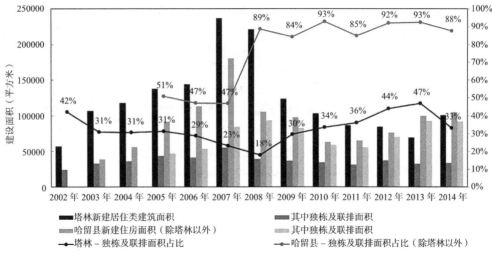

图6-13 塔林及周边地区住房建设量（2002~2014年）

规划又尚未制定，城市发展对私人开发基本采取自由放任的态度①。

在此情况下，尽管塔林人口总量基本稳定，但城市空间急剧扩张，郊区成为城市建设活动的重点地带，以独立住宅、小汽车交通、郊区购物中心和大型停车场为主要特点的郊区化迅速推进。由房地产商开发的独户住宅在1996年投入市场，此后供应稳定增长，形成城市蔓延的第一个高潮。尤其是北部沿岸的Pirita地区和南部毗邻于莱米斯特湖的Nõmme地区，大量独立住宅迅速蔓延，而与苏联式高层住区邻近的Lasnamäe地区则发展相对缓慢，西部Haabersti地区以前的夏日住房（summer house）②也开始有人长期居住，主要的商业开发则位于中心区和郊区边缘的重要交通节点。

由于小汽车的普及和郊区独立住宅的扩张，城市蔓延和交通拥堵成为塔林的主要问题。经济活动在塔林的高度集聚，给塔林及其所在的哈留县带来了交通压力，通勤者为了享受乡村居住的环境，可以接受几十公里的通勤距离。城市扩张与交通体系发展和开敞空间布局之间缺乏有效的组织，郊区化背景下，交通设施供给不足，公共交通网络存在很大空白，私人开发呈现沿主干路周边聚集的趋势，加大了通勤压力。Pirita地区的新建住区只有一条主干路通向市中心，但新建住宅仍未达到足够的密度来支持轨道交通的扩张。

2006年，塔尔图大学地理系针对哈留县除塔林以外地区的郊区化住房建设情况进

---

① 对规划的自由放任态度可以从 Haabersti 附近的 Merirahu 住宅项目中得到体现。该项目位于 Kopli Bay 沿岸，区位优越，毗邻两片很受欢迎的绿地——Õismäe 和 Rocca al Mare。棒棒糖模式的邻里小路反映了塔林新建住区的典型特点，但却与附近博物馆的传统茅草屋顶格格不入，同时门禁社区切断了公众前往海岸地区的通道，因此备受争议。

② 苏联时期为应对粮食短缺，政府鼓励城市居民在夏季前往郊区种植土豆等作物补充食品供应。在这些地区建设的简易住宅被称为 summer house，主要用于农作期间暂时居住，不具备取暖设施等。

塔林周边 1991 年住房蔓延情况　　塔林西部 Harku 地区的典型郊区独立住房　塔林西部 Harku 地区的郊区化扩张

图6-14　塔林周边地区的郊区化住房蔓延情况

（图片来源：Ahas R, Silm S. Tallinna Tagamaa Uusasumite Elanike Ajalis–Ruumilise KäItumise Analüüs[R]. Tartu: Tartu University, 2006.）

行了一次详实的田野调查（Tallinna tagamaa uusasumite elanike ajalis–ruumilise käitamise analüüs）。结合调查结果（图6-14）及2006年以后的官方统计数据可知，塔林周边地区的郊区化住房建设在1991～2000年间并不显著，2001年起增长迅猛；2005～2007年，开发商主导的多层住房建设达到高潮，2008年经济危机以后，独栋住房建设量占到了新增住房建设量的约90%。2013年起，塔林周边地区年度住房新建量达到近10万平方米，超过了塔林市域范围的新增住房建设总量。

综上所述，独栋住宅的郊区化扩张是转型期塔林居住空间发展的显著特征。主要原因在于多个方面：传统上爱沙尼亚的低人口密度和良好的自然环境形成了本地居民对独立住宅的集体偏好，传统住房基本是3层以下的木质独栋或联排建筑；社会主义时期建设的住房均为多层行列式住区，在当时相对设施完备，计划体制下优先分配给苏联移民，客观上形成了种族分异，这部分住房在转型后大多缺乏维护，逐渐衰败，也不受本地人口欢迎；加之伴随经济发展，小汽车逐渐普及，共同推动了郊区化的持续趋势。

6.4.3　市场化导向下的住房政策与塔林公共住房供给

市场化改革后，国家放弃了开发、建设、持有、分配、管理、维护住房的责任和权力，住房产权私有化，商品房的开发建设交给市场，社会住宅的建设管理事务则下放给地方政府，中央政府只负责立法、政策制定和策略安排，建立起完全市场化的住房开发和供应体系。在此背景下，社会住宅供应非常有限。

在住房私有化改革的基础上，2003年中央政府颁布住房政策，进一步确立了以市场为核心、私人部门为主的住房开发和供应原则[1]：

---

① 参见爱沙尼亚住房建设部门官方信息. https://www.mkm.ee/en/objectives-activities/construction-and-housing-sector.

①保障每个居民选择住房的权力，在制度层面上保障所有者和使用者通过住房市场解决居住问题的机会。

②住房保障问题要通过市场解决，"市场经济，尤其是房地产市场，在住房的建设、评估和维护中发挥决定性作用"。

③"住房政策不是社会政策"，住房政策关注主流群体的需求，主要促进居民通过市场交易购买住房或通过私人贷款改善居住条件，而不是为弱势群体提供住房。

此外，原本公立的房屋管理机构也被私有化并解除管制，供水和燃气部门仍为地方政府所有，但都以市场化价格提供服务。包括设施服务和维护修缮在内的居住成本不断上涨。针对这种情况，国家住房政策提出以下主要措施。

第一是加强维护和修缮现有住房。由于转型前十年低迷的新建住房不足以弥补老旧住房衰败导致的住房需求，而新建住房又主要是为富裕家庭服务，因此对更广泛的社会群体而言，现有住房的维护和修缮至关重要。国家提供一系列补贴推动住房改造项目[①]。

第二是增加地方政府的保障性住房。虽然住房开发事务从中央政府转移到地方政府，但地方政府在保障性住房建设方面并不积极，1993～2000年塔林市一直没有新建公租房项目，仅仅是翻修了个别公寓楼作为社会住宅[②]。因此，中央政府提出增加住房供给的多元化水平，认为目前地方政府的公租房规模较小，不足以解决住房问题，尤其是"强制租户"问题[③]。中央政府承诺为地方公租房的改造和建设提供最多50%的财政补助，其余由地方政府承担。

第三，制度上保障商业银行向个人提供住房贷款，从而加强居民购买和改善住房的能力。针对首次住房购买者、有小于16岁孩子的家庭、35岁以下的职业人士以及强制租户，中央政府鼓励商业银行向其提供住房贷款并为其担保，使其首付比例可以从34%下降到10%，还款期限也有所延长。汉莎银行数据表明塔林2003年发放的住房贷款中有13%由国家担保。

到2004年，塔林仍有4689户居民排队申请公租房，其中包括3377户"强制租户"，另有396户社会住房申请，总计5085户。为解决保障性住房短缺问题，尤其是"强制租

---

① 详见本书社会主义住宅改造的相关章节。

② 申请者并不能仅仅因为贫困而获得公租房居住资格。公租房主要提供给由于意外事故而无家可归者、刑满出狱者、孤儿，原有住房在私有化过程中被归还给战前所有者并无法支付租金的租户，年老、残障、需要社会救助的弱势群体。

③ 在住房私有化改革中，一部分居民所居住的住房被"归还"给苏联占领以前的所有者，因此他们无法通过出让或拍卖获得所居住房屋的产权，只拥有使用权，而被迫向产权所有者租住房屋，因此被称为"强制租户"。上述问题主要由于产权改革所导致，因此这部分居民享受一定的住房保障政策：房租由政府规定；除非无法支付房租，否则产权所有者必须在租户找到其他居所的情况下才能令其迁出。截至1998年，尚有23470位塔林居民居住在"归还"给原本所有者的住宅中。

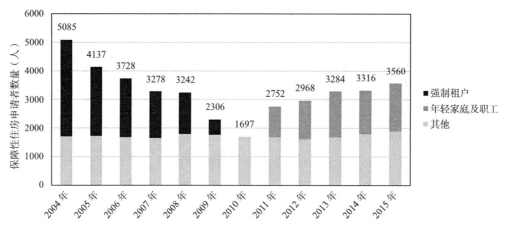

图6-15　塔林保障性住房申请（2004～2015年）

户"问题，塔林地方政府提出"塔林5000住房"建设计划。当年建设了6栋公寓楼，共计219户公租房；同时市政府为"强制租户"提供搬迁补贴，全年共发放220笔补贴，共计220万克朗[①]。此后，随着保障性住房建设计划的实施，2009年最后533户"强制租户"的公租房申请获得审批。2010年起，"强制租户"问题得到解决，保障性住房申请者降至1697户（图6-15）。

此后，塔林市政府又推出针对年轻家庭和职工的公租房政策，因此社会住房申请者再次增加。截至2014年共建成并出租781户公寓，其中597户出租给了年轻家庭，184户出租给了政府员工。2014年，塔林仍有超过1500份公租房申请[②]。市政府通过决议，新建3栋公租房：其中两栋位于Lasnamäe区（图6-16），共70户公寓，提供给教师群体；一栋位于Kolpi地区，共有76户公寓提供给社会保障群体。

总体而言，转型后塔林及爱沙尼亚全国都推行彻底的住房市场化政策，强调通过市场手段解决居民住房问题，地方政府提供的保障性住房在整个住房供应体系中的比例极其有限（Lux，2003）。在此基础上，塔林的保障性住房体系也体现了一个转变：除了为弱势群体提供基本住房保障以外，其主要目标从补偿产权改革中利益受损的"强制租户"，转向帮助城市年轻居民，尤其是特定行业从业人员在塔林定居。在城市人口郊区化、老龄化趋势加剧和经济就业流动性加强的背景下，上述政策导向反映出地方政府加强劳动力市场、提升城市竞争力的意愿。

---

① 2004年，共有498户居民租住公租房，其中287户为新建或已完成改造的住宅。

② 塔林新建社会住房项目的公告. https://news.err.ee/113994/tallinn-announces-new-social-housing-project.

图6-16　Lasnamäe区改造后的社会住宅及Endla街12号的社会住宅

（图片来源：Lily Song. http://colabradio.mit.edu/the-life-and-times-of-social-housing-in-estonia/）

6.5　生态环境保护与历史遗产保护的约束作用

6.5.1　历史遗产保护的传统和实践

在地方自治的行政体系、私有化和地方化的土地制度、市场导向的城市规划管理体系下，在包括塔林在内的爱沙尼亚，城乡建设活动受规划约束比较有限。而与此同时，生态保护与历史保护在市场体制下也仍然具有价值合法性，因此成为城市空间发展中公共干预的有效手段。

历史上，爱沙尼亚居民就对自然环境和历史遗产非常重视。历史遗产保护可以追溯到1666年瑞典颁布的保护法规，当时爱沙尼亚还处于瑞典统治之下，这一法规不仅规定了皇家和宗教场所需要得到保护，还将维京时期的遗产、工艺品和建筑遗址纳入保护范围，奠定了历史遗产保护的基础（Puustak，2013；Alatalu et al.，2017）。1925年，爱沙尼亚制定了本国的第一部保护法，转型后也在1994年颁布了新的《历史遗址保护法》（*Muinsuskaitseseadus*），2002年和2011年均对其进行了修订。

根据该保护法[①]，一处建筑物（或其他不动产）是否被列入保护范围，需要经过不超过6个月的"临时保护"后作出决定，在此过程中需要产权所有者、地方政府和专家评审进行长期的协调沟通，最终由文化部根据沟通结果和历史遗产咨询委员会的建议作出决定，并公开登记在案。国家遗产局向相关不动产的所有者提供"保护义务通知"，其中包括该遗址的核心价值、相关信息和约束限制条件；所有者有义务承担保护活动，

---

① Muinsuskaitseseadus（历史遗址保护法）[Z/OL]. Tallinn：Riigi Teataja, 2002. https://www.riigiteataja.ee/akt/112122018056.

可以向中央或地方财政预算申请资金。所有者必须保证遗址或历史建筑具有一定的开放性和公众可达性，2012年起保护铭牌开始提供二维码，公众可以通过扫描获得遗址相关信息。针对成片的历史区域，文化部负责设立历史遗址保护区，保护规划基本包括核心区和缓冲区，需要与地方政府协商并经过广泛公示，但最终的决策权仍然在中央政府文化部。在保护区范围内，任何保护、修复、建设、规划活动都要经过国家遗产局的审批，不论对象是否为保护建筑。

爱沙尼亚截至2016年共有12个历史遗址保护区[①]，塔林老城无疑是其中最重要的一个保护区（图6-17）。1944年老城在战争轰炸中受到一定破坏，1966年苏联将其划为保护区，相关法规推动了老城内部战后建筑物的拆除，并禁止在老城建立工业设施和大型交通枢纽等。

塔林老城保护区

图例：
- 保护建筑
- 老城保护区边界
- 1945~1991年建成建筑
- 1991年以后建成建筑
- 保留的构筑物
- 部分保留的构筑物

0 50 100 200

图6-17 塔林老城保护区规划图示
（图片来源：Tallinn City Council. Comprehensive management plan of Tallinn Old Town 2014–2021[EB/OL]. 2014.）

转型后，老城保护规划进行了数次修订：初期延续了苏联时期的规定，禁止任何新建和改造活动，特殊审批除外（Alatalu，2017）。产权改革中，老城大部分建筑通过所有权的归还完成了私有化，但所有者需要遵循上述保护法的规定；部分建筑为中央政府机构及外国使领馆；周边绿带地区归地方政府所有。1995年保护规划修订，范围扩大，将外围的堡垒也纳入进来，并设置了缓冲区；规定经过特别审批可以逐步通过建设项目恢复二战中损毁的建筑。此后塔林老城被联合国教科文组织列入世界文化和自然遗产名录[②]；1999年保护规划修订建立了长距离的视线廊道；2003年，由于城市开发压力加大，保护规划进行了补充说明，规定上述可以通过特别审批的重建活动仅针对1944年已经存在的建筑物，以此加强约束，禁止老城内部的新建；2008年，保护规划再次修订，将缓冲区范围从370公顷扩大到2253公顷，以保证从陆地到海上的全方位视野。

---

① 根据文化部网站（https://www.kul.ee/en/activities/heritage-conservation）统计，另有26578个保护对象（截至2014年），保护法称其为"monument"，其中包括6622处考古遗址、5253处保护建筑、1264处历史古迹（重要人物或历史事件的纪念地等），以及13516处艺术古迹。

② 塔林最初的世界遗产范围仅包括中世纪建成区，比当地的历史保护区范围更小；后至2008年，世界遗产范围进行了修订，从60公顷扩大到113公顷，将外围17世纪的工程区和19世纪建立的绿带纳入进来，与当地的历史保护区范围一致。

图6-18　波罗的海进出港方向的塔林老城天际线

在市场导向、强调所有权和发展权的城市规划建设管理体系下，历史遗址保护规划可以针对保护建筑、保护区、缓冲区和视线廊道设定强制性的建设约束条件，具有法定效力，在实际的城市空间发展中起到了重要的公共干预作用。对塔林而言，在总体规划的长期缺位和有限约束力的情况下，历史保护规划非常有效地禁止了老城的新建活动，控制了缓冲区和视线廊道的建筑密度和建筑高度，老城天际线，尤其是从波罗的海进出港方向的天际线得到了非常好的保护，塑造了塔林独特的城市形象（图6-18）。

6.5.2　生态开敞空间保护

爱沙尼亚是一个森林资源非常丰富的国家，当地居民对自然环境和生态空间也非常重视。虽然基督教新教是爱沙尼亚的主要宗教流派，但实际上爱沙尼亚人民并不存在普遍的宗教信仰。传统上，本土原始信仰影响更加广泛，这种原始信仰强调自然崇拜，认为山林湖海等自然环境寄托着"精灵"，由此可见生态环境在本地居民心中的重要地位。

2004年，爱沙尼亚颁布了新的《自然保护法》（*Looduskaitseseadus*）[①]。该保护法规定全体公民都有权提出设立自然保护区的申请，申请需提供理由、目的、位置边界、可能预算等，经专家评议，自然保护区的设立和相关规定由中央政府环境部负责，地方政府设立的自然保护区则由地方政府负责组织管理，并将保护区设立信息和主要规定进行公示。截至2016年，爱沙尼亚共有18%的土地面积和26%的水域被划为各类保护区。《自然保护法》规定，保护区一般禁止建设活动、区划调整等，严格保护区、有限保护区等不同类型保护区执行差别化的限制规定。环境部负责向相关产权所有者

---

① Looduskaitseseadus（自然保护法）[Z/OL]. Tallinn: Riigi Teataja, 2004. https://www.riigiteataja.ee/akt/116052013016.

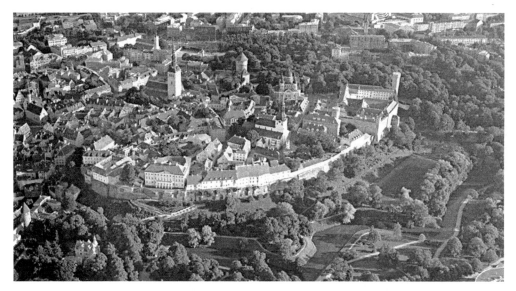

图6-19　塔林老城外围的环状绿带公园

和管理者发布保护义务通知；产权所有者应保证保护区的公共可达性，有权申请自然保护补贴；在涉及保护区的不动产交易中，中央政府环境部具有监督权、审批权和优先购买权①。

除法定保护区之外，地方政府也有权设立地方层面的自然保护区和保护规定，通过生态空间对城市空间发展进行干预。得益于波罗的海港口的区位和多样化的地形，塔林的生态资源非常丰富，共有35.3平方公里的绿色开敞空间，占市域面积的22%；其中61个公园总计3.2平方公里，森林占地31.2平方公里。

由于本地居民对自然环境和开敞空间极为重视、原本的人口密度和建设强度相对有限，加之苏联时期遗留下大量废弃的军事工业用地，转型后的塔林除了部分郊区化住宅建设占用了原来的农用地，其余开发活动则大部分是利用现存建筑之间的空闲地块和废弃工业建筑再开发展开，绿色生态空间得以尽可能地保留。此外，由于人口老龄化问题的加剧，为降低社会医疗成本，塔林也非常鼓励生态休闲空间和健康生活方式。

塔林的生态开敞空间主要包括老城周边的环状城墙公园（图6-19）、卡利柯治皇宫、塔林植物园、滨海地区和于莱米斯特湖区。此外，还有5处公共海滩，滨海地区计划主要建设公共休闲、文化产业和生态空间。《塔林2004》②指出"城市空间愈发成为促进人民生理、心理和社会发展的环境，因此生态空间的保护至关重要"。为此塔林市政府向中央政府和欧盟基金申请可能的投资，同时加强私人部门的投入。

---

① 继承、配偶或父母子女间的产权转移除外。

② Tallinn Yearbook 2004[EB/OL]. https://www.tallinn.ee/eng/Yearbooks-and-Statistics.

2005年塔林制定了绿色发展计划，此后10年间，塔林市整理修缮了21个公园，面积总计157.45公顷，2013年又更新了"绿色行动计划2013—2025"。2014年，塔林有81.1%的居民都在5000平方米以上规模绿地的300米可达范围内。

6.6 转型期塔林空间发展的动力机制

（1）经济与社会：产业结构调整影响城市空间建设，级差地租效应驱动城市空间分层，居住结构转变加强城市空间分异，历史和自然保护发挥约束作用

转型后，第二产业的衰退和第三产业的发展极大地转变了塔林的城市面貌。在此基础上，市场机制下的级差地租效应进一步驱动了塔林城市空间的分层发展，老城依托旅游业发展而复兴，中心城吸引了大量外国资本，重建成为商业办公集中区；外围周边工业区及传统住区衰退，局部发生绅士化；苏联时期的郊区大型工业区及集中公寓迅速衰败，而未进行建设的郊区则成为独立住宅迅速扩张的片区。

产权改革后，塔林市地方政府仅获得了已建成的公共设施和城市道路所占土地的所有权，其余部分土地所有权均进行了私有化或归中央政府所有，因此地方政府的公共服务和基础设施建设相对受限。此后，塔林向中央政府陆续申请了部分土地的所有权转移，从而进行一定的土地出让和公共服务基础设施的建设。利用棕地改造，塔林市在Lasnamäe区和Haabersti区建设了市民中心，此后周边商业服务也随之不断发展，大大增加了这两个苏联工业区和住区的发展水平；2004年Pirita区的社会中心开工建设，其建成后塔林每个区都有一个社会公共中心。

但总体而言，由于种族聚集和中产阶级偏好的影响，城市社会空间分异水平在第二个十年有所加剧，郊区化独立住宅成为主要的新建住房，中心城区现代化公寓的建设也大多是绅士化过程的反映。社会保障住房的主要目标在于补偿在产权改革中利益受损的"强制租户"以及通过补贴年轻职工家庭提升本地劳动力市场竞争力，而并不是为低收入群体提供保障。为推动社会主义住宅的改造，一系列政策以产权所有者为主导、在市场机制框架下解决问题，在一定程度上推动了城市空间分异。此外，在规划管理体系作用有限的情况下，公众对历史保护和生态空间的重视和需求通过相关法定权利，在城市空间发展中发挥了公共干预的约束作用，建立了底线保障。

转型时期，塔林的城市建设基本实行完全的市场导向，对苏联时期的城市建设积累全盘否定，这在某种程度上讲是矫枉过正的。实际上转型时期的塔林在城市快速发展的同时，也面临着交通拥堵、基础设施供给不足、郊区化无序扩张、地方政府管控不力等问题。正如本书第4章所述，相关城市规划和空间治理问题也引起了反思，地方政府在2000年以后再次进行了加强规划管控的尝试，但效果比较有限。目前来看，

塔林的空间增长模式仍然受到市场机制的绝对主导，产业结构调整影响城市空间建设、级差地租效应驱动城市空间分层、居住结构转变加强城市空间分异是其中的主要过程。

（2）产权与行政：城市竞争力目标追求推动自由主义导向的规划政策，产权格局影响土地开发模式，体制的不稳定性和紧张的央地关系影响城市建设

中东欧城市转型后的私有化改革、经济增长和私人房地产业发展，共同带来了地区核心城市建设的高潮。在中心城区，大部分房产被归还给个人，相应地形成土地所有权的分散，CBD的发展因而受到开发商整合私人土地的影响；工业园区的建设中，由政府完成土地整理和基础设施建设，此后企业自行完成工厂建设；新型办公空间则受到使用形态的影响，以政府或开发者实施棕地改造后建成出租为主要模式。

尽管转型期间的社会经济政策及法律法规多有调整，但总体上自由主义和市场导向机制受到了广泛的支持。但在此背景下，以产权结构为出发点，制度因素仍然在城市空间发展中发挥了重要的作用，主要表现为政治的不稳定性和紧张的央地关系对城市建设活动的影响。

在转型后的城市建设中，地方政府往往通过出租或出售国有土地和房产、以土地或基础设施建设为资本直接参与开发计划、各类地方税收等方式从中获得财政收入。但缺乏专业的财务水平、中央和地方之间的紧张关系都在很大程度上对地方政府的获益能力造成不良影响。

在经济迅速增长的背景下，房地产项目往往开发周期很短，一般仅为两年左右，利润率很高。企业在不饱和市场中争夺份额，专业协会和团体话语权很小，在专案式规划和自由裁量权的机制下，大开发商对规划的影响力很大，能够为自己项目争取特定的条款。由于政治体制的不稳定性，地方政府与企业之间的互动是基于私人联系而不是标准程序。规划被看作技术手段而非政治工具，其由精英主义和专家观点主导，地方政府也接受一些外国机构的咨询和建议，公众意见不受重视。随着房地产业的爆发，投资商大量涌入，城市建设迅速推进。

在此过程中，央地之间在土地和房产私有化改革、税收体系、事权划分等方面存在一系列冲突。土地和房产的产权改革中既包括私有化，也包括房产产权从中央政府向地方政府的转移。根据制度设计，房产确权是土地确权的基础，例如房产所有者也可以通过私有化获得该房产所占有的土地的所有权。在土地改革中，除非有其他所有者对土地所有权提出合法要求，否则土地均被认为是中央政府所有；地方政府必须针对每一块土地单独提出申请，来争取其所有权。最常见的方式是地方政府已经获得一些房产的所有权，那么在此基础上也可以从中央政府申请转移房产相对应的土地产权。此外，地方政府还可以以"该块土地对城市发展非常必要"（linna arenguks vajalik maa）为理由向中

央政府申请土地产权转移[①]。截止到1997年，塔林有82%的房产已经完成了私有化，但土地所有权的转移仍然处于初级阶段，有80%的土地为中央政府所有，5%为地方政府所有，其余为私人所有。地方政府所有土地的一半为可开发用地，其余部分主要是道路、公园、水域。

土地所有权对房地产开发非常关键，因为所有者有权决定对土地进行开发或将"开发权"出售给第三方（实际上就是长期出租土地使用权）。地方政府希望获得更多的可开发用地，但这一点受制于中央政府的决策和紧张的央地关系。

爱沙尼亚地方政府财政收入主要来自个人所得税（26%税率），1997年个税占比达71%，企业所得税（26%税率）归中央政府预算收入。鉴于全国人口分布更分散、产业分布更集中，上述税收框架设计的主要目的在于缓解区域发展的非均衡水平。但在此背景下，塔林市地方政府认为在这一框架下无法从本地企业活动中获得税收，因而缺乏吸引私人投资的动力。由于财政收入有限，塔林市政府也无法提供与私人部门投资和建设活动相匹配的基础设施供给。最典型的就是道路建设，1994年起道路建设就是塔林市政府工作的重中之重，1997年其占一半政府投资，但仍供不应求。塔林市政府认为首都中心区主要道路具有全国性的重要意义，因此应当受到中央财政的部分支持，但在实际操作中却难以获得中央政府的资助。

由于《地方政府组织法》并未明确阐述地方政府在房地产开发中的角色，因此地方政府参与房地产开发的问题处于法律框架的灰色地带，不被禁止但也不受鼓励。在房地产开发的浪潮中，塔林市政府通过拍卖若干地方政府房产和土地开发权获取了大量收入，但中央政府相关机构认为塔林市政府免费从中央政府获取土地开发权，再转手出售获益，这就造成了央地关系的紧张。

总体而言，塔林经历了快速的城市发展、经济增长和房地产市场的繁荣，在此过程中地方政府的发展诉求和推动作用起到了关键作用，主要机制就在于土地产权的地方化转移。

---

① Hedegaard L, Lindström B, Joenniemi P, Östhol A, Peschel K, Stalvant C E. The NEBI Yearbook 1999: North European and Baltic Sea Integration[M]. Springer Science & Business Media, 1999: 121-133.

第 **7** 章

转型框架的空间计量验证

7.1 分析框架

在转型期的中东欧地区，空间增长是城市发展的重要特征，也是本书研究的重要对象。地区城乡空间增长的影响因素很多，相关研究一直以来的主要关注点大多在于社会经济方面，例如地区人口、GDP、产业结构、固定资产投资等，普遍认为人口增长和经济发展对空间增长具有积极的推动作用。一般来说，其中最直接的因素就在于城乡人口的变化。正是基于这一逻辑，我国的城乡规划体系通常根据人口规模来预测和规划城乡空间发展的建设规模。人口变化包括人口的自然增长和机械流动，其背后又反映了经济产业集聚和地方公共产品供给水平等因素的综合影响。

对于转型城市和地区来说，转型进程中还存在另一个重要的方面，就是制度因素对空间增长的影响。政治经济体制的市场化转型给中东欧地区带来了全方位的深刻变革，这一因素通过推动经济产业发展和结构调整、人口自由流动进而影响城市建设。但在此之外，产权改革也是中东欧地区转型期制度变迁的重要部分，土地和房产所有权具有明显的空间属性，对空间增长具有直接影响。正如第4章所述，在自由主义市场导向的规划体系下，产权又在极大程度上决定了开发建设活动的实施，因此，产权结构能够成为一种指标，用以考查制度因素对于空间增长的直接影响。与社会经济因素不同，市场体系下，关于产权制度因素对于空间增长影响机制的定量研究仍比较有限，例如产权结构如何影响空间增长，土地私有化是否促进城乡建设量扩张。

具体而言，如第5章、第6章所述，爱沙尼亚在转型初期的剧烈调整后，城乡人口总量呈稳定和略有下降趋势，空间分布结构性调整。以首都塔林为代表的大城市人口基本持平甚至下降，周边外围地区有所增长；但与此同时，2000年尤其是2005年以后，城乡建设和空间增长又经历了迅速扩张。究其原因，与转型后的国际经济环境、资本流入、产业发展以及城市化生活方式、居住结构的调整等社会经济因素密切相关。此外，在这一时期，全国的土地和住房的私有化和市场化转型也在逐步推进，与政治经济制度的迅速转型相比，土地制度的私有化改革经历了一个持续的实施过程。也就是说，爱沙尼亚转型后从计划体制迅速转向完全自由的市场机制。尤其是在初期动荡调整后，从1995～1996年开始，伴随着社会经济发展和人口结构性调整，产权改革和城市建设也在不断推进，并在全国范围内存在阶段性、空间性的结构性差异。

由此，本章聚焦量化的"制度因素—社会因素—空间发展"的内在关系分析，以爱沙尼亚全国范围的县级行政单元和地方行政单元为研究单元，采用基于空间计量模型和耦合度模型的数据分析方法，考察不同地区、不同时期的产权结构演进、社会人口变迁、物质空间增长的发展趋势、作用机制和耦合关系，从而揭示市场体系下，以土地所有权为代表的制度因素对于空间增长的影响，并进一步验证中东欧地区的"制度—社会—空间"转型框架。

7.2 截面数据的空间计量分析：制度—社会—空间

7.2.1 指标体系

在中东欧地区的"制度—社会—空间"转型框架下，本研究关注其城乡地区空间增长，主要探讨制度因素和社会因素两方面的影响。

考虑到数据的全面性、可得性和精细度，采用2016年爱沙尼亚213个地方行政单元（municipality）的横截面数据，全部单元总面积约4.5万平方公里，略小于北京、天津、保定的总面积[①]。平均每个地方行政单元约200平方公里，大部分单元人口在1000～10000数量级。

空间增长以新增建设量为指标，分为住房建设和非住房建设两大类。社会经济因素方面，初步分析表明人口总量与空间增长不存在显著的相关性，因此以人口变迁为指标，包括自然增长和机械流动两部分。企业营业收入作为控制变量，体现经济发展因素的影响。

制度因素是本书研究关注的焦点，通过产权私有化水平得到反映。本研究不仅考察各个地方行政单元土地私有化的总体水平，还进一步详细划分土地产权类型：国有土地包括中央政府所有、地方政府所有土地，私有土地根据私有化方式划分为归还、出让、拍卖土地，以及后续的免费农地和免费林地。

针对自变量和因变量之间的相关关系，传统回归分析的前提是样本独立、随机分布。在转型期城市扩张和空间增长的过程中，由于制度和社会经济要素的地方竞争、集聚效应、溢出效应和外部性作用，邻近地方单元之间存在相互影响，也就是说，某个单元的人口变迁、产权私有化水平、空间增长等情况也可能影响相邻单元的空间增长情况，并且这种影响与单元之间的空间关系密切相关。传统回归方法无法考查样本之间的空间相互作用，难以全面、准确地反映上述各方面因素变量之间的关系。

因此，为了将上述样本间的空间相互作用纳入回归模型中加以考量，本书采用空间计量方法来分析变量的空间集聚和作用关系：首先对各变量进行检验，确认是否存在空间自相关性；确认后，将样本之间的空间相互作用通过地理权重矩阵纳入回归分析，建立空间计量模型；最后对模型估计结果进行显著性检验和分析。

[①] 北京市面积为1.64万平方公里，天津市面积为1.19万平方公里，保定市面积为2.21万平方公里，总计约5.04万平方公里。

7.2.2 空间自相关性的检验

在开展回归分析之前，首先对变量的空间自相关性进行检验。空间自相关性检验主要是判断样本数据的空间分布是否存在相关性，也就是各空间单元的变量观测值与其临近单元的变量观测值是否存在空间关联，例如集聚或扩散特征。如果存在空间自相关性，就意味着各单元的变量观测值之间缺乏独立性，传统回归分析方法无法准确反映变量关系，需要进行空间计量分析。

为了测度转型期各地方行政单元的产权私有化水平和空间增长情况在空间上的集聚程度，这里采用全局Moran's I指数来进行空间自相关性的检验，对于某一变量，其全局Moran's I指数为：

$$\text{Moran's I} = \frac{N}{W} \cdot \frac{\sum_{i=1}^{n}\sum_{j=1}^{n} w_{ij}(x_i - \bar{x})(x_j - \bar{x})}{\sum_{i=1}^{n}(x_i - \bar{x})^2} \qquad （式7-1）$$

其中，N表示单元数量，x表示被考察的变量，x_i和x_j分别是第i个和第j个单元的变量观测值，w_{ij}表示单元i和单元j之间的空间权重，W是全部w_{ij}的总和。空间权重矩阵有若干不同设定方法，例如以单元是否相邻为条件，单元i和单元j相邻时$w_{ij}=1$，否则为零，或以一定距离为判定门槛值。

Moran's I指数实际上反映了变量x观测值与其空间滞后量的相关系数，x_i的空间滞后量即为x_i在周边单元的平均值。Moran's I指数取值在-1到1之间，越接近1，表明该变量空间正相关性越强，相似属性的单元在空间上越集聚，反之接近-1则表示空间负相关，相似属性的单元在空间上相互排斥，0表示该变量在空间上随机分布。通过标准化的"Z检验"（一种统计学的检验方法）可以对Moran's I指数进行显著性检验。

表7-1为爱沙尼亚213个地方行政单元的空间增长、社会人口及土地产权因素变量的Moran's I指数，这里同时也对地方政府公共支出、企业发展、失业率等方面的经济数据进行了检验。根据检验结果，上述变量都存在显著的空间自相关性，而且空间增长尤其是住房建设量增长（0.184）和产权因素相关变量的空间集聚水平（0.173～0.313）明显高于人口增长（0.130）、地方政府公共支出（0.047）、企业营业收入（0.047）的空间集聚水平。由此可见，有必要采用空间计量方法考察产权因素对中东欧地区空间增长的影响。

在此基础上，Anselin（1995）提出了Local Moran's I指数，针对某一变量具体地检验局部地区的观测值与邻近地区观测值的差异及其与二者空间关系的显著性，该指数也称为LISA（local indicators of spatial association），实际上是全局Moran's I指数的分解。对于第i个单元，其LISA值为：

各变量的全域 Moran's I 指数	表 7-1
变量	Moran's I 指数
住房新建设量（平方米）	0.184***
非住房新建数量（平方米）	0.109**
人口自然增长（人）	0.153***
人口机械增长（人）	0.130***
中央政府所有土地（公顷）	0.173***
地方政府所有土地（公顷）	0.179***
私有土地（归还）（公顷）	0.163***
私有土地（出让）（公顷）	0.186***
私有土地（拍卖）（公顷）	0.313***
私有土地（整体）（公顷）	0.141***
地方政府公共支出（欧元）	0.047**
失业率（%）	0.018
企业营业收入（欧元）	0.047***

注：*、**和***分别表示在$p=0.1$、0.05和0.01的水平上显著；P表示概率，统计学上Z检验的P值。

$$I_i = \frac{n^2}{\sum_{i=1}^{n}\sum_{j=1}^{n} w_{ij}} \times \frac{(x_i - \bar{x}) \sum_{j=1}^{n} w_{ij}(x_j - \bar{x})}{\sum_{j=1}^{n}(x_j - \bar{x})^2} \qquad （式7-2）$$

$$\sum_{i=1}^{n} I_i = n \times I \qquad （式7-3）$$

其中各字母含义与式7-1中相同。LISA值越大，表示相似观测值的单元在空间上集聚程度越高，可能是高值集聚，也可能是低值集聚；LISA值越小，表示不相似观测值的单元在空间上集聚程度越高。

根据各单元的LISA值，新增建设量在首都塔林及周边地区和第二大城市塔尔图及周边地区形成了显著的高值集聚；地方政府所有土地在首都附近地区出现显著的高值集聚；中央政府所有土地和私有土地则在西部地区出现高值集聚。这进一步验证了产权因素和空间增长相关变量的空间自相关性。

7.2.3 空间计量模型建立

本研究采用2016年爱沙尼亚213个地方行政单元的截面数据，被解释变量（因变量）为各地方单元的新增建设量（后续针对住房建设量和非住房建设量分别进行单独测算），解释变量（自变量）为人口变迁及产权结构指标。

首先，建立一个不考虑空间相互作用的简单回归模型：

$$C = \beta_0 + X\beta + \varepsilon \qquad （式7-4）$$

其中，C是213×1的列向量，表示因变量的观测值，即各单元的新增建设量；X是一个$213 \times k$的矩阵，表示k项自变量的观测值，即各单元的人口变迁及产权结构指标；β为$k \times 1$的列向量，表示各项自变量的回归系数；ε为$n \times 1$的列向量，表示随机扰动项。

然而，由于经过Moran's I指数检验，变量存在显著的空间自相关性。也就是说，各单元的变量观测值之间存在基于空间关系的相互影响，各样本的变量观测值分布不独立，因此，以上的简单回归模型无法准确反映变量关系。

因此，在式7-4的基础上，根据Anselin（1995）的理论，通过空间权重矩阵W引入单元间的相互作用关系，建立如下空间计量模型：

$$C = \rho W_1 C + X\beta + \varepsilon, \quad \varepsilon = \lambda W_2 \varepsilon + u \qquad （式7-5）$$

其中，与式7-4相同，β表示外生解释变量（自变量）的回归系数变量（$k \times 1$）；W_1和W_2是213×213的空间权重矩阵，分别与因变量C和随机干扰项ε的空间自回归过程相关，表达了各单元之间的空间关系；$W_1 C$和$W_2 \varepsilon$表示因变量C和随机干扰项ε的空间滞后量，ρ和λ分别是二者的系数；u是误差项，呈正态分布。

简单来说，空间计量模型（式7-5）的基本思路就是在一般回归模型（式7-4）的基础上，将单元间的基于空间关系的相互作用通过空间权重矩阵W引入模型。这种空间关系的影响又分为两部分：

①某单元的情况对周边单元存在实质性的空间影响，也就是说单元之间直接通过被解释变量（因变量）互相影响（$\rho W_1 C$）。这种情况下式7-5简化为空间滞后模型（spatial lagged model，SLM）：

$$C = \rho W C + X\beta + \varepsilon \qquad （式7-6）$$

其中ρ是空间自回归系数，如果ρ通过显著性检验，则表示单元确实存在相互影响；随机干扰项ε满足正态分布。

②单元之间的空间影响通过随机干扰项体现（$\lambda W_2 \varepsilon$），也就是说随机干扰项存在空间自相关关系。这种情况下式7-5简化为空间误差模型（spatial error model，SEM）：

$$C = X\beta + \varepsilon, \quad \varepsilon = \lambda W \varepsilon + u \qquad （式7-7）$$

这一模型实际上是一个传统回归模型和一个随机干扰项ε的一阶空间自回归模型的结合，其中u满足正态分布。

根据Anselin和Florax（1995）的理论，通过拉格朗日检验，比较统计量LM（lag）、LM（error）以及Robust LM（lag）、Robust LM（error），可以从统计角度判断上述两种空间作用中的哪一种更好地体现了变量描述的实际情况，从而选择SLM或SEM作为最优模型进行空间计量回归。

经检验，LM（lag）较LM（error）统计量显著，空间滞后模型SLM比空间误差模型SEM能够更好地体现本研究的情况（详见章节7.2.4计量结果表格相关内容）。因此以下只建立SLM模型，将式7-6展开，可以得到等价形式：

$$c_i = \beta_0 + \rho W c_i + \beta_1 \cdot nat_i + \beta_2 \cdot mech_i + \beta_3 \cdot com_i + \beta_4 \cdot cen_i + \\ \beta_5 \cdot mun_i + \beta_6 \cdot res_i + \beta_7 \cdot tran_i + \beta_8 \cdot auc_i + \varepsilon_c \qquad （式7-8）$$

其中，c_i为单元i的被解释变量，以下分别以单元i的建设量、住房建设量和非住房建设量作为被解释变量进行模型估计；W是空间权重矩阵，Wc_i是空间滞后量，ρ是空间自回归系数，如果ρ通过显著性检验，则表示单元确实存在相互影响；nat_i为单元i的人口自然增长量，$mech_i$为单元i的人口机械增长量，com_i为单元i的企业营业收入；cen_i为单元i的中央政府所有土地，mun_i为地方政府所有土地，res_i为通过归还私有化的土地，$tran_i$为通过出让私有化的土地，auc_i为通过拍卖私有化的土地；ε_c为随机扰动项。

7.2.4 数据分析

本研究采用的数据主要来自爱沙尼亚统计局的统计年鉴数据库、土地局的土地改革数据库及个别城市的统计年鉴。表7-2为所有数据的描述性统计量。从中可知，2016年爱沙尼亚各地方行政单元的新建量均值约为5800平方米，非住房建设量的均值大于住房建设量；首都塔林作为空间增长最为显著的单元，新建量将近40万平方米，也有地方单元2016年新建量为0，没有空间增长。从人口变迁来看，人口自然变化量的均值-6.2，人口机械变化量的均值4.2，总体上人口略有下降，主要原因在于较低的生育率；人口机械变化量的标准差显著大于自然变化量，反映了人口流动存在巨大的地区性、结构性差异。产权结构方面，私有土地总量大于公有土地；但进一步细分来看，中央政府所有土地均值最高，其次为通过归还和出让实现私有化的土地，再次为通过拍卖实现私有化的土地，地方政府所有土地的均值最低，仅为227.3公顷。

各指标描述性统计量　　　　　　　　　　　表7-2

	样本数	均值	标准差	最大值	最小值
总新建量（平方米）	213	5800.3	31102.0	377585.9	0.0
新建住房面积（平方米）	213	2180.7	12395.7	170986.4	0.0
新建非住房面积（平方米）	213	3619.6	20549.1	206599.5	0.0
人口自然变化量（人）	213	−6.2	72.0	810.0	−334.0
人口机械变化量（人）	213	4.2	193.0	2176.0	−813.0
企业营业收入（百万欧元）	213	227.6	1852.3	26807.4	0.1

	样本数	均值	标准差	最大值	最小值
中央政府所有土地（公顷）	213	8066.0	8064.1	43095.0	3.0
地方政府所有土地（公顷）	213	227.3	432.2	5436.2	2.7
私有化土地—归还（公顷）	213	7066.0	6106.2	42870.5	2.0
私有化土地—出让（公顷）	213	3019.0	2609.9	18178.8	7.0
私有化土地—拍卖（公顷）	213	420.5	618.2	3569.6	−21.0

7.2.5 计量结果：地方政府产权显著影响转型地区空间增长

利用GeoDa软件生成地理权重矩阵并进行空间计量模型估计，采用"车"式邻接地理权重矩阵，即如果单元i和单元j有共同边界，则$w_{ij}=1$，否则$w_{ij}=0$。

分别采用传统OLS方法和空间计量方法进行回归，结果见表7-3。其中第2列和第3列为人口和产权变量对总建设量的影响，第4列和第5列为人口和产权变量对住房建设量的影响，第6列和第7列为人口和产权变量对非住房建设量的影响。

建设量与产权相关变量回归结果　　　　　表7-3

	总建设量		住房建设量		非住房建设量	
	OLS	SLM	OLS	SLM	OLS	SLM
ρ	—	+0.12*** （0.03）	—	+0.10*** （0.02）	—	+0.10** （0.04）
β_1人口自然增长	+285.90*** （15.23）	+278.02*** （14.44）	+23.95*** （5.10）	+20.55*** （4.81）	+261.95*** （13.63）	+259.00*** （13.29）
β_2人口机械增长	−68.15*** （5.01）	−72.31*** （4.80）	+12.38*** （1.68）	+11.34*** （1.60）	−80.52*** （4.49）	−82.84*** （4.42）
β_3企业营业收入	+5.41*** （0.82）	+6.68*** （0.82）	+3.55*** （0.28）	+3.95*** （0.27）	+1.86** （0.74）	+2.40** （0.76）
β_4中央政府所有	−0.07 （0.08）	−0.05 （0.08）	−0.04 （0.03）	−0.03 （0.03）	−0.03 （0.07）	−0.02 （0.07）
β_5地方政府所有	+28.87*** （2.68）	+25.04*** （2.68）	+5.57*** （0.90）	+4.19*** （0.90）	+23.30*** （2.40）	+21.59*** （2.45）
β_6归还私有化	−0.18 （0.15）	−0.18 （0.14）	−0.00 （0.05）	−0.00 （0.05）	−0.18 （0.13）	−0.18 （0.13）
β_7出让私有化	0.16 （0.33）	+0.20 （0.31）	+0.03 （0.11）	+0.05 （0.10）	+0.13 （0.29）	0.14 （0.28）

	总建设量		住房建设量		非住房建设量	
	OLS	SLM	OLS	SLM	OLS	SLM
β_8拍卖私有化	−1.41 （1.02）	−1.05 （0.96）	−0.42 （0.34）	−0.29 （0.32）	−0.98 （0.91）	−0.83 （0.88）
Log-likelihood	−2201.84	−2193.41	−1968.94	−1959.82	−2178.22	−2175.82
空间依赖性检验						
LM（lag）	15.77***	—	17.90***	—	4.31**	—
LM（error）	0.51	—	0.50	—	0.02	—
Robust LM（lag）	15.52***	—	20.59***	—	5.02**	—
Robust LM（error）	0.27	—	3.19*	—	0.73	—

注：括号内为标准差，*、**和***分别表示在p=0.1、0.05和0.01的水平上显著。

第2、4、6列根据式7-4的一般模型采用最小二乘法OLS回归，第3、5、7列根据式7-8的空间滞后模型采用了空间计量回归。在空间计量模型中，周边单元的被解释变量作为本单元的解释变量，造成了内生性问题，无法进行无偏的OLS估计，因此这里采用了极大似然估计法。

根据回归结果，以2016年地方行政单元的总建设量、住房建设量及非住房建设量分别作为被解释变量，三个模型的空间自回归系数ρ均为正，并且通过了显著性检验（显著性水平分别为1%、1%、5%），SLM模型的对数似然函数值Log-likelihood均小于OLS。这再次确认和验证了各地方单元的空间增长存在空间自相关现象，且空间计量模型的拟合优度大于一般回归模型。

从第3列的估计结果来看，以地方总建设量为被解释变量，人口自然增长的回归系数为正、人口机械增长的回归系数为负，二者均通过了1%的显著性检验。前者验证了人口增长推动空间增长的普遍观点，但后者却表明地方单元的人口机械增长量与开发建设量存在显著的负相关。这看似有违常理，但反映出爱沙尼亚目前的发展现实：在地方行政单元的尺度上，郊区化成为主要发展趋势，人口迁移与建设活动在空间上呈现错位态势，中心城市单元在人口外流的同时，建设量迅速增长，导致整体上表现出人口机械流动与地方单元总建设量负相关的情况（虽然偏远乡村地区人口外流同时建设量萎缩，但在整体统计规律仍由人口下降、建设量增长的大城市主导）。实际上，如果将人口自然增长和机械增长汇总，考查各地方单元人口总变化量对建设量的影响，其余变量不变，回归结果仍然是稳健的，人口总变化量的回归系数在5%的水平上显著为负。也就是说机械流动的影响主导了人口总变化量与建设量的关系——这也符合地方单元尺度上人口自然增长率极低、空间流动相对显著的实际情况。总体而言，转型期爱沙尼亚人口总量收缩的同时，城乡建设活动扩张。在此基础上，上述回归结果表明，空间增长与人口增长在地方单元尺度上存在差异化分布，并在统计意义上呈现显著的负相关关系：人口流出地区也是建设量较大的地区，人口流入的地区建设量反而相对较低。

进一步以住房建设量与非住房建设量为被解释变量，根据第5列和第7列的回归结果，人口自然增长的回归系数均为正，并通过了1%的显著性检验。这表明人口自然增长量较大的单元，住房和非住房建设量都较高，再次验证了人口增长对空间增长的推动。与此同时，人口机械增长对住房建设量的回归系数为正，对非住房建设量的回归系数为负，并且均通过了1%的显著性检验。这表明人口机械增长越显著的地区，住房建设量越高，非住房建设量越低，也就是说，前述人口机械增长与单元总建设量的负相关关系主要是受到非住房建设量的主导作用。这一回归结果表明，人口流出地区建设量更大，且以非住房建设量为主导；人口流入地区虽然总建设量较低，但其住房建设量是高于人口流出地区的。这在统计规律上反映了大城市人口流失同时产业空间大量扩张、周边地区人口流入并完全以居住空间为主导的郊区化、职住分离发展模式。

针对各被解释变量，控制变量企业营业收入的回归系数始终为正，并对总建设量和住房建设量通过了1%的显著性检验，对非住房建设量通过了5%的显著性检验，这验证了经济发展对地方空间增长的整体推动作用。

产权因素方面，针对地方单元总建设量、住房建设量和非住房建设量，地方政府所有土地的回归系数均为正，并通过了1%的显著性检验，中央政府所有土地及各类私有土地的系数均未通过显著性检验。这表明，在各类土地产权中，地方政府产权虽然份额远小于中央政府及私人部门，但其对地方空间增长存在显著的促进作用；而土地私有化水平对地方空间增长在统计规律上并未表现出普遍的显著影响。进一步，对于住房建设量和非住房建设量，地方政府产权对非住房建设的推动作用更强。主要原因在于市场体系下，地方政府所有土地往往来自中央政府转移的军事工业用地，规模相对较大、易于开发；而相对而言，私有土地绝大部分来自归还和出让的土地，规模较小，产权整合面临复杂的多方博弈环节，导致开发建设量增长有限。此外，也可能由于2010年以后土地私有化基本完成，地方单元私有化水平已经相对稳定，结构性差异主要体现在区域尺度上，地方单元的开发建设活动更多地受到社会经济因素的影响，导致2016年的截面数据无法反映市场体系下土地私有化对地方空间增长的促进作用。这一点将通过后续的面板数据分析进行进一步的探究。

综上所述，空间计量模型以产权—人口—建设量为指标，验证了制度—社会—空间的三重转型框架，并进一步确认了其中各方面的关键要素。制度方面，地方政府产权成为转型期推动空间增长的最主要因素；社会方面则受到人口自然增长和机械流动的双重影响。

此外，由于上述空间计量模型中地理权重矩阵为外生设定的，本书还采用了"后"式邻接地理权重矩阵再次进行了计算，即如果单元i和单元j有共同顶点或共同边界，则$w_{ij}=1$，否则$w_{ij}=0$。回归结果是稳健的，这里不再赘述。

7.3 耦合度模型及面板数据解析

上述空间计量分析主要根据2016年的横截面数据，反映了当前时点的情况。正如第4章及第6章所述，2005年尤其是2010年以后，爱沙尼亚各地产权改革已经基本完成并保持稳定，城市建设和空间增长的高峰期也已经结束。因此，本节提出了新的问题：在转型过程中，尤其是2008年以前产权改革迅速推进、空间增长处于高峰的阶段，以产权结构为代表的制度因素对城乡空间增长造成了怎样的影响？

针对这一问题，本节仍然以"制度""社会""空间"为考察爱沙尼亚三重转型过程的三个基本方面，通过分析其两两耦合关系，揭示中东欧地区产权因素与空间发展的相互作用。其中，数据来源于爱沙尼亚统计年鉴、土地改革数据库、人口和住房普查。

"耦合"的概念来自于物理学，尤其是电学，表示某两个事物之间存在的相互作用、相互影响的关系，被称为"耦合关系"。"耦合度"就是系统或要素相互影响的程度，决定了"系统从无序走向有序的趋势"（Liu et al.，2005b；Qiao et al.，2005）。"耦合"概念及"耦合度模型"主要由地理学学者引入城市研究当中，已有研究大多是用来分析城市化和生态环境之间的耦合关系（Liu et al.，2005a；Liu et al.，2005b；Song，2005；Liang et al.，2008；Liu et al.，2011；Li et al.，2012）。本研究的假设在于：中东欧地区的转型进程与其制度、社会、空间之间也存在着一种"耦合关系"——转型期间制度因素及人口变迁对城乡建设和空间增长产生驱动力，同时单元空间增长的需求和实践也对其产权改革、人口变迁产生反馈和影响，这是一种非线性的相互作用，可以用"耦合"的概念加以分析。

7.3.1 指标体系及耦合度模型建立

与上节类似，本节仍然以产权结构、社会人口变迁、空间增长方面的数据作为量化指标。鉴于面板数据，尤其是早期统计数据的可得性，采用县级单元（county）1993~2016年的面板数据，主要分析的产权结构—空间增长的耦合关系。根据中央所有、地方所有、归还/出让/拍卖私有化的土地面积建立产权结构指标（U_1），根据GDP、人均GDP、人口自然增长量、人口机械增长量建立社会发展指标（U_2），根据住房建设量、非住房建设量建立空间增长指标（U_3）。在指标建构过程中，为消除量纲和单位的影响，采用极差法对数据进行处理，并采用熵权法逐年确定各年度、各变量的权重系数。

在此基础上，借鉴物理学中的耦合概念，构建多系统耦合作用模型：

$$C = \{(u_1 \cdot u_2 \cdot \ldots \cdot u_m) / \prod (u_i + u_j)\}^{1/n} \qquad （式7-9）$$

当进行"产权结构—空间增长"及"社会发展—空间增长"的双系统耦合时，得到耦合度函数：

$$C = 2\{(u_1 \cdot u_2) / (u_1 + u_2)^2\}^{1/2} \qquad （式7-10）$$

耦合度模型表达了系统之间的相互作用，耦合度值C在0到1之间：C=0时，耦合度极小，系统之间处于无关状态，系统将向无序发展；C=1时，耦合度最大，系统之间达到共振耦合，趋向新的有序结构。

耦合度反映了系统之间耦合作用的强度。在此基础上，耦合协调度进一步反映了系统之间协同水平：

$$D = (C \times T)^{\frac{1}{2}} \qquad （式7-11）$$

$$T = aU_1 + bU_2 \qquad （式7-12）$$

其中C为耦合度，a、b为系数，本研究中均取0.5；耦合协调度D取值也在0到1之间，D越大，系统之间协同水平越高。

7.3.2　耦合度计量结果：首都地区与其他县存在结构性差异

根据上述数据处理方法及耦合度模型，计算1998～2014年各县级单元的"产权结构—空间增长"耦合度，结果如图7-1所示。

1998～2014年，哈留县（Harju）、塔尔图县（Tartu）作为最发达、发展最快的两个县，产权结构—空间增长的耦合度始终显著高于其他地区。这表明与其他地区相比，哈留和塔尔图县的产权结构与空间增长的相互作用相对较强。进一步，各县产权结构—空间增长耦合度整体上基本小于社会人口—空间增长耦合度，也就是说产权结构与空间增长的相互作用相对弱于社会人口变迁与空间增长的相互作用。但哈留县的这一差距逐步缩小，表明产权因素对空间增长的影响愈发显著。

从耦合度演进趋势上看，哈留县产权结构和空间增长的耦合度从1998年起逐年上升，到2006～2008年以后基本保持稳定；其他地区前期整体上呈波动下降趋势，2006～2008年以后波动较为剧烈，没有表现出上升或下降的一致趋势。这表明首都地区（哈留县）和其他地区具有不同的发展情况：对首都地区而言，建设量具备较大的规模，总体上产权因素具有普遍的影响力，并且作用不断增强；而其他地区在人口收缩、

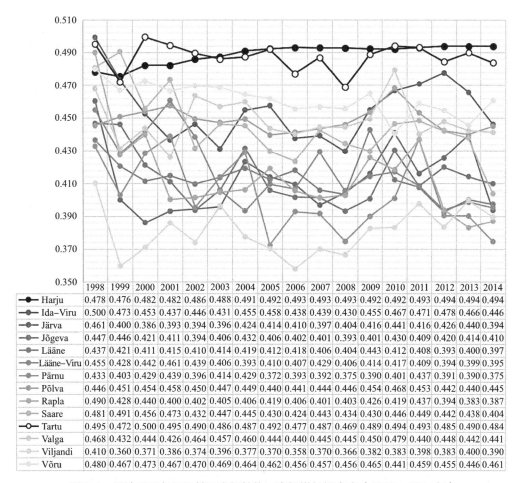

	1998	1999	2000	2001	2002	2003	2004	2005	2006	2007	2008	2009	2010	2011	2012	2013	2014
Harju	0.478	0.476	0.482	0.482	0.486	0.488	0.491	0.492	0.493	0.493	0.493	0.492	0.492	0.493	0.494	0.494	0.494
Ida-Viru	0.500	0.473	0.453	0.437	0.446	0.431	0.455	0.458	0.438	0.439	0.430	0.455	0.467	0.471	0.478	0.466	0.446
Järva	0.461	0.400	0.386	0.393	0.394	0.396	0.424	0.414	0.410	0.397	0.404	0.416	0.441	0.416	0.426	0.440	0.394
Jõgeva	0.447	0.446	0.421	0.411	0.394	0.406	0.432	0.406	0.402	0.401	0.393	0.401	0.430	0.409	0.420	0.414	0.410
Lääne	0.437	0.421	0.411	0.415	0.410	0.414	0.419	0.412	0.418	0.406	0.404	0.443	0.412	0.408	0.393	0.400	0.397
Lääne-Viru	0.455	0.428	0.442	0.461	0.439	0.406	0.393	0.410	0.407	0.429	0.406	0.414	0.417	0.409	0.394	0.399	0.395
Pärnu	0.433	0.403	0.429	0.439	0.396	0.414	0.424	0.372	0.393	0.392	0.375	0.392	0.401	0.437	0.391	0.390	0.375
Põlva	0.446	0.451	0.454	0.458	0.450	0.447	0.449	0.440	0.441	0.444	0.446	0.454	0.468	0.453	0.442	0.440	0.445
Rapla	0.490	0.428	0.440	0.400	0.402	0.405	0.406	0.419	0.406	0.401	0.403	0.426	0.419	0.437	0.394	0.383	0.387
Saare	0.481	0.491	0.456	0.473	0.432	0.447	0.445	0.430	0.424	0.443	0.434	0.430	0.446	0.449	0.442	0.438	0.404
Tartu	0.495	0.472	0.500	0.495	0.490	0.486	0.487	0.492	0.477	0.487	0.469	0.489	0.494	0.493	0.485	0.490	0.484
Valga	0.468	0.432	0.444	0.426	0.464	0.457	0.460	0.444	0.440	0.445	0.445	0.450	0.479	0.440	0.448	0.442	0.441
Viljandi	0.410	0.360	0.371	0.386	0.374	0.396	0.377	0.370	0.358	0.370	0.366	0.382	0.383	0.398	0.383	0.400	0.390
Võru	0.480	0.467	0.473	0.467	0.470	0.469	0.464	0.462	0.456	0.457	0.456	0.465	0.441	0.459	0.455	0.446	0.461

图7-1　爱沙尼亚各县级单元产权结构—空间增长耦合度（1998～2014年）

建设量相对低迷的情况下，个别项目的实施就对整体情况造成扰动，导致产权因素的作用并不稳定。

　　而从耦合协调度的发展趋势上看（图7-2），首都塔林所在的哈留县与其他地区的差距更为显著，哈留县协调度缓慢提升，并显著高于其他地区；第二、三大城市塔尔图和帕尔努（Pärnu）所在县的协调度也高于其余各县，反映出产权结构与空间增长的协调水平与社会经济发展水平息息相关，也再次间接验证了中东欧地区的"制度—社会—空间"转型框架。

7.3.3　面板数据的进一步解析：地方政府产权的持续影响

　　章节7.2中的截面数据分析表明，从2016年213个地方单元的产权结构和空间增长情况来看，地方政府所有土地是产权因素中对空间增长影响最为显著的变量，各类私有化土地的影响并不显著。那么，这一结论是否具备时间上和空间上的可推广性？尤其是在

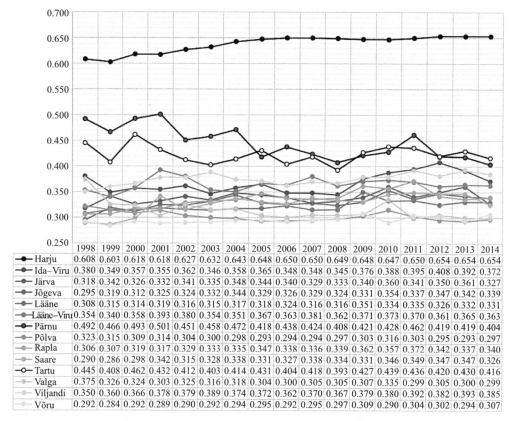

	1998	1999	2000	2001	2002	2003	2004	2005	2006	2007	2008	2009	2010	2011	2012	2013	2014
Harju	0.608	0.603	0.618	0.618	0.627	0.632	0.643	0.648	0.650	0.650	0.649	0.648	0.647	0.650	0.654	0.654	0.654
Ida–Viru	0.380	0.349	0.357	0.355	0.346	0.345	0.358	0.365	0.348	0.345	0.376	0.388	0.395	0.408	0.392	0.372
Järva	0.318	0.342	0.326	0.332	0.341	0.335	0.348	0.344	0.340	0.329	0.333	0.340	0.360	0.341	0.350	0.361	0.327
Jõgeva	0.295	0.319	0.312	0.325	0.324	0.332	0.344	0.329	0.326	0.329	0.324	0.331	0.354	0.337	0.347	0.342	0.339
Lääne	0.308	0.315	0.314	0.319	0.316	0.315	0.317	0.318	0.324	0.316	0.316	0.351	0.334	0.335	0.326	0.332	0.331
Lääne–Viru	0.354	0.340	0.358	0.393	0.380	0.354	0.351	0.367	0.363	0.381	0.362	0.371	0.373	0.370	0.361	0.365	0.363
Pärnu	0.492	0.466	0.493	0.501	0.451	0.458	0.472	0.418	0.438	0.424	0.408	0.421	0.428	0.462	0.419	0.419	0.404
Põlva	0.323	0.315	0.309	0.314	0.304	0.300	0.298	0.293	0.294	0.294	0.297	0.303	0.316	0.303	0.295	0.293	0.297
Rapla	0.306	0.307	0.319	0.317	0.329	0.333	0.335	0.347	0.338	0.336	0.339	0.362	0.357	0.372	0.342	0.337	0.340
Saare	0.290	0.286	0.298	0.342	0.315	0.328	0.338	0.331	0.327	0.338	0.334	0.331	0.346	0.349	0.347	0.347	0.326
Tartu	0.445	0.408	0.462	0.432	0.412	0.403	0.414	0.431	0.404	0.418	0.393	0.427	0.439	0.436	0.420	0.430	0.416
Valga	0.375	0.326	0.324	0.303	0.323	0.316	0.318	0.304	0.300	0.305	0.305	0.307	0.335	0.299	0.305	0.300	0.299
Viljandi	0.350	0.360	0.366	0.378	0.379	0.389	0.374	0.372	0.362	0.370	0.367	0.379	0.380	0.392	0.382	0.393	0.385
Võru	0.292	0.284	0.292	0.289	0.290	0.292	0.294	0.295	0.292	0.295	0.297	0.309	0.290	0.304	0.302	0.294	0.307

图7-2　爱沙尼亚各县级单元产权结构—空间增长耦合协调度（1998～2014年）

2000年以后中东欧地区建设量迅速扩张到2008年受经济危机影响扩张停滞的阶段，地方政府所有土地是否仍然是产权结构中的关键变量？中央政府产权和私有产权在这一期间是否产生过阶段性的显著影响？基于1998～2014年县级单元的面板数据，接下来将对上述问题进行更广泛的验证和讨论。

从更长的时间阶段来看，图7-3显示了1998～2014年间各县级单元的年度新增中央政府所有、地方政府所有和私人部门所有的土地面积，以及年度新增建设量（包括住房建设量和非住房建设量）。从整体上来看，私有土地的增量到2005年以后逐年下降，反映出私有化基本完成以后，推进速度放缓，但与新增建设量并未表现出显著的相关关系。在此期间，县级单元新增建设量的若干峰值都与地方政府所有土地增量的峰值同步，反映出地方政府产权对空间增长的持续推动作用。

具体以哈留县和塔尔图县为例（图7-4），考查其1998～2014年的产权及建设量演进趋势。图中表明：①地方政府产权与空间增长的关系最为显著，尤其是在2000～2008年的建设量迅速扩张阶段，地方政府所有土地增量与新增建设量呈现高度同步波动；②中央政府所有土地增量与地方政府所有土地增量演进趋势基本相反，反映出中央和地方在产权方面的博弈；③土地私有化持续推进，至2005年基本完成，此后私有土地年度

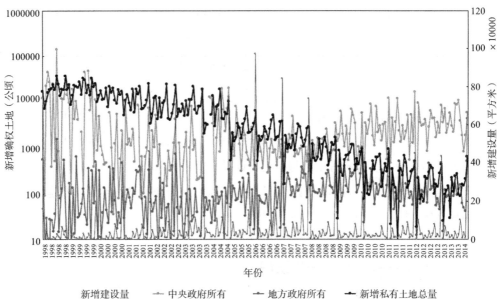

图7-3 爱沙尼亚各县产权结构与建设量演进（1998~2014年）

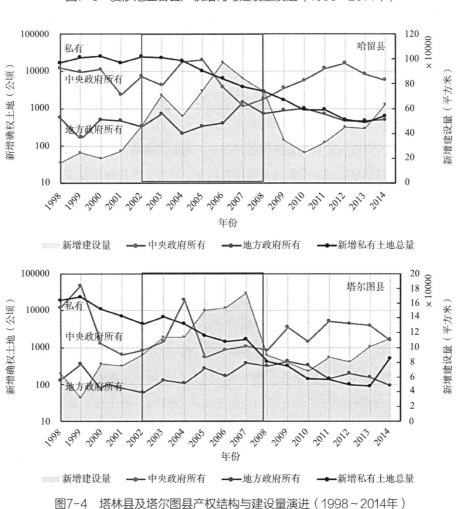

图7-4 塔林县及塔尔图县产权结构与建设量演进（1998~2014年）

增量逐步下降，2010年以后与新增地方政府所有土地基本持平或更低，与新增建设量没有显著的相关趋势。

进一步从更广泛的空间范围来看，分别考查1998～2014年的每个时间截面上，15个县级单元的中央政府、地方政府、私人部门所有土地增量与年度新增建设量的关系（图7-5）。各时间截面地方政府所有土地增量与建设量关系如图7-5所示：2000年以前，各单元新增地方政府所有土地与新增建设量关系尚不显著；此后，尤其是2003年以后，各县级单元的新增地方政府所有土地与新增建设量高度相关，R^2拟合值均在0.5以上，其中若干年份高达0.8～0.9。中央政府所有土地和私人所有土地增量与年度新增建设量之间未表现出具有持续性或阶段性的相关趋势[1]。

7.4　转型框架的验证与进一步认识

本研究通过上述数据分析及模型检验，以产权结构、人口变迁和空间增长为指标，验证了中东欧地区"制度—社会—空间"的转型进程。

在此过程中，实证分析表明，社会人口增长和经济发展在县级单元的层次上对空间增长具有推动作用，这与普遍观点一致。而在地方行政单元的空间层次上，空间计量表明在转型的背景下，社会人口变迁对空间增长具有复杂的叠加作用：人口机械流动、自然增长对住房增长、非住房增长的作用并不一致，人口自然增长对住房及非住房建设均有促进作用，而人口机械增长与住房建设正相关，与非住房建设负相关。在转型的背景下，爱沙尼亚人口总量收缩，空间分布结构性调整，因此人口机械流动主导了社会变迁的进程，使得整体上表现出人口机械增长与空间建设量负相关的统计特征。这反映了转型期主导的社会变迁—空间发展互动模式：大城市人口流失，同时产业空间大量扩张，周边地区人口流入，以居住空间为主导进行郊区化扩张。

实证分析还表明，在各类产权类型中，地方政府所有土地虽然绝对值占比最低，却是影响空间增长最关键的制度因素，对新增建设量具有显著的推动作用。这一结论在地方行政单元和县级行政单元两个空间层次上、在单一时间截面和十余年的时间范围上，都具有稳健性。原因在于，转型阶段在地方自治和地方竞争的制度背景下，地方政府具有推动城市发展和扩张的强烈诉求；因此积极向中央政府申请产权转移，并进一步进行开发权出让，推动私人部门进行土地开发建设。从土地交易结构来说，塔

---

[1] 个别年份，例如2012年的中央政府所有土地增量与新增建设量，表现出一定的正相关关系，但均不具备时间上的稳健性，即前一年或后一年未表现出相似特征，基本上属于偶发情况，由于篇幅所限，相关统计图并未给出。

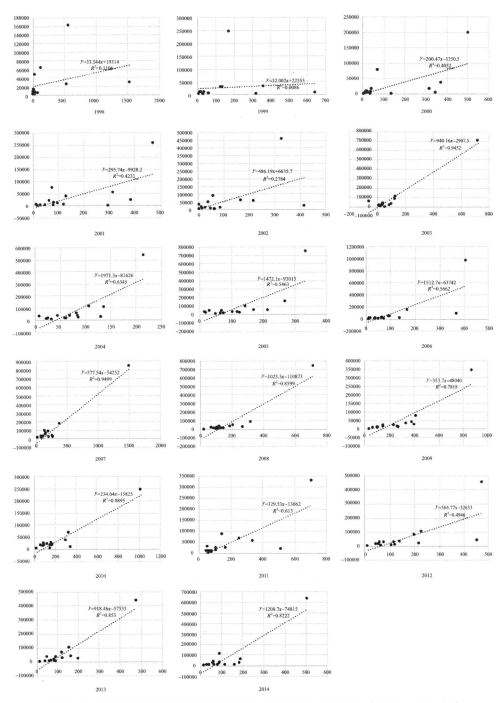

图7-5　各年份爱沙尼亚县级单元新增地方政府土地与建设量（1998~2014年）

林的数据表明，与私人部门相比，政府出让土地的单块面积更大、单位面积价格更低（详见章4.1.3节的表格及数据分析）。也就是说，与中央政府相比，地方政府具有更强烈的发展诉求；而与私人部门的产权分散化情况相比，地方政府所有土地的产权更为集中，有利于统一出让、规模开发。土地所有权的中央—地方—私人部门的转移过程推动了城市新增建设量的扩张，在此过程中，地方政府成为承上启下、有意愿也有能力推动空间增长的关键环节。

第 **8** 章

案例研究：转型期塔林的城市建设实践

上述实证分析表明，制度层面的市场化转型和社会人口的非均衡发展对爱沙尼亚转型阶段的城市空间重组带来了显著的影响。其中，产权结构的调整以及相应的土地开发和规划管理体系改革，是制度转型影响空间发展的关键。

在这一过程中，在地方自治和市场竞争的条件下，地方政府产权对城市开发和再开发表现出尤为突出的促进作用。那么，在具体的城市发展实践中，地方政府与中央政府、私人部门存在怎样的互动和博弈？这种产权博弈又如何影响了实际的城市开发建设进程？本章通过爱沙尼亚首都塔林的具体建设案例，对其中产权博弈的过程进行详细的回顾和梳理，从而解析转型城市建设中的产权影响。

8.1　中央滨水区的更新：央地博弈对开发活动的影响

塔林中央滨水区占地约21公顷，毗邻塔林港，自1991年爱沙尼亚独立之后始终是城市再开发的焦点。该地块位于塔林市中心，距离中世纪老城和CBD仅步行5分钟距离，但被交通干道分隔。这一地区在战前为工业用地（图8-1），苏联时期则被国防部、国家航运公司等部门的分支机构占据。因此这里没有居民，用地主要是军事和工业用途，在功能上和空间上都与城市其他部分缺乏联

图8-1　1930年代的塔林港滨水区
（图片来源：塔林城市档案馆）

系，公共可达性受到限制，也并不在城市规划有效范围之内。塔林港的客运站是这一地区唯一具有公众可达性的节点。

8.1.1　1991~1996年：中央与地方对滨水区土地产权的博弈

1960年代和1980年代塔林市政府两度尝试将滨水区和城市联系起来，但都受到当时苏联中央机构，尤其是军事部门的反对。1991年，随着爱沙尼亚独立，苏联机构的废弃设施成为爱沙尼亚国有资产，此后滨水区的再开发规划也就提上日程。港口客流量的增长，尤其是来自芬兰和瑞典的国际客流量迅速增长，也更加带来了在滨水区启动再开发的动力。

1991年，滨水区的苏联机构房产被爱沙尼亚中央政府接管，并在1992年4月成立国有企业塔林港口公司负责管理。随后，塔林市政府提出申请将这一地区的大部分房产和

土地所有权转移给地方政府①。

但由于市政府并未对滨水区发展提出完善的策略，其与国有港口公司的关系也很紧张，尤其双方在究竟有多少比例的土地应当转移给地方政府的问题上冲突很严重，因此上述计划没有成功。

在当时的法律框架下，军事用地产权私有化方面的规定并不完善，比较模糊。除地方政府之外，如果私有企业是房产实际使用者，那么他们也有权申请进行国有房产及国有土地的私有化。因此，有私有企业试图先租用滨水区的房产，而后再作为使用者进行房产所有权的私有化，并在此基础上进一步作为房产所有者申请获得所占土地的所有权，这一过程几乎没有成本。也就是说，私有企业在转型初期私有化改革的过程中通过钻空子的手段获得土地。这种现象当时比较普遍，尤其针对苏联时期的军事用地，其中中央滨水区是一个典型。

在这种情况下，塔林港口公司收紧并冻结了所有可疑的所有权转移，不论转移对象是地方政府还是私有企业。1992～1994年间，由于相关规定尚存争议，塔林港口公司坚持保留全部房产和土地的所有权，塔林市政府并未获得滨水区的房产和土地。

8.1.2 1996～1999年：产权纠纷、行政动荡与PPP开发模式的失败

在所有权转移的期望和假设下，1994年塔林市政府发起再开发规划，规划内容包括该地区的产权情况、地块划分、用地类型和交通组织。随着旅游业的迅速发展，塔林港的游客数量从1987年的20万人次增长到1991年的180万人次②，因此，塔林市政府在规划中提出将货运职能完全转移到其他港口，在此仅保留客运服务功能，并通过地方政府和私人部门联合投资，在滨水区开发现代办公、旅游休闲服务和优质住宅，同时划定了每个地块的建筑指标，包括层数、面积和容积率。此外该规划还关注了鸟瞰视野，但关于岸线本身和关键的城市空间并未进行详细设计。

在此基础上，1995年末，随着相关制度的完善，塔林港口公司原则上同意将滨水区房产所有权转移给地方政府，计划转移过程在1996年5月初步完成。由于土地的所有权建立在持有房产的基础之上，因此塔林市政府如果能够顺利获得滨水区房产所有权，那么随后就可以申请土地所有权，成为该地区主要的土地所有者。

此后，虽然所有权转移尚未完成，但塔林市政府立即发起了一项名为"pealinna

---

① 自1991年8月起，所有塔林市政府向中央政府申请房产和土地所有权转移的相关文件，均可参见塔林法规登记系统"tallinna õigusaktide register"。

② 根据塔林港口公司数据，2017年塔林港旅客数量超过了1050万人次。

tulevase city"的竞赛，意为"建设未来城市"。竞赛涉及地段范围包括滨水区3个地块，面积共计18公顷，试图寻求合适的私有企业和对其有兴趣的投资者制定该地区的开发方案，并希望通过分地块开发权竞拍的方式组织整个再开发计划。这一竞赛是塔林首次尝试进行PPP模式的开发项目。竞赛共收到8个提案。1996年8月，本地开发商TSM集团在爱沙尼亚四大银行中的两家的支持下成为获胜者①，获得了与市政府共同开发滨水区的权力。双方宣布计划6个月内启动再开发项目，并在3~4年内完成。这是迄今为止爱沙尼亚最大的私人房地产开发计划，预算达到4.5亿~5.5亿美元，旨在刺激地方经济发展，提升城市形象。复兴后的滨水区被设计为塔林CBD的延伸和补充，同时也是城市发展潜力的象征。

但由于竞赛组织得仓促，结果公布一周后，在另外几家大银行支持下的另一家开发商Kodumajagrupp联合体就起诉市政府宣布TSM获胜违反竞赛规则，程序上存在法律问题②。由于诉讼程序旷日持久，两家开发商在案件审理的同时就开始进行谈判，商议共同进行滨水区再开发项目。由于项目投资巨大，收益潜力也很大，两组投资者希望双方能达到妥协。

然而，在诉讼案件尚未解决的情况下，不到一个月时间市政府与TSM就签署合作协议③，确认滨水区再开发过程中双方的权利和义务：市政府保留土地所有权和规划权，并有义务提供基础设施，TSM集团则需要制定详细规划并组织开发权竞标；开发权出让获得的收益归市政府所有，但TSM集团可以从中获得6%作为管理费④。

与此同时，尽管市政府和港口公司对滨水区相关房产所有权的转移已经达成了共识，但实际的程序处理过程进展非常缓慢。到1996年秋天双方才划定了所有权转移的边界，市政府据此向相关中央机构提出了所有权转移的正式申请。

在此期间，1996年10月组织滨水区竞赛的塔林市原市长Jaak Tamm由于产权私有化腐败问题卸任。1996年11月，新市长Lepikson上任⑤，努力协调两家开发商达成妥协，建议二者在之前协议的基础上进行分包，否则市政府将减少对滨水区再开发项目的政治支

---

① Sadamaala hoonestuskonkurss（港口建设竞争）. [1996-08-15]. https://www.aripaev.ee/uudised/1996/08/15/sadamaala-hoonestuskonkurss.

② Kodumajagrupp alustas. [1996-10-21]. tsiviilvaidlust https://www.aripaev.ee/uudised/1996/10/21/kodumajagrupp-alustas-tsiviilvaidlust.

③ TSM jätkab operaatorlepingu. [1996-11-01]. täitmisthttp://arileht.delfi.ee/news/uudised/tsm-jatkab-operaatorlepingu-taitmist?id=50732965.

④ 这一协议并未形成市政府与TSM集团的永久合作关系，而是就再开发过程中的特定责任权益进行划分。另一家开发商在法庭上提出了针对上述合同的异议，但未受支持。

⑤ 期间新市长Priit Vilba仅上任短短两周时间，11月再次更换新市长Lepikson。参见相关人员维基百科。

持，这将导致项目至少延期3年。在此情况下，两家开发商在1997年初达成初步共识，同意共同实施再开发计划，TSM集团也开始准备让渡一部分开发权的协议。然而，1997年5月Lepikson卸任塔林市长并出任中央政府内政部长，双方协议随之遇到新的困难。TSM集团提出开发两个地块，其余一个交给Kodumajagrupp联合体，后者原则上同意，但并未撤诉，双方在分包协议条款上也存有争议。

与此同时，TSM集团作为项目承建单位编制了一版详细规划，并于1997年6月获得市政府批准[①]。该方案将滨水区规划为混合办公、商业、住宅功能的商务中心，设计了一个船型的休闲购物中心和一个高端购物街，总建筑面积19万平方米，其中办公占42%，零售及相关服务占20%，住宅占14%，停车占14%，体育休闲占10%。该方案计划将创造2410个就业岗位，以及容纳900名居民的高端住宅。

按这一计划，市政府需要在年内完成土地所有权转移的手续，并启动场地清拆和基础设施建设工作。实际上，虽然塔林市申请滨水区土地所有权转移得到了哈留县的批准，但1997年8月爱沙尼亚环境部行使法定监督权介入该项目并要求审核相关文件，使得土地所有权转移被迫中止[②]。在市政府没有获得土地所有权的情况下，TSM集团无法组织任何开发权出让。环境部并未提供官方理由，但塔林市政府认为实际原因在于中央政府不愿意塔林市从中央政府获得免费划拨土地之后，立即出让获得巨额收益。

1997年10月，塔林再次更换市长。截至1997年末，市政府累计获得了滨水区约30%土地的所有权，其余部分仍然归中央政府所有，且无法保证交给地方政府的时间。两家主要开发商无法达成妥协，相关诉讼也没有审结。没有公共投资进行基础设施建设，也没有私人投资进行房地产开发。

1999年秋，凭借已签订的协议和通过的详细规划，时任市长Peeter Lepa支持TSM集团在局部土地上进行部分基础设施建设，此后TSM集团称希望在次年4月启动开发权出让[③]；同年10月塔林市长再次更换，新市长Jüri Mõis对此强烈反对，12月塔林市政府成立了一个委员会，开始重新审查与TSM集团的合作协议[④]。同年年底，塔林市政府与TSM

① City detailplaneering kinnitatud.[1997-06-01]. https://www.ohtuleht.ee/4878/city-detailplaneering-kinnitatud.

② EPL. Tõke: Tallinna city projekt seikunud[N/OL]. (1997-11-15)[2018-10-19]. http://epl.delfi.ee/news/eesti/toke-tallinna-city-projekt-seikunud?id=50747331.

③ TSM soovib alustada sadamaala kinnistute müüki aprillis. [1999-12-01]. http://arileht.delfi.ee/news/uudised/tsm-soovib-alustada-sadamaala-kinnistute-muuki-aprillis?id=50817395.

④ 市政府认为1996年时任市长Jaak Tamm（已于1999年死于心脏病）与TSM集团签署的协议中出让6%开发权收益是公共收入的极大损失，并认为TSM集团没有完成好开发准备工作。新任市长Jüri Mõis曾拥有竞赛第二名开发商20%的股权。参见 Lepe TSM-iga rikub seadusi. http://epl.delfi.ee/news/eesti/lepe-tsm-iga-rikub-seadusi?id=50780893.

集团达成协议，终止双方的合作协议，并为开发商已经投入的成本支付2340万克朗的赔偿金①。

1996～1999年滨水区更新项目发起期间，塔林市更换了6任市长，公共部门与私人部门的权责边界并不清晰，中央和地方政府都深受腐败问题的困扰②。中心城区迅速上涨的房价和地价导致私人部门对国有土地和房产所有权和开发权的激烈追逐。在此期间，塔林也没有有效的城市总体规划，市政府采取最大化鼓励私人部门投资、最小化公共部门约束的原则，导致该项目在动荡的政治背景下不断受挫。

总体而言，塔林通过PPP方式开发这一地区的尝试宣告失败。主要原因在于碎片化、不稳定的机构设置和对公私合作准备不足；参与项目的两家开发商的对抗和长期的法律诉讼也部分阻碍了开发活动；另外，塔林市地方政府没有确定滨水区发展的整体战略，就急于启动再开发项目和开发权出让，导致央地关系紧张，土地所有权移交的法律手续推进缓慢，地方政府无法获得预期中的土地；因为在土地所有权上的利益冲突，城市也没能成功进行公共投资和基础设施建设。

8.1.3 2000年以后：私人开发商主导的建设活动

PPP合作框架破裂后，塔林市政府放弃整体构想，直接开始将已获得所有权的地块向私人开发商出售开发权。2000年，塔林市政府重新组织滨水区再开发项目，并推出了海军基地附近的4个地块，但没有任何一家开发商参与竞标③。此后局部地块成功出让，但爱沙尼亚建筑师协会等认为这一决定将滨水地区的再开发进程交给了私人开发商，而没有总体发展策略的引导。因此，协会在2000年组织了一个关于滨水区规划概念的竞赛，但并未受到市政府的支持。2001年地块开发权成功出让，作价1.1亿克朗，分5年付清，占地面积约为4.3公顷④。

2001年，私人开发商发起了滨水区首个建设项目，计划建设一个大型超市。这一提案显然将该地区看作城市腹地，而不是未来城市发展的门户节点。但这并没有

---

① Tallinna City areng saab uue hoo. https://www.aripaev.ee/uudised/2000/02/10/tallinna-city-areng-saab-uue-hoo.

② 127户公寓的非法私有化导致1997年3月中央政府的倒台，塔林市政府历次更迭也深受产权改革相关腐败问题的影响。

③ 塔林市政府将4个地块一并出让，开发权起价1亿克朗，要求投资额8亿克朗。参见 Tallinna city väljaehitamiseks ei tulnud pakkumisi. http://arileht.delfi.ee/news/uudised/tallinna-city-valjaehitamiseks-ei-tulnud-pakkumisi?id=50791160.

④ Admiraliteedi basseini kinnistud saab Ober-Haus. [2001-02-09]. https://www.aripaev.ee/article/20010209/NEWS/302099911.

图8-2　塔林中央滨水区2002年建成的超级市场及扩建后的购物中心
（图片来源：Arne Massik 2002拍摄，诺德中心官网）

违反1995年发展规划的任何一个约束条款，塔林市也没有确定的总体规划，因此规划部门无法否决这个项目。审查机构仅仅对方案作出一点调整，在超市前边加上了一排多户住宅，使其与滨水地区景观更为协调。2002年超市建成，一年后住宅建成（图8-2）。

此后，超市扩建为综合商场诺德中心（Nord Centrum），并于2017年再次扩建为建筑面积近两万平方米的Nautica购物中心。

8.1.4　2016年：全球化背景下的新计划

塔林市政府争取土地所有权划拨的努力失败后，滨水地区大部分土地所有权仍然归塔林港口公司。随着塔林老城被联合国教科文组织列入世界遗产名录，持续增长的游客也使得塔林港口公司在扩建客运港的同时考虑将滨水区和城市中心区联系起来。2016年，以塔林港口公司为主导，再次举行了港口和滨水地区的城市设计国际竞赛，征集面向2030年的滨水区发展方案。评委会成员包括塔林港管委会主席、塔林港基建部门负责人、塔林市总建筑师、爱沙尼亚建筑师协会的两位成员。

Zaha Hadid事务所赢得了竞赛的胜利，进入决赛的另两个方案分别来自一家英国事务所与塔林事务所Kavakava的联合体，以及一家独立参赛的塔林本地事务所Andres Alver（图8-3）。

相对而言，获胜方案更加国际化。评委会称该方案创造了包容、创新的海上门户，经过仔细设计的道路和交通方案在城市空间和港口区域之间建立了均衡的联系，对角线穿越的人行道形成了周边多样化的城市空间，现状展望以及物流和房地产开发分析也非

图8-3 塔林港滨水区优胜方案（上）及决赛圈其他方案（中、下）

（图片来源：Zaha Hadid Architects，Kavakava，Andres Alver）

常有力。但也有观点称方案与周边风貌并不协调。例如Andres Sevtsuk[1]认为，该方案建立了与塔林现状非常不同的建筑入口方式、所有权分割模式、街道风貌特征等，由于长期以来滨水区与城市其余部分缺少联系，这种形式上的区分不仅仅涉及审美偏好的问题，而且将进一步强化滨水区与城市其余部分的差异。方案优先考虑了该地区与Pirita区（主要的中产阶级郊区之一）的步行联系，与其他地区的联系相对较弱；方案中的高

---

① 塔林人，现任哈佛设计研究生院教授。

端住宅、高架步道也存在不利于社会融合的问题。

该计划目前尚未开始实施，最终能否顺利实现仍然有待时间的检验。

8.1.5 地方政府的推动力

在此案例中，地方政府基于城市可能获得房产及土地所有权进而出让开发权这一前提，积极推进再开发项目的实施；然而在实际建设中，由于地方政府尚未确定完善的整体发展策略，就急于与开发商合作实施更新计划，导致央地产权博弈的加剧，结局是地方政府仅获得了局部地块所有权。即便如此，市场导向下，地方政府着眼于提升经济竞争力、吸引外部投资、促进旅游业发展的目标，在无法获得全部土地所有权、PPP项目宣告失败的情况下，仍然退而求其次，出让了局部开发权，而不是继续争取其余土地所有权，或保留局部土地作为长期发展的空间。这在客观上导致实际建设项目缺乏整体、长期的策略的结果。在这一过程中，项目实际建设由开发商主导，规划只是起到了程序审查的作用，公共导向原则的约束作用极其有限；产权成为各方博弈的核心要素——中央政府通过批准或中止产权转移过程施加影响，地方政府的积极举措以获取产权为前提假设，开发商一旦获得局部产权就基本不受到规划的限制；地方塑造和社会效益不受重视，公众参与和社会力量缺位，地方政府也无力进行资源的再分配或减缓非均衡发展（Scott et al.，2012）。

中央滨水区更新的实践表明，地方政府在推动城市空间重组和扩张方面具有很强的内在驱动力，但对具体的发展策略缺乏切实考虑，存在"尽可能"推动建设项目实施的趋势。这在中央政府持有产权的情况下可能导致央地产权博弈，在地方政府持有产权的情况下则能推动短期内的城市快速建设，在一些情况下甚至忽视整体规划策略。

此外，这一案例也表明，虽然在地方自治的行政架构下规划属于地方事权，但通过产权博弈以及环境保护等方面的法定权利，中央政府在城市发展建设中仍然具有监督和公共干预的重要作用。由于地方自治和市场体系受到爱沙尼亚全社会的广泛支持，中央政府在绝大部分开发建设活动中并不会进行干预。但在类似塔林中央滨水区的重点区域和重点项目上，中央政府仍然具有相对地方政府的博弈优势。

8.2 北塔林区：政府/私人部门主导的棕地改造

城市更新与城市治理密切相关，需要公共政策、地方参与和私人部门相结合，共同促进地方发展。但当公共部门的话语权减弱，并未制定有力的发展策略和规划，社会公众的参与能力也相当有限的情况下，市场力量就主导了城市更新的进程。

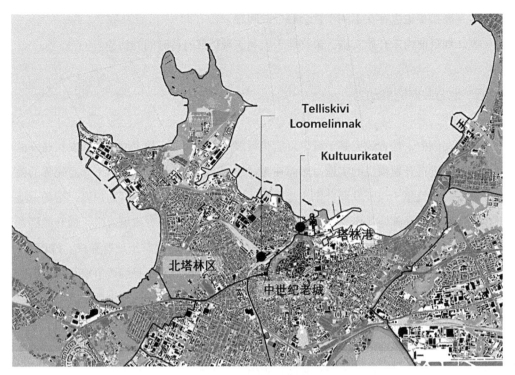

图8-4 案例项目区位

北塔林区位于塔林最北端，北部沿海地区大部分为港口、仓库和工业及军事用地，并不对公众开放。该地区还有老旧的铁路基础设施、苏联时期的行列式住宅和低层的传统住宅。案例所在的Kalamaja and Pelgulinna社区中主要是战前的传统低层住房，但附近紧挨着Pelguranna and Karjamaa社区的5层苏联行列式住宅。经历了苏联时期的工业移民、转型后的工业衰退和2000年以后的局部再开发，这一地区成为各阶层混合、种族多样化的区域。在城市更新的过程中，战前传统木质住房经历了局部绅士化，一部分工业建筑改造为文化创意产业和商业办公功能。其中标志性的城市更新项目包括私立的Telliskivi Loomelinnak创意园区，以及地方政府主导的再开发项目塔林创意港Kultuurikatel（Tallinn Creative Hub）（图8-4）。

8.2.1　Telliskivi Loomelinnak：私人开发的创意园区

1869年伴随波罗的海铁路工厂的成立，Telliskivi地区建立了第一个工业厂房，此后工业区迅速发展，在1940年代铁路电气化阶段成立了塔林电气工程厂。爱沙尼亚独立后，该地区被私有化，并在2009年建立创意园区，成为爱沙尼亚最大的创意经济聚集地。作为独立的商务园区，其占地25000平方米，由10栋建筑组成，园区完全归属于私人产权，并由某房地产企业运营和管理，向创意企业、非营利组织、艺术品店等出租房

图8-5　创意园区Telliskivi Loomelinnak改造前后对比

（图片来源：https://telliskivi.cc/en，https://www.visitestonia.com/en/telliskivi-creative-city）

产，目前已有超过200家企业和各类机构组织入驻。

作为一个文化地产更新项目，创意园区在项目入驻方面有所侧重，并创造了若干公共和半公共空间，吸引本地目标群体（图8-5）。由于工厂和港口长期占据北塔林区，这一地区原本的公共可达性非常差，因此半公共空间的创造为地方社会、日常活动和创意产业提供了可能的场所，具有关键的积极意义。逐渐发展的餐厅、咖啡馆、酒吧、展示场所、花园、小型博物馆等都成为公共生活的重要地点，同时该地区还定期举办文化市集活动，为人们提供了沟通、交流、活动的机会。

作为私人部门持有的地产项目，创意园区建设了向全社会开放的公共和半公共空间，但其主要目标在于推动消费活动和服务发展。通过高品质的公共空间获取社会支持、吸引更多目标群体、促进土地升值，成为这类房地产再开发项目和棕地改造项目的重要手段和发展路径。虽然以文化和艺术活动为主要立足点，但项目所有者对成本收益、市场有效性等方面的关注与一般商业项目是一致的。地方创造性更多地成为提升竞争力和增加外部可识别性的附加值，商业化导向下项目所有者更加关注精致化的空间形象以及对外部资源的吸引力，认为"自下而上的创意活动和本地创意产业培育存在巨大风险"。相比之下，房地产项目的成败显然比本地创意经济的发展更为关键。

基于此，创意园区项目的目标对象主要是年轻、高收入、活跃程度较高的群体，项目以其为核心提供服务，本地居住的俄语人口反而很少使用。周边小型社区的战前传统木质住宅也吸引了创意群体流入，出现绅士化现象，爱沙尼亚族年轻人成为主要流入人口。市场化导向下，该城市更新项目的地方影响在很大程度上来自于对地方群体的差别化对待，也就是基于经济因素考量的目标群体选择。

8.2.2　Kultuurikatel：地方政府主导的塔林创意港

塔林创意港由地方政府于2010年发起，作为欧洲文化首都项目"塔林2011"的一部分，旨在建立文化、创意产业和私人部门的融合环境，推动文创产业发展，举行商业和文化活动。其原址是始建于1912年的塔林中央火力发电厂。1979年火电厂停产，此后转为集中供暖厂，1990年代初期停用。2007年，火电厂烟囱及部分建筑被认定为建筑遗产，也就是后来的塔林创意港所在。1980年夏纳电影节获评审团大奖的爱沙尼亚电影《Stalker》曾在此取景，在某种程度上呼应了艺术和文化创意产业在这一工业遗址的发展[1]。

项目最初由本地艺术家、建筑师、创意人士发起倡议，但后来由地方政府接手，并与全市性的创意经济概念相联系，承担了更广泛的愿景。因此，该项目的规划启动过程非常缓慢，关键争议在于规划和改造方案应当更多地关注地方社区的权益还是更加倾向于市政府的意向，地方居民协会与市政府规划部门在片区功能、开放性和封闭性产生了规划纠纷（Pastak，2014）。

塔林创意港在重新装修工程尚未完工的时候就开始吸引文化活动。作为公共部门主导的再开发项目，良好的社会效益是塔林创意港的重要目标，同时城市形象的提升也是必然的要求，使得该项目专注于创意领域，并力图吸引高规格的活动。某本地小型创意企业在访谈中提到，申请活动场地时塔林创意港同意免费提供场地举办活动，但为了经济上的可持续性，免费场地仍然需要支付高达2500欧元的能源和电力费用，对小型企业而言，"2500欧元一晚的电费，根本不是免费场地"。项目管理者对高规格创意机构、组织、活动的偏好以及地方社区对话语权的积极争取，使得该项目既吸引了外来的企业机构和文化活动，同时也成为推动地方创意产业发展的场所（图8-6）。

市场化导向下，私人部门和公共部门主导的再开发项目都起到了吸引来访者、创造交流空间、发展社区网络的作用，但也在不同程度上寻求空间生产和项目声誉的提升，从而实现经济效益。文化创意经济在此更多地成为商业模式而非对地方社区的自下而上的创新精神的培育。

---

① 参见官方网站 https://kultuurikatel.ee/en/.

图8-6 历史上的塔林火电厂及改造后的塔林创意港

（图片来源：https://kultuurikatel.ee/）

8.3 不同开发主体的影响

转型期塔林的空间发展过程中，地方政府产权对城市更新和建设具有积极的推动作用，尤其是在项目启动和开发建设阶段。中央滨水区的案例表明，地方政府始终是推动再开发计划实施的重要力量：其在转型初期积极争取相关房产和土地所有权，但由于地方政府急于通过出让土地获得收益以及转型初期的政治动荡，导致了长期复杂的央地产权博弈；在无法获得全部土地所有权的情况下，地方政府选择了"尽可能"地出让局部用地，实现开发，在此过程中并未进行严格有效的总体规划约束。转型期地方政府倾向采取自由导向政策，积极推动城市建设，在一定程度上存在迎合资本的倾向，也存在缺乏长期整体战略、过于追求短期开发速度、公共基础设施建设乏力、无法有效协调区域均衡发展的问题。

对建成项目而言，地方政府所有和私人部门所有带来不同的发展导向。塔林的城市更新和发展一方面存在地方政府和居民改善社会空间问题的期望，另一方面也存在对经济效益的追求。北塔林区的案例表明，私人部门主导的项目主要追求通过外部资源的竞争获取经济收益，缺乏对本地群体需求的关注。而城市更新的成果既包含城市形象的提升，也包括公共和半公共空间的营造，因此实际上也可以产生一定的积极社会空间影响。公共部门或地方政府主导的项目更加关注地方社区，通过促进社会网络的参与加强影响力。但在自由主义导向下，地方政府行为也在一定程度上遵循市场原则，追求经济上的可持续性，协调非均衡发展的能力比较有限，因此其更新项目同时也可能导致城市空间的商品化。

更新项目具有高度的空间选择性，案例涉及的三个项目均位于老城附近。实际上在塔林转型过程中，资本往往选择更有潜力的局部地区，最迅速的更新发生在内城地区、中心区附近，交通便捷的战前木质传统住宅区的更新往往伴随着绅士化，工业棕地则被改造为功能混合的综合性城市景观。区域和城市非均衡发展加剧了传统住区、废弃棕地和社会主义住区的衰退，这些地区在转型后缺乏足够的关注和干预。

第 **9** 章

结论与讨论

从市场化进程中的城市发展议题出发，本书针对中东欧地区的转型发展，建立了基于"制度—社会—空间"的转型研究框架，并通过实证研究，多角度地审视了爱沙尼亚及其首都塔林在转型历程中以产权改革为核心的制度改革、以区域人口结构调整为核心的社会变迁、与社会主义时期相区别的城乡空间发展特征；通过探索性的空间分析，以产权结构、人口流动和空间增长为变量，对上述转型框架进行了初步的验证，解释了以产权结构为代表的制度转型及人口流动对城市空间增长的影响，尤其是地方政府产权的关键作用。在此基础上，通过塔林滨水区项目的案例分析，本书进一步探讨了地方政府通过产权因素在城市空间重组过程中的关键影响，以及中央、地方、市场各方面围绕产权的博弈过程。研究揭示了转型城市空间发展的特征和关键制度影响机制，可以对我国当前的空间规划和治理工作提供一定的借鉴、教训和启示。

9.1 主要研究结论

9.1.1 构建"制度—社会—空间"转型城市研究基本理论框架

社会—空间分析是城市研究的基本范式。在此基础上，通过对中东欧转型地区城市发展的实证分析，本研究发现制度改革是从计划体制向市场体制转型过程中城市社会过程和空间重组的基础，从而构建了"制度—社会—空间"转型城市研究基本理论框架（图9-1）。

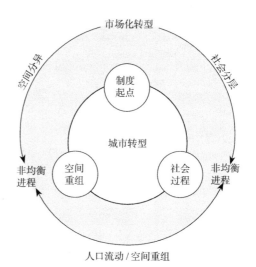

图9-1 "制度—社会—空间"的城市转型框架

对城市建设发展而言，土地所有制安排和产权结构调整是最关键的制度因素，但在更深的层面上，全面的行政体制、财政体制以及规划管理体制的分权化和市场化改革都具有深刻影响。在爱沙尼亚的发展过程中，行政体制、财政体制、土地管理体制的调整促使地方政府从"公共服务型"向"发展促进型"转变，深刻影响了地方治理逻辑。地方政府在地方事务上高度自治，土地所有权的央—地转移过程一旦完成，中央政府对地方的开发活动便无有效的干预手段，仅通过在生态环境和历史文化保护等方面的法定监督权起到约束作用。在地方发展中，私人产权所有者有义务缴纳土地相关税费，同时在交易、开发、建设各环节具有较大的话语权，公—私产权转移过程一且完成，地方政府对建设行为的管控措施也非常有限。规划更多的是协调不同产权所有者的权益，提供基础设施，对城市空间发展的战略引导和强制约束作用都比较有限。本书构建了"制度—社会—空间"转型研究框架，体现了市场化转型以制度变迁为起点，经历非均衡发展的社会过程，共同影响城市空间重组。其中相关行政架构、土地制度、财税政策、规划体系的政策安排之间彼此咬合、密切关联，体现了自由主义和市场导向的根本逻辑和价值倾向。

9.1.2　制度转型方面

在制度转型方面，土地所有权的地方化显著推动了转型城市建设活动的扩张。

以私有化和地方化为核心的产权改革、以地方自治为主体的行政体系、以产权所有者为核心的规划体系，共同形成了转型期中东欧地区空间发展的制度基础。在此过程中，权力转移包括两个主要方面：从中央政府向地方政府的权力转移，也就是分权或地方自治；从公共部门向私人部门的权力转移，也就是私有化或狭义的市场化。反映到产权结构方面分别是土地改革中的地方化和私有化。实际上前者相对而言对转型期间的城市发展建设和空间增长具有更显著的推动作用。

爱沙尼亚的实证研究表明：一方面，市场化体系下，产权破碎化土地的私有化水平提升对地方建设活动的增加并无显著的促进作用；另一方面，虽然地方政府所有土地的绝对份额小于私有化土地，但地方政府产权仍然对建设量和空间扩张具有持续、显著的正向影响，值得谨慎关注。

其根本逻辑在于，在转型阶段，城市发展经历剧烈的空间重组，其中土地成为各方参与、影响城市建设的主要载体。在市场化的规划管理制度安排下，产权成为核心——谁掌握了土地，谁就更多地掌握了城市发展的话语权。在转型推进的过程中，由于社会主义和计划体制的遗留，地方政府可以从中央政府申请获取原国有土地，这部分土地虽然在城市空间范围内绝对总量占比极小，但在微观上往往产权关系更为明晰、单个地块规模更大，因此其整体出让和开发主导了城市空间发展。地方政府出于其对于财政收入、城市发展、政治诉求等方面的考量，也存在极强的增长意愿。相对地，私有土地由于产权碎片化、整合难度过大、所有者互相牵制，实际上并不能形成一致、迅速的开发预期。因此，在爱沙尼亚，虽然地方政府所有土地的比例远远低于中央政府、私人部门，但由于地方自治背景下地方政府存在强烈的出让和开发意愿以及相当有限的约束，反而成为影响和推动城市建设最为显著的因素。

9.1.3 社会过程方面

在社会过程方面，资源要素流动和市场化配置使非均衡成为转型城市的显著特征。

转型过程也是中东欧城市和地区融入全球化"核心—边缘"体系的过程。市场机制下资本和劳动力具有高度的流动性，这在社会人口发展中就体现为高度的非均衡特征。

一方面，外来资本是中东欧地区转型发展的重要推动力量，这部分投资完全受市场规律支配，在空间分布上是极其非均衡的，高度集中在首都和大城市地区。资本的流动不仅直接促进空间生产进而带来城市扩张，同时对区域劳动力市场和人口流动也产生显著影响。实证研究表明，市场化转型背景下，爱沙尼亚人口的城市化和区域流动呈现复杂的特征和趋势：全域尺度上人口向大城市周边地区集聚，非均衡和极化发展持续加剧；更进一步从都市区尺度考查，人口区域集聚和扩散是同时发生的，更大范围的乡村人口向大城市集聚的同时，城市中心区域的人口也在进行郊区化扩散。伴随着产业结构重构、劳动力市场调整和外来投资的增长，区域人口在城市化率保持整体稳定的情况下仍然持续流动，并在一定尺度上表现出分化趋势，城市社会分异水平也在提升。

另一方面，转型后的城市规划和建设体系中，产权成为关键要素，规划管理体系的约束作用相对有限，产权所有者具有极大的话语权，公私部门都作为土地所有者参与城市发展进程。地方自治机制下，中央政府对开发活动的直接干预措施有限，央地博弈反映为土地改革中的地方化进程。由于大城市集中了更多的经济、人口资源要素，土地价值更高，需求更加旺盛，地方政府往往具有更加迫切的发展诉求和能力，希望通过土地的获取和出让加强市场供应、吸引投资，同时获得收益。在实际发展中，这加剧了区域尺度上的非均衡发展水平。

9.1.4 空间重组方面

在空间重组方面，新兴全球化空间和原有社会主义空间在转型城市长期共存，空间改造与融合发展成为重要挑战。

城市发展具有时间上和空间上的累积性。受土地利用逻辑转变的影响，转型城市发展呈现空间偏好的剧烈调整。从塔林的实践来看，路径依赖作用下，社会主义阶段的城市建设在转型初期第一个十年延缓了中东欧城市的社会空间分异进程，但在超过二十年的时间周期上，塔林的城市空间拓展方向和开发建设模式产生了显著的转变。

转型期的城市建设存在一些显著趋势，主要缘于产业结构调整、土地利用逻辑转变、居住结构转变，导致CBD等空间的全球化重现、内城工业用地的退出和再开发、郊区园区化和独立住宅的蔓延等。从空间布局来看，转型时期的城市发展空间偏好和重点建设地区大多是苏联时期受到忽视的地区，与此同时城市也仍有大规模社会主义住区等留存了转型前城市建成空间的部分成为与新兴资本主义空间的对照，只有局部区位优势显著的片区实现了较为积极的城市更新，其余社会主义空间的衰落、改造和发展成为转型城市持续面对的问题。在公共部门协调引导能力有限的情况下，这种迅速的空间发展转型也加剧了社会分异和种族隔离。

9.2 研究对我国城市发展的启示

当前我国体制改革不断深化、社会主义市场化建设逐步完善，爱沙尼亚作为转型地区的典型代表，既有可取之处，也有问题教训，可以为我国城市化发展和城市规划建设带来诸多启示。

9.2.1 转型是城市治理参与主体多元化的过程

转型是城市治理参与主体多元化的过程，地方政府和市场力量的加强能够有效地提升城市发展效率，但仍需要中央政府在生态保护和统筹发展等方面发挥协调管控作用。

在爱沙尼亚的转型过程中，随着中央计划体制向市场化体制的改革，地方政府在城市治理方面获得了极大的自主权，同时市场力量在城市开发建设中也发挥了显著作用。实践证明，地方政府主导、多元化主体参与在城市社会经济发展方面获得了总体上的成功。原因主要在于，相对而言，地方政府对于本地发展情况和需求更为了解，更有能力进行及时灵活的策略调整，联合社会力量在市场机制下参与城市发展实践。制度转型从根本上对中央政府、地方政府和社会力量在城市发展中的作用产生影响，从而进一步影响了城市发展实践。

这对我国目前空间规划工作的启示在于促进多主体参与的城市发展。中央城市工作会议也指出，应当"统筹政府、社会、市民三大主体，提高各方推动城市发展的积极性"，完善城市治理体系，提高城市治理能力。市场机制下，地方政府应当在城市治理中发挥主导作用，行政制度、财政制度、事权划分等方面应当相应进行政策调整，从而使地方政府在城市发展中获得自主权。

从爱沙尼亚的实践来看，在市场导向的规划管理体系下，如城市建设管理完全成为地方政府事权，传统城市规划对建设活动的实际约束能力将大大降低；由于对私人产权和发展权的保护，从城市规划领域出发，公共部门的博弈能力也极其有限；详细规划成为约束所有者开发建设活动的最根本的法定权力，但显然难以兼顾空间发展的长期战略效益。在这种背景下，生态环境和历史文化保护方面的法定权利在实践中成为中央政府干预实际建设活动的有效手段，形成了"以地方政府为主导，中央政府发挥底线保障作用"的框架。这一框架是适应市场体制的，也在实践中取得了总体上的成功。但爱沙尼亚的转型也反映出一定问题，主要是公共部门的干预和协调作用相对有限，这在城市发展中导致了基础设施供给不足、居住分异加剧和社会融合困难，成为爱沙尼亚转型城市面临的问题。

在当前我国的市场化转型背景下，央地事权、财权划分需要进一步提高制度体系的法治化水平，加强地方政府在地方发展中的自主性，与此同时，坚持中央政府对于地方空间发展的监督能力和底线约束作用，同样也是制度改革的关键。尤其是在环境保护、历史文化保护、社会保障等方面，地方政府的增长导向往往可能造成对短期经济价值以外的长期社会价值的忽视。因此，在发挥地方发展自主性的同时，针对地方政府的增长导向治理逻辑，中央政府必须起到底线保障作用。在传统的城市规划以外，需要通过生态、历史领域的政策工具，加强中央政府底线保障和协调管控能力的建设。

9.2.2　土地产权结构调整是转型城市发展的关键因素

土地产权结构调整是转型城市发展的关键因素，地方化—私有化过程中的土地出让收益是地方政府获得阶段性资本积累的主要途径，但可能带来增长导向治理逻辑下的过度扩张和低水平建设，在制度设计上需要通过中央政府的监督权加以约束。

爱沙尼亚产权改革和城市建设的实践表明，从中央、地方、私人部门的产权类型角度，地方政府产权虽然所占比例最低，但对于城市空间增长的积极影响却是最为显著的。塔林中央滨水区更新的案例进一步揭示了这一现象背后的逻辑。计划时期城市建设用地均为中央政府所有。此后在转型过程中，除了向原始土地所有者归还产权等私有化途径以外，地方政府还通过向中央政府申请产权转移而获取低成本城市土地，再通过土地所有权或使用权的拍卖实现土地私有化，同时获得财政收入，进行城市建设和公共投资，或通过合作开发引入社会资本，实现城市空间扩张和建设项目的落地。

也就是说，地方政府在城市土地产权转移和出让的过程中有机会获得高额收益，这是转型阶段地方政府经营城市的重要资本来源，同时地方竞争又大大加强了地方政府的增长导向治理逻辑。因此，土地制度和规划管理体系的市场化改革使得地方政府对城市空间发展具有更为显著的扩张诉求和推动作用。实践表明，这种机制在一定程度上阶段性地解决了城市转型过程中开发建设的地方资金积累问题，在城市发展中起到了积极作用，但也存在城市空间过度扩张、社会效益受损的问题。尤其是在土地产权转移和出让开发过程受到外来限制或宏观经济影响的情况下，地方政府可能为了财政收益而缺乏战略考量，导致低水平建设，这在中央滨水区的再开发中得到了典型的体现。

对我国而言，国有土地有偿使用制度实行以来，土地财政也已然成为地方政府基金性收入的主要部分，在过往的城市发展中起到了积极作用，但进一步的扩张显然也不可持续。在未来的深化土地制度改革，尤其是农村土地制度改革中，也需要地方政府在国有土地和市场主体之间建立产权转移的渠道。在此过程中，中央和地方之间的土地所有权、开发权、使用权转移与收益划分的制度设计和政策安排必须谨慎对待。

在转型城市发展中，土地出让是地方政府获得阶段性资金积累的重要途径，也对地方政府和市场力量参与城市建设发挥了显著的激励作用。但从长期来看，需要注重平衡地方政府在开发建设中的积极意愿和对城市整体发展的战略调控作用，避免在短期利益诉求下推动城市空间过度增长。

9.2.3　市场和政府在城市转型中需要共同协调发挥作用

市场和政府在城市转型中需要共同协调发挥作用：一方面，通过市场机制提升资源配置效率，发挥激励作用；另一方面，通过政府公共干预保障社会公正和公共利益，实现长期、整体的城市系统优化。

市场在城市发展中的作用，在爱沙尼亚的实践中得到了充分的体现。爱沙尼亚的转型过程采取了全面、彻底的市场化路径，相关制度改革和政策安排都遵循这一整体导向，其经济自由化水平已经超过大部分西欧国家。在转型初期的发展困境和2008年的全球经济危机中，爱沙尼亚遭受了严重打击，经济显著衰退，但仍然采取紧缩财政政策，拒绝公共投资扩张，最终实现了恢复增长。反过来，上述发展经验也进一步强化了市场化在其政策安排中的核心地位。在城市空间发展方面，由于爱沙尼亚的开发建设活动高度依赖外国投资，因此也受到外部经济环境的显著影响。首都塔林的土地开发活动、城市建设量、房地产价格在经济扩张期间飙升，甚至出现投机性需求导致的过度开发，在经济危机后又显著萎缩，也是其整体经济衰退的重要原因之一。这种情况下爱沙尼亚仍然坚持市场化机制，从最终结果来看，城市建设活动经过一定打击后也得到了逐步的恢复。

市场规律的作用和人口自由流动还带来了社会分异的加剧，这是转型地区的普遍现象。与计划体制住房分配体系下的集体主义导向的混杂、平均的城市空间模式不同，市场化发展中的城市社会分异模式实际上来自于不同群体的选择偏好和购买力的差别，是各个社会阶层通过城市空间博弈实现"各得其所"的结果，也是市场化转型下城市发展的必然趋势。

社会分异本身是一种市场化条件下的客观现实，但在实际发展中往往与社会隔离和贫困问题联系在一起，从而导致城市发展方面的消极影响。这与地方发展的具体情况息息相关，在爱沙尼亚，与社会分异相联系的主要问题是本地民族群体与俄语群体的隔离影响社会稳定性；整体人口收缩的情况下，俄语群体难以融合，造成这部分人口就业能力有限，加剧了整体劳动力市场的供给不足；贫困俄语人口聚居的社会主义住区衰败导致城市建成环境恶化。几方面因素互相交织，与社会分异问题紧密联系在一起。

在此情况下，爱沙尼亚的政策响应关注社会文化融合、少数群体尤其是青年人口的教育和培训、社会主义住区改造。总体而言，其在政治融合、劳动力和语言培训等方面取得了一定成效，但由于种族分歧和历史原因的影响，相关问题仍然长期存在，市场化导向下一些提高改造效率的政策也牺牲了社会公平，反而在局部加剧了分异水平。

上述完全市场化的发展历程既有经验，也有教训，教训在于完全市场化，放弃公共干预造成经济社会发展和城市建设的剧烈波动，在外部经济环境恶化的情况下加剧损失，经验在于市场规律下城市发展也存在其自身逐步恢复增长的能力。在我国完善中国特色社会主义、深化体制改革的过程中，随着住房市场商品化水平的提升、户籍管理制度的进一步放开、劳动力市场市场化的推进，社会分异也已出现，并将成为城市发展的客观趋势。从中东欧地区转型的普遍规律来看，一定的分异水平是可以接受的，无需坚持过度的平均主义和机械的混杂居住模式。政策响应需要因地制宜，应当关注的问题在于分异水平加剧是否影响了各阶层的社会文化联系，城市规划管理也尤其需要关注城市地区，尤其是贫困人口聚集地区的建成环境。

2015年中央城市工作会议指出，要尊重城市发展规律；城市和经济发展两者相辅相成、相互促进。党的十九大报告也指出"经济体制改革以完善产权制度和要素市场化配置为重点，实现产权有效激励、要素自由流动"。从爱沙尼亚市场化转型的实践经验来看，我国的城市建设发展中需要更加尊重市场规律，发挥市场的激励作用，提升发展效率，"使市场在资源配置中发挥决定性作用"。

与此同时，政府在城市发展中的作用也不容忽视。

城市是一个复杂系统，其发展需要一定的预判和长期安排；规划作为城市系统优化的工具，在市场机制下仍然具有重要的价值。

在爱沙尼亚转型初期的十年，由于全社会对自由市场的绝对支持和对公共干预的否定，规划作为一种公共政策工具受到舆论的批判，在城市发展建设中基本缺位。规划管控和公共干预的缺位带来了土地投机性需求的增加、城市病的加剧。从首都塔林的发展过程来看，完全市场机制下，地方政府虽然从土地升值和税收中获得收益，但不完全足以支付提供基础设施和公共服务的公共成本，导致一定程度的供给不足，带来严重的道路拥堵、基础设施投资乏力等问题；人口郊区化外流导致的外部性问题使得跨区域发展难以协调；市场主导的土地开发和建设项目也往往存在极强的投机性，忽视城市发展整体安排和长期战略价值。虽然其城市发展中的种种问题使得规划的合法性在2000年以后得到了重新认识，但仍然由于路径依赖而无法发挥有效作用。

爱沙尼亚200余个地方行政单元的空间统计分析也表明，自由市场条件下，城市人口收缩也并不一定意味着建设活动和基础设施供应压力趋缓。自由市场机制下，相当一部分空间单元在人口总量收缩的同时，城市仍然持续扩张，建设量增加；并且随着郊区化的推进，人口流动和新增建设量，尤其是非住房建设量表现出负相关关系，这意味着单元人口流出越多，新增建设量反而越大。尤其是在首都塔林及其周边地区，随着区域化发展和通勤辐射范围的扩大，常住人口总量的下降并不意味着城市建设压力的下降，反而更有可能形成新增产业空间集聚与人口居住郊区化扩散的局面，这将进一步导致职住分离加剧、通勤距离延长、交通持续拥堵、基础设施供应负荷加大等一系列问题。

目前，我国的北京、上海等特大城市都提出了控制人口总量的目标，近年来其中心城区人口也的确得到了一定的疏解。然而，塔林的实践启示我们，随着区域化的发展，市场化机制下中心城市常住人口的收缩可能意味着就业人口通勤辐射范围的扩大，这将带来更大的建设需求和交通基础设施供给压力。在这种局面下，政府在规划管控的公共干预尤为关键，调整城市空间布局、控制开发强度的现实压力将始终存在。从这一视角来看，城市规划根植于社会经济发展现实和政治制度基础安排，是城市发展现实条件下的一种路径选择，本质上是一种公共干预的调控措施。爱沙尼亚的情况表明，这种调控措施在市场化、资本化、私有化的背景下，仍然不可或缺。

总体而言，在城市转型过程中，市场能够有效发挥激励作用，提升资源配置效率，形成城市发展的地方化路径；政府则能够关注长期的战略目标、国家和区域层面的战略需求，在更大范围的时间和空间尺度上发挥协调作用。二者并不是非此即彼的博弈关系，而应当在城市转型发展中各自发挥重要作用，任何一方的缺位都将带来城市发展问题。在此过程中，规划作为城市系统优化和统筹发展保护的关键手段，具有重要价值。

9.3 主要创新点

9.3.1 建构了基于"制度—社会—空间"的转型城市研究理论框架

本研究将转型研究领域的制度分析与城市研究领域的社会—空间分析相结合，建构了基于"制度—社会—空间"的转型城市研究理论框架。

以往关于中东欧地区的转型研究，往往以政治经济领域为核心进行分析讨论，在地理尺度上以地区和国家层面的宏观范围为主，对城市问题关注有限。而在城市研究领域，社会—空间分析是基本范式，制度要素分析更主要关注土地管理、规划政策和城市治理等方面的安排，更深层次的制度设计往往作为背景因素处理。

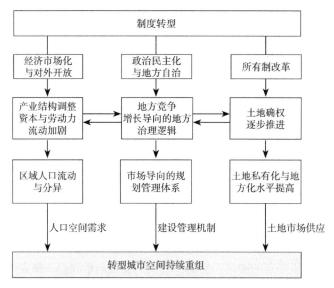

图9-2　制度转型对城市空间重组的影响机制

随着中东欧转型实践的持续推进，城市空间重组在现阶段逐步成为地区发展的新的关键特征，开始引起学术关注。在此背景下，本研究将转型研究领域的制度分析与城市研究领域的社会—空间分析相结合，以制度、社会、空间的多元视角认识转型过程，建立了三大要素之间的系统联系（图9-2），较以往研究有所突破。

制度转型为社会发展过程和城市空间演进提供了根本基础，并带来了持续影响。具体来讲，一方面，制度转型通过对外开放、投资和产业结构调整带动劳动力市场分化，推动了区域人口流动和社会分层，社会人口和产业结构的调整进而带来了城市空间需求的剧烈变化；另一方面，制度转型尤其是行政体系和财税体系的分权化使得地方政府向发展导向治理逻辑转变，土地所有制和规划管理体系的改革也带来了土地开发逻辑的转变，上述因素共同作用，推动了转型城市空间重组。

9.3.2　以产权结构为核心变量进行定量验证

本研究以产权结构为核心变量进行定量验证，深化了对制度因素在转型城市社会发展和空间重组中作用机制的认识。

在城市发展研究中，社会经济要素和物质空间要素的定量研究比较丰富，相对而言制度要素受制于量化指标的限制，相关实证研究多以抽象解析和逻辑演绎为主。本研究在实证环节以产权、人口和空间增长为核心变量，通过空间计量对基于"制度—社会—空间"的转型框架进行了定量的验证，利用中东欧地区土地改革持续推进的实际情况，以产权结构为指标，反映制度转型对城市空间增长的影响，初步突破了上述局限。

研究表明，产权改革持续深入的过程中，地方政府所有土地在绝对比例上始终低于私人部门所有土地，但相对而言前者对城市空间扩张具有更显著的推动作用。这揭示了制度转型中，地方自治的行政体系和市场化条件下的地方竞争深刻影响了地方政府的城市治理逻辑，对其增长导向具有显著的激励作用。在从计划体制向市场体制转轨的过程中，由于城市土地所有权的转移和开发逻辑的转变，这种激励作用大大加强了地方政府向中央政府申请产权转移和向私人部门进行开发权出让的诉求，并在实践中与国内外投资需求相结合，成为推动转型城市空间增长和扩张的关键机制。

9.3.3 从转型城市发展规律的角度为我国城市发展中政府和市场的作用提供启示

以爱沙尼亚为代表的中东欧地区，从转型城市发展规律的角度，为体制改革深化背景下我国城市发展中关于政府和市场作用的讨论提供了新的启示。

正所谓"他山之石，可以攻玉"，国际研究长期以来始终是城市发展和规划研究的重要内容。但我国既有相关研究的主要关注地区大多集中在西欧、北美发达国家及日韩和东南亚国家等，对中东欧地区的研究极其有限，仅有个别关于社会分异情况的综述类文献。本研究从当前我国市场化水平不断提升、体制改革深化、城市化进程持续推进的城市发展现实出发，认识和捕捉到转型期城市空间发展这一研究命题，进而着眼于中东欧地区的独特发展历史和转型阶段实践，系统地对爱沙尼亚及首都塔林的转型过程进行了多视角的剖析。研究期间，作者前往爱沙尼亚进行了累计十个月的实地调查，并在本书中对其转型过程中制度变革、人口流动和空间发展的过程进行了系统分析，是我国城市规划领域对中东欧地区研究的创新成果。

与爱沙尼亚及中东欧的转型研究的结合，加深了市场与政府在城市转型发展中作用的认识，明确二者并不是"非此即彼"的博弈关系，而应当各司其职。市场能够有效发挥资源配置作用，提升发展效率，政府的公共干预在市场化条件下也仍然具有关键价值，是城市系统优化的必要工具。这回应了当前国内相关问题的讨论。

9.4 不足与展望

中东欧地区二十余年来处于剧烈的转型发展中，城市发展方方面面的实际情况显然比理论模型更加丰富复杂，本书也仍存在诸多可改进之处，在日后的研究中有待进一步完善。

①对爱沙尼亚的转型历程进行系统回溯和解析。此前国内城市规划和城市研究领域很少关注中东欧地区，对爱沙尼亚的研究更是极其有限。本书在此方面进行了初步的开

拓和积累，但仍缺乏更长期的学术观察和数据积累，在此基础上仍需开展更深入的研究工作。尤其是针对其社会主义时期的发展历史情况，由于研究范围所限，本书仅进行了简要的分析和讨论，实际上这一阶段的发展，尤其是城市建设是后续发展的重要基础，路径依赖作用也仍然存在一定影响，能够与转型期间的发展实践形成比较和对照，在未来研究中可进行更多的讨论。

②在东、西欧比较的语境下，中东欧地区十余个国家在转型阶段的空间发展整体上存在一定的"转型特征"（详见附录），但在具体的产权改革模式和推进速度、城市物质空间基础和发展策略、人口流动趋势等各个方面，不同地区也存在着差异性和多样性，华沙、布达佩斯、布拉格、维尔纽斯等主要城市在相关领域的国际文献中都受到了一定的关注。考虑到研究广度和深度方面的取舍，本书的实证分析主要限于爱沙尼亚和塔林周边地区，尚未对更大范围的中东欧地区加以涉及，对转型发展问题的认识存在一定局限性。

③对其他社会经济要素可进行更深入的观察和讨论。本书核心在于建立和验证中东欧地区的"制度—社会—空间"转型框架。社会经济要素在城乡空间发展中存在的普遍影响一直以来都受到较为广泛的关注。相比之下，对中东欧地区而言，"制度"是这一地区转型进程中的关键要素，也是这一地区在学术研究工作中的独特价值所在。因此，本书更多地对制度转型进行了相对全面、系统的挖掘，制度要素与其他方面要素的互动及其定量分析也是本书的主要创新点之一。但在社会要素方面，本书主要以各尺度、各时段的人口流动数据构建空间数据信息，而其他方面的社会经济要素主要作为控制变量和背景分析，并未进行更深入的讨论。

附 录

附录一 转型相关数据来源

名称 / 类型	资料来源
爱沙尼亚历史统计数据（1989年以前）	Ajaloolised Nopped https://www.stat.ee/pp-ajaloolised-nopped
爱沙尼亚区域统计数据	Eesti Statistika，piirkondlik portal https://www.stat.ee/pp
爱沙尼亚人口和住房普查数据	Statistika andmebaas http://andmebaas.stat.ee/Index.aspx?lang=en
爱沙尼亚建设量及房地产发展数据	Statistika andmebaas http://andmebaas.stat.ee/Index.aspx?lang=en
爱沙尼亚房产交易数据	Maa-amet，Kinnisvara hinnastatistika päringud http://www.maaamet.ee/kinnisvara/htraru/FilterUI.aspx
爱沙尼亚经济发展与市场化数据	World Bank Open Data
爱沙尼亚私人部门经济发展数据	ERBD，European Bank for Reconstruction and Development
爱沙尼亚法律法规	Riigi Teataja https://www.riigiteataja.ee/en/
哈留县相关规划	Maavalitsus http://www.maavalitsus.ee/harju-maakonnaplaneering
塔林统计年鉴	Tallinn.EE https://www.tallinn.ee/eng/Yearbooks-and-Statistics
塔林规划审批数据	Tallinna Planeeringute Register https://tpr.tallinn.ee/GeneralPlanning
塔林地方政府会议纪要	Tallinna õigusaktide register https://oigusaktid.tallinn.ee/?id=3001
中国经济发展数据与对外开放数据	World Bank Open Data
中国非公有制经济发展数据	相关各省份统计年鉴及经济统计年鉴
中国城市建设与土地财政数据	中国城乡建设统计年鉴

附录二　2000年塔林城市总体规划节选[①]

2. 总体规划指南

2.1　塔林规划的总体目标

①促进城市总体发展，降低投资风险，为塔林的快速发展和提升竞争力作出贡献。

②加强前军事工业用地和部分开发地区的发展，促进城市紧凑发展和现有基础设施的有效利用。

③以世界遗产塔林老城和周边水域作为最重要的城市设计要素，保护城市历史环境和文化遗产。

④发展港口、铁路和机场，重点保障安全降低风险，扩建客运港口并改善其可达性。

⑤在人口总量基本稳定或略有增长的情况下，提供多元化的住房供给，规划新的住房建设，维护改造老旧的行列式住区（社会主义住区）。

⑥专业化产业园区和居民住宅区都为企业提供发展机会；利用工业用地改造代替建设新的工业区，在外围规划新的住宅区及周边商业区。

⑦将中心区在贸易和服务方面的部分功能疏解到新区和居住区，通过在居民区创造新的就业机会促进职住均衡，将中心商业区向港口拓展。

⑧发展公共交通，保留改善市中心交通条件的可能性，预留北部新的主要道路。

⑨将开敞空间、休闲区与沿海的自然区域结合起来，形成互相联系的绿色网络，保护自然和文化遗产，保障新建活动与周边环境的兼容性。

⑩提高前军事工业用地和沿海地区的土地使用效率，将货运港口转移到Kopli地区，从而改善城市景观和空气质量，降低噪声水平。

⑪促进可持续发展，提高土地利用效率，提升能源资源使用水平等。

2.2　现状分析和发展趋势

根据爱沙尼亚跨学科模拟研究中心编制的3种塔林人口预测情景，总体计划起草的基础是全市人口达到44万人。人口预测可能存在一定误差，但从总体规划的目的来看，这种误差是被允许的。虽然塔林居民人口预计将保持稳定，但家庭规模将持续缩小。

与爱沙尼亚的其他地区相比，塔林的就业水平较高。其一方面是由于大型商业活动

---

① 《2000年塔林城市总体规划》原文为爱沙尼亚语。全文共12章，这里节选了第2章及第3章关于总体发展的重点内容。第1章为《规划法》关于城市总体规划的相关规定，第4～12章主要是关于具体的技术内容，包括市政线路、港口铁路、环境保护等方面。

的资本集中和新创立企业的快速重组；另一方面，良好的投资环境、便捷的对外交往和较高的劳动力素质，也使得经济活动人口集中在首都。从总体规划的角度来看，要关注生产行业就业人数的下降和服务业的持续增长，随着上述调整持续推进，塔林的就业结构已经接近典型的北欧城市。

塔林市中心的就业场所过度集中，当地居民有2/3集中在行列式住区，导致大量交通流量集中在市中心，部分车辆超载，造成空气污染。市中心的功能集聚仍将持续，但在其他地区也将形成越来越多的商业、服务业设施。

塔林及其周边地区一直是爱沙尼亚唯一的外资投资中心。尽管竞争加剧，外国投资者在塔林收购或建设生产服务和批发零售公司的兴趣却并没有减少。但外国投资者的背景已经改变，过去几年小企业更为活跃，而目前大型跨国企业逐渐活跃起来。预计市中心需要建设新的大型写字楼。

塔林是波罗的海最大的货运和客运中心之一。从航行安全和经济的角度来看，塔林港口几乎全年免费，这一点非常重要。在塔林长46.2公里的海岸线上，有16个大小不一的港口。

目前过境货物占塔林港口吞吐总量的2/3，港口货物周转量达到2700万吨/年，过去五年几乎翻了一番，未来几年仍将持续增长。

在塔林的经济发展中，旅游业占有重要地位，从业人口约占总人口的10%。预测显示游客人数将继续增加。旧城港口的客运设施扩建将提高客轮停泊数量，将有越来越多的企业专门从事客运接待和相关的滚装货物处理工作，而传统货运业务大多转移到其他港口。

塔林还拥有爱沙尼亚唯一的国际机场，其经过重建已经符合国际要求。与其他欧洲首都相比，塔林机场区位独特，距市中心仅3公里。1995年跑道改造后，机场总长3070米，宽65米，可供几乎所有类型的飞机起降。

塔林拥有爱沙尼亚最大的铁路站点，也有国际客运列车连接，但近年来国际线路的份额大幅度下降。塔林附近的爱沙尼亚铁路允许俄罗斯货运列车直接到达爱沙尼亚货运港口，无需额外的程序，这是一个显著优势。

计划将货运港口转移到帕尔迪斯基[①]南港，需要预计随之而来的大量交通流量，计划从塔林建设铁路线路连接Saue–Männiku–Aruküla方向。

塔林周边地区包括哈留县的Viimsi、Jõelähtme、Raasiku、Rae、Kiili、Saku、Saue和Harku（均为乡村行政单元）以及Maardu和Saue等城市，除塔林之外，这些地区集中

---

① Paldiski，是爱沙尼亚哈留县的另一个城市，位于塔林以西45公里，芬兰湾南岸，曾是苏联核子潜艇训练基地，并建有两个核反应堆。

了哈留县其余人口的接近90%。不久的将来，其中一半以上的工作年龄人口将被位于塔林的公司雇用，塔林的服务机构（贸易、医疗、行政等）和教育机构也将为他们提供服务。塔林与周边地区的潮汐通勤在高峰时段交通流量中占重要部分。

根据规划，塔林郊区的乡村地区有约9000个住宅地块，建设后将形成5000个适宜全年居住的独立住宅（包括临时度假屋改造等）。另外，根据塔林周边城市和乡村的综合规划、发展规划和哈留县规划方案，在城郊地区现有及新建的若干购物中心为建设大型低密度居住区提供了条件。塔林周边地区有近14000个规划新建住宅，按规划容量预计，将有大约5万人居住。其中大多数是目前塔林地方财政高度依赖的纳税人。上述发展计划是与塔林的利益相冲突的，需要在塔林郊区重建低层住宅加以应对。在地方总体规划的层面上，塔林发展的最大潜在威胁之一就是居民分散到周边地区，从而导致税基的削弱。

塔林与周边地区之间的联系对于塔林的市政基础设施，特别是供水和排污系统具有重要作用。塔林地表水汇水面积占哈留县2000平方公里面积的95%，包括Vaskjala大桥和水库、Pirita–Ülemiste运河、Jägala–Pirita运河，上述系统的卫生保障是塔林的首要任务。一些周边地区已经连接到塔林的供水系统（Maardu、Miiduranna），或者计划在未来连通（Loo、Peetri）。塔林污水收集系统也与Laagri、Saue、Saku、Männiku、Tabasalu、Harkujärve、Miiduranna、Haabneeme和Viimsi有联系。未来需要考虑将一些郊区住区连接到排污系统。

塔林的电力线路以及一些主要的变电站（Kiisa、Laagri、Harku）、供气设施和燃气站（Loo、Raudalu）以及塔林最重要的热力和电力来源之一——Iru热电厂都位于周边地区境内。

鉴于塔林与周边地区在城市正常运作中的联系十分重要，根据2000年人口普查数据，有必要根据塔林总体规划和哈留县计划，为塔林及其周边地区制定统一的发展计划，具体规划和统筹安排塔林及其邻近城市的共同利益和未来发展。

总体规划预计当前经济增长将持续。根据人口预测，塔林居民人数将稳定在44万人左右。其中老年人口比例将增加，儿童人数将减少一半；家庭数量增加，规模缩小。

从住房建设和社会服务的角度来看，这意味着住房需求将不断增加，幼儿园和学校的数量减少，在一些地区可能需要减少入学名额并增加老年人福利服务。住房需求的增加一方面来源于住户数量的增加，另一方面是由于居民人均居住面积的增加——目前人均21~22平方米，随着经济形势的改善，据预测，塔林新建居住建筑总面积可能达到0.5万~0.7万平方米。

规划写字楼建筑增长50万平方米，门店总面积将翻一番。根据办公、商业中心建设的详细计划，建设总规模扩大到150万平方米，肯定能够满足未来十年的建设需要，但也存在在尚未发起详细规划的其他地区进行建设的可能性。

塔林包含埃伊纳岛在内的总面积是158平方公里，未建设的土地约占1/3，其中一半适合建设，其余为水体和绿化。

塔林机会用地   表1

所在区域	具体地区	土地产权归属
Haabersti区	Pikaliiva、Kakumäe半岛和Astangu前军事占领区	大部分是私人土地
Põhja-Tallinn区	Paljassaare半岛	中央政府所有
Lasnamäe区	Lasnamäe总体规划中的Tondiraba中心区域的住宅区	部分中央政府所有，部分地方政府所有
	Väo karjäär	中央政府所有
Pirita区	Lepiku和Laiaküla之间以及Merivälja和Mähe之间的区域	大部分是私人所有

目前，塔林市地方政府所有土地约占全市面积的5%，其中绝大部分已经建设完成。在较大的住宅区域中，Lasnamäe地区主要由地方政府所有，Pirita和Haabersti地区为私人所有。

3. 塔林城市发展基本要点

3.1 可持续的空间利用

城市环境面临的主要问题是在基础设施完善的地区，即使是市中心也存在大规模的未经规划的低强度地区。因此，尽管城市建成地区广阔，城市居民却被分散到周边地区的新型邻里社区。

总体规划的概念基础之一是城市空间结构以及重要元素的可持续利用和发展，以实现整个城市和局部地区的社会平衡和多样性。规划将支持塔林作为商业发展中心、旅游目的地和居住地的竞争优势。城市空间发展规划主要基于塔林现存的空间结构和现有的详细规划、城市战略发展规划、国土经济发展主要方向和环境战略。

塔林总体规划的主要概念是提升现状建成区的使用强度，并开发空闲和未完全改造的区域，包括在港口周边的市中心开发区和距离市中心较远的工业区，以及规划主要用作商业用地的前军事工业区。

最大的、未经改造的、适宜建设的用地位于Pirita区的Mähe与Merivälja及周边，以及Haabersti区的Pikaliival和Kakumäel。原计划Lasnamäe区的公寓也尚未建成。Astangul和Paljassaare的前军事区被认为是可建设的储备区，后者在与港口活动有关的业务发展方面具有巨大的潜力。

重建区包括北塔林和个别地区的一些衰退住宅小区，以及Mähel和Kakumäe的临时度假房区域。Lilleküla现有居民区的密集化是可能的，但其以大块土地为代价，而在Nõmme则是小范围的。

维鲁（Viru）广场和老城之间是一个更大的紧凑型开发区。围绕铁路轨道的市中心周边发展区是一个配套贸易、服务、文化体育设施的开发区。由Ehitajate、Tammsaare、Järvevana公路，圣彼得堡公路和Mustakivi公路围合成的连接城市西部和东部地区的所谓"外围发展区"将继续建设一系列大型商业服务中心以及新的公共服务设施。这一地区毗邻居民区，交通便利，将新增大量的就业岗位。

未来十年的发展重点是按照欧洲标准组织公共服务设施，并改造废弃的市政基础设施，尤其是道路和污水处理设施。规划将形成具有吸引力的城市中心和全域范围内广泛的海岸线体系。

3.2 塔林作为独特的、历史悠久的海滨小镇

塔林老城被联合国教科文组织列入世界遗产名录，是塔林的文化中心、城市名片和城市中心的活跃区域，必须保持上述地位，必要时可以根据周边地区的发展需要进行维护。总体规划强调新建筑物需要满足高度限制，以避免影响老城轮廓的可见性。

为了恢复城市与海洋之间的历史联系，综合规划预计，市中心将扩展到卡拉马加（Kalamaja）港区，开放原先封闭的海滨地区，将现有的商业港口改造为客运和休闲港口，并逐步将其扩展到开放的城市空间。中心港区重建的先决条件之一就是拆除和改造通过卡拉马加旧港的铁路支线。

除了老城之外，丰富的自然景观和文化价值也是塔林的特色，总体规划划定了文化价值区域，新建建筑必须以现存的城市空间结构为基础。

3.3 减轻市中心的交通负荷

多年来，塔林交通的主要问题之一一直是城市西部、东南部和东北部地区缺乏联系。为此，南北线路已经在几年前计划好了。总体规划计划了北西两条轨道小路及建设用地。这有助于减少通过市中心的交通流量，实现城市不同地区之间的职住均衡。

总体规划还规划Rävala大道向两个方向延伸，与向塔尔图和派尔努的高速公路相连接，从而减少派尔努路上从维鲁广场到Tõnismäeni区间的机动交通流量，并将活跃的步行区从老城向南延伸。

总体规划已经预留了公共交通走廊，用于发展轨道客运，并决心在市中心限制小汽车通行，划定以行人和公共交通为主的通行路段。

3.4 将绿地连接到绿色网络

除了建筑物外，塔林境内的公共绿地都包括在绿色网络内（于莱米斯特湖保护区除

外）。根据上述原则，总体规划中的绿地已经并入同一个的绿色网络，也包括自行车、徒步及滑雪路线，并与城市绿地相连。随着土地改革后塔林公共景观面积的下降，较大的绿地都位于过去重要的休闲地区，如Kloostrimets、Nõmme-Mustamäe公园、Stroomi森林、Pääsküla-Harku沼泽和Raku湖。

3.5 建立一个均衡的中心网络

塔林市中心是整个爱沙尼亚的行政服务中心和贸易服务网络中心，政府、文化、金融、商业等方面的重要机构和企业总部大部分坐落于此。中心商业区将继续向港口方向发展，包括Rotermann区和老城港口，以及通向Liivalaia街的Tartu路。在这个地区，酒店、写字楼和百货商店的建设正在发展，靠近港口的地区在未来几年有可能成为贸易发展的优先地区。通过Rotermann街区和维鲁广场计划新建一条步行街，通过塔尔图路的旧路段延伸至Liivalaia街。

塔林总体计划的原则是将大型购物和服务中心集中到市中心周边发展区和城市北部的Haabersti、Mustamäe和Lasnamäe等居民区，加强社会服务和休闲娱乐功能，形成具有广泛影响力（Haabersti和Lasnamäe）的地区中心。

区域中心的规划选址旨在建立一个网络，能够辐射就业和居住集中区，既适合普通居民，又兼顾开发商利益，交通便利，公共交通可达性良好。目的是鼓励市中心周边地区的集中发展，并在大型居民区附近创造新的就业机会，最终使服务更贴近居民区，减少交通压力，从而扩大商业设施的服务范围，同时减少居民不必要的交通时间，最终增加城市生活方式的效益和吸引力。这种发展思路的有效性在三家新建购物中心的实践中得到了确认，其选址符合总体规划的理念。

未来最大的区域中心将是Haabersti中心和Lasnamäe的Tondirab，由于它们沿着城市主要公路的有利区位，服务范围可以延伸到较大腹地。根据总体规划，这些中心除了贸易和家政服务之外，还包括一些文化、体育和休闲活动以及社会公共服务设施。

Mustamäe区的中心是Kadaka购物中心，Pirita区和Nõmme区现状已有商业中心。Kristiine区的中心位于Endla街，Põhja-Tallinna区的中心是位于Sõle街边缘的Pelguranna住宅区，远期可能有波罗的海站区（Balti Jaama Piirkond）。塔林北部缺少当地中心，不足的服务由塔林市中心部分弥补。

在总体规划中不考虑规模较小的分中心，但是原则上是要在次级区域和详细规划中建立一个服务半径最优的分中心网络，结合已经部分建成的社区中心网络。

总体规划并不排斥其他地区出现新的购物中心，但原则上选址要避免偏远的工业区。

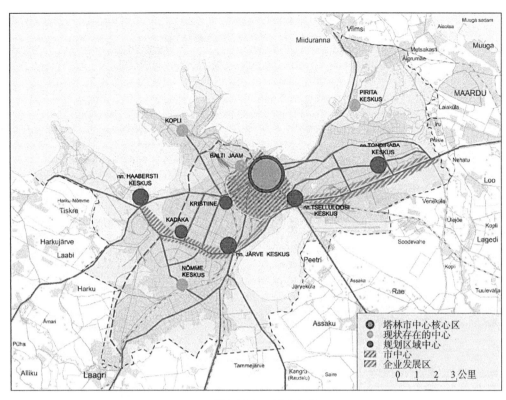

图1　塔林城市区域中心体系

3.6　多元化的住房建设机会

塔林90%的现存住房是公寓建筑，但其质量和规划往往不符合要求。由于居民提高生活质量的需求以及家庭数量的小幅增加，塔林及其周边新增住房的需求也有所增加。

近期内，塔林没有大规模的市政住房建设计划，只有针对特定人群的个别公寓建设计划。在没有国家或城市住房建设计划的情况下，房地产需求主要受居民购买力（即银行借款机会）的影响。预计到2010年，私营部门建筑总面积将达到70万平方米，其中可能包括约4000个独立住宅和6000个公寓单元。未来平均住房规模可能在每年5万到7万平方米之间。

塔林市的主要任务是确保详细规划的覆盖范围满足私人部门的住房开发计划。目前，现有的详细规划包括大约700个独立住宅（即3～4年的建筑库存）。包括重建乡村住房在内，在塔林还有大约6000个独立住宅的建设用地。

低密度住宅的主要区域位于Haabersti区的Pikaliiva和Kakumäe，以及Pirita区的Merivälja和Mähe附近。在这两个地区有相对较大的土地可以建设，而且很多现状的临时度假屋将在不久的将来重建为独立住宅。在Nõmme区也有一小块用于独立住宅的储备地，主要需要从中央政府获得归还的产权。为了保护森林城市的特征，必须避免拆除Nõmme区。Kristiine区则主要是现有住区的强化和整合。

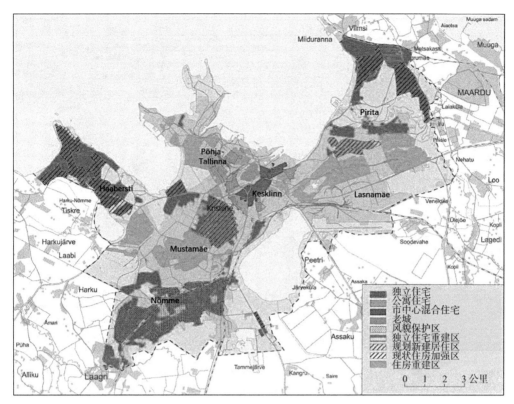

图2 塔林市居住区规划

随着城市经济发展水平的提高，居民家庭从城市公寓向独立住宅的过渡将在10～15年内耗尽塔林境内独立住宅建设的可能性。

在市中心周边已经制定了一些单人公寓的详细规划，而在Pirita和Nõmme地区，则已经制定了联排住房的详细规划。Lasnamäe住宅区现有的详细规划则更多地针对公寓楼需求。

根据不同时期的规划和计算，塔林境内可能建设17000套公寓和家庭住房。其中Lasnamäe区可以建设3～6层的公寓楼，容纳大约7000个单元。

鉴于加强城市土地使用效率的原则，市中心和Põhja-Tallinna区的老旧木质住房可能拆除，建造约3000个新公寓。由于大多数的老房子都是私人所有，所以其所需的时间是不可预测的。在较小的尺度上，详细规划中的公寓区位于Haabersti区的休闲中心和Astangu住宅区、Pikaliiva住宅区以及Nõmme区的一些街区。

3.7 产业发展空间及选址

除了提供足够的改造空间和多元化的业务可能性之外，产业发展布局的目的还在于企业的均衡安排，从而缓解职住分离的情况。

据预测，未来十年新增办公楼面积将达到50万平方米。其中一部分可能将建在市中心或部分郊区，也将受到房地产价格的影响。市中心是一个有计划的混合使用区域，因

1990年后爱沙尼亚
城市转型发展研究

此特定建筑物的位置由详细规划决定。

办公楼的最佳位置可能是Liivalaia-Jõe市中心周围的区域，虽然Narva路沿线由于靠近老城和海域而受到建筑物高度的限制。新建办公楼的主要选址还有城市主要街道沿线、前工业区和邻近的新兴中心，即交通条件较好的地区。

到目前为止，详细规划覆盖了近150万平方米的办公和商业空间建设所需的土地面积，可能达到甚至已经超过了实际需求，但不排除投资者对其他地区存在开发需求。

塔林经济发展的先决条件之一就是为传统及新兴产业的环境友好型生产提供足够的发展空间。

塔林总计有2200公顷的生产用地，包括面积为325公顷的Vao采石场。目前的1872公顷用地分为16个较大的地块，其中最大的地块位于铁路线周边。接近一半的工业用地使用强度较高，建筑密度超过60%；另有约800公顷的用地建筑密度不足30%。Suur-Sõjamäe工业区、Paljassaare半岛、Mustamäe的Harkus地区的用地密度最低。

在建成时间较早的地区，居住区和工业区改造受到随机事件的影响。从商业角度来看，由于地理位置优越，大多将其改造为商业、服务或办公大楼。Kadaka、Mustamäe、Sõjamäe、Harku和Lasnamäe地区的工业区提供了城市开发的新机遇。

尽管未来几年内由于产业结构调整将导致生产用地减少，但塔林仍将为工业发展保

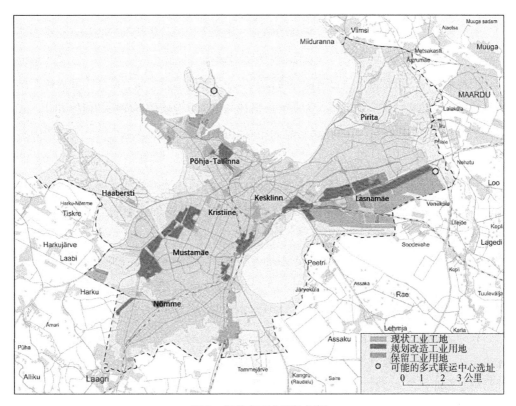

图3 塔林市工业用地规划

留570公顷的土地。虽然在总体规划期限内没有新的工业区规划用地，但在Lasnamäe住宅区的中心地区预留了现代技术园区的用地。

在企业重组的过程中，大企业拥有的土地将被分配给规模较小、更多元化的企业，从而更有效地利用土地、建筑物和其他资源，改善企业的建筑外观，并由此提升城市建成环境。

3.8 社会基础设施的均衡布局

考虑到目前的人口状况——出生率下降和居民总量稳定，未来几年没有必要增加学前托幼机构。但与此同时，必须保障上述机构的可达性和机会用地。因此，有必要在Haabersti区、Pirita区和Lasnamäe区的规划住宅区为学前教育机构预留用地。从宏观尺度上，总体规划没有体现幼儿园的具体选址，可以通过详细规划来确定用地。

教育网络发展的目标是确保学龄儿童能在居住地附近获得小学和初中教育，因此在Lasnamäe、Haabersti和Pirita的新住宅区需要为学校预留用地。

近年来，塔林的住院人数、综合医院门诊人数和医生家访人数与整个爱沙尼亚相比都有所下降。与此同时，护理和长期护理床位不足，并且缺乏现代化的康复中心。目前没有必要为医疗机构预留新的大型地块——现状已有足够储备。

未来几年也没有大型社会福利机构的新建计划，但将改造现有的几栋建筑。因此不需要为新的社会福利机构额外规划土地。

总体规划要求详细规划对青少年活动中心、业余学校、老年活动中心、日托中心等设施进行安排。

当地政府除了维护和升级已有的体育设施以外，还要为青少年、老年人和残疾人提供住所附近的体育休闲运动设施。为此，根据1997年全市健康体育发展的指导方针，需要创建复合型休闲中心。需要在详细规划中在Mustamäe和Lasnamäe的居住区生活中心预留体育设施。

在不久的将来，计划在Haabersti区建立一个符合国际标准的新足球场，Mustamäe区和Lasnamäe区也计划建设新的体育设施。相关用地已在各区的详细规划中指定，因此不纳入综合规划。

为建设国家艺术馆预留了用地。滨海的卡利柯治皇宫附近还有一块更大的文化设施预留用地。Lasnamäe区的Tondiraba中心也可以建设新的公共建筑。

3.9 在保护环境的前提下促进港口、铁路和机场的发展

在本次总体规划中，港口、铁路和机场的发展是提高城市经济活动效率的一个基本先决条件，在所有详细规划中必须考虑相关问题的重要性。

需要发展现代连通性，尤其是满足过境贸易的发展需求。在制定详细计划时，也要严格满足环保要求。

3.10　保护文化遗产和自然价值

为了保护塔林历史和自然特色，总体规划的所有内容都要求满足保护文化遗产和自然价值的要求。

参考文献

艾拉·卡茨纳尔逊，2013. 马克思主义与城市［M］. 王爱松，译. 南京：江苏教育出版社.

B.B.弗拉基米罗夫，1991. 苏联区域规划设计手册［M］. 王进益，韩振华，等译. 北京：科学出版社.

奥勒·诺格德，2007. 经济制度与民主改革：原苏东国家的转型比较分析［M］. 孙友晋，等译. 上海：上海世纪出版集团：184-189.

彼得·霍尔，考蒂·佩因，2008. 从大都市到多中心都市［J］. 罗震东，陈烨，阮梦乔，译. 国际城市规划（1）：15-27.

彼得·霍尔，2009. 明日之城——一部关于20世纪城市规划与设计的思想史［M］. 童明，译. 上海：同济大学出版社.

边兰春，陈明玉，2018. 社会—空间关系视角下的城市设计转型思考［J］. 城市规划学刊（1）：18-23.

曹远征，2015. 总序［M］//黄韬. 中央与地方事权分配机制：历史、现状及法治化途径. 上海：上海人民出版社：1-22.

柴彦威，肖作鹏，张艳，2011. 中国城市空间组织与规划转型的单位视角［J］. 城市规划学刊（6）：28-35.

道格拉斯·诺思，1994. 经济史中的结构与变迁［M］. 陈郁，罗华平，等译. 上海：上海人民出版社：225-226.

道格拉斯·诺思，1994. 制度、制度变迁与经济成就［M］. 刘瑞华，译. 北京：时报文化出版公司.

德雷克·格利高里，约翰·厄里，2011. 社会关系与空间结构［M］. 谢礼圣，吕增奎，等译. 北京：北京师范大学出版社.

顾朝林，刘海泳，1999. 西方"马克思主义"地理学——人文地理学的一个重要流派［J］. 地理科学，19（3）：237-242.

顾朝林，于涛方，李王鸣，等，2008. 中国城市化：格局·过程·肌理［M］. 北京：科学出版社.

贺雪峰，桂华，夏柱智，2018. 地权的逻辑Ⅲ［M］. 北京：中国政法大学出版社：247-254.

贺雪峰，2014. 城市化的中国道路［M］. 北京：东方出版社：100-126.

胡军，孙莉，2005. 制度变迁与中国城市的发展及空间结构的历史演变［J］. 人文地理（1）：19-23.

华生，2013. 城市化转型与土地陷阱［M］. 北京：东方出版社：72-77.

黄韬，2015. 中央与地方事权分配机制：历史、现状及法治化途径［M］. 上海：上海人民出版社：29-38.

黄新华，于正伟，2010. 新制度主义的制度分析范式：一个归纳性述评［J］. 财经问题研究（3）：17-25.

李强，陈宇琳，刘精明，2012. 中国城镇化"推进模式"研究［J］. 中国社会科学（7）：82-100，204-205.

李强，2008. 新制度主义方法论对我国城市空间发展内在机制研究的启示［J］. 现代城市研究（11）：13-19.

李志刚，吴缚龙，薛德升，2006. "后社会主义城市"社会空间分异研究述评［J］. 人文地理（5）：1-5.

陆铭，2017. 空间的力量：地理、政治与城市发展（第二版）［M］. 上海：格致出版社，上海人民出版社：99-191.

罗伯特·拜德勒克斯，伊恩·杰弗里斯，2013. 东欧史（上下册）［M］. 韩炯，等译. 上海：中国出版集团东方出版中心.

罗纳德·H. 科斯，2003. 新制度经济学［M］//梅纳尔. 制度、契约与组织———从新制度经济学角度的透视. 刘刚，等译. 北京：经济科学出版社.

马克·戈特迪纳，莱斯利·巴德，2013. 城市研究核心概念［M］. 邵文实，译. 南京：江苏教育出版社.

马细谱，李少捷，2014. 中东欧转轨25年观察与思考［M］. 北京：中央编译出版社.

毛其智，2009. 中国城市发展现状及展望［J］. 中国科学院院刊，24（4）：379-385.

涅斯坚连科，1998. 东欧各国的国家经济政策［J］. 宁守仁，译. 今日东欧中亚（6）：34-40.

牛凤瑞，潘家华，刘志彦，2009. 中国城市发展30年［M］. 北京：社会科学文献出版社.

彭海东，尹稚，2008. 政府的价值取向与行为动机分析——我国地方政府与城市规划制定［J］. 城市规划（4）：41-48.

青木昌彦，2003. 沿着均衡点演进的制度变迁［M］//科斯，诺思，威廉姆森，等. 克劳德·梅娜尔. 制度、契约与组织——从新制度经济学角度的透视. 刘刚，冯健，杨其静，胡琴，等译. 北京：经济科学出版社：19-45.

唐子来，1997. 西方城市空间结构研究的理论和方法［J］. 城市规划汇刊（6）：1-11.

田莉，2006. 城市规划的价值导向：效率与公平消长中的困惑［C］// 中国城市规划学会. 规划50年——2006中国城市规划年会论文集（中册）. 中国城市规划学会：中国城市规划学会：4.

王丹，2011. 中东欧"后社会主义"转型城市空间结构研究述评［J］. 国际城市规划（2）：60-66.

王凯，陈明，2009. 近30年快速城镇化背景下城市规划理念的变迁［J］. 城市规划学刊（1）：9-13.

王凯，1994. 经济体制转换条件下的城市总体规划——秦皇岛城市总体规划得失回顾［J］. 城市规划，18（6）：37-40，27，63.

王群，2017. 基于SSCI视角的二十年来中东欧研究文献的分面研究［M］//尚宇红，陈宏. 中东欧研究评论（第一辑）. 上海：上海人民出版社：286-299.

魏立华，闫小培，2006. 有关"社会主义转型国家"城市社会空间的研究述评［J］. 人文地理，21（4）：7-12.

文贯中，2014. 吾民无地：城市化、土地制度与户籍制度的内在逻辑［M］. 北京：东方出版社.

沃尔特·克里斯塔勒，1988. 德国南部中心地原理［M］. 常正文，王兴中，等译. 北京：商务印书馆.

吴缚龙，马润潮，张京祥，2007. 转型与重构：中国城市发展多维透视［M］. 南京：东南大学出版社：280-281.

吴良镛，2001. 人居环境科学导论［M］. 中国建筑工业出版社.

吴良镛，吴唯佳，2008. 中国特色城市化道路的探索与建议［J］. 城市与区域规划研究，1（2）：1-16.

吴群，李永乐，曹春艳，2015. 财政分权、地方政府偏好与城市土地利用［M］. 北京：科学出版社：46-68.

吴唯佳，2000. 新时期城市规划改革的环境和方向［J］. 规划师（5）：80-83.

吴唯佳，2017. 中国城市化趋势与京津冀协同发展的长期战略［J］. 人类居住（4）：23-30.

武廷海，张城国，张能，徐斌，2012. 中国快速城镇化的资本逻辑及其走向［J］. 城市与区域规划研究，5（2）：1-23.

武廷海，2013. 建立新型城乡关系走新型城镇化道路——新马克思主义视野中的中国城镇化［J］. 城市规划，37（11）：9-19.

武廷海，张能，徐斌，2014. 空间共享：新马克思主义与中国城镇化［M］. 北京：商务印书馆.

叶裕民，李晓鹏，2012. 统筹城乡发展是对完善社会主义市场经济体制的有效探索［J］. 城市发展研究，19（3）：42-47.

于涛方，2016. "十三五"时期中国城市发展和规划变革思考——基于经济危机与新自由主义视角的审视［J］. 规划师，32（3）：5-12.

苑洁，2007. 后社会主义［M］. 北京：中央编译出版社.

张京祥，吴缚龙，马润潮，2008. 体制转型与中国城市空间重构——建立一种空间演化的制度分析框架［J］. 城市规划（6）：55-60.

张庭伟，2006. 解读全球化：全球评价及地方对策［J］. 城市规划学刊（5）：1-8.

张占斌，宋志红，王静，2013. 城镇化进程中土地制度改革研究［M］. 石家庄：河北人民出版社.

赵燕菁，2013. 正确评价土地财政的功过［J］. 北京规划建设（3）：154-156，166.

中国城镇化三十年课题组，2016. 中国城镇化三十年［M］. 北京：中国建筑工业出版社.

Admiraliteedi basseini kinnistud saab Ober-Haus［N/OL］. https://www.aripaev.ee/article/20010209/NEWS/302099911, 2001.

Ahas R, Miller H, Witlox F, 2014. From the Guest Editors: Mobility, Communication, and Urban Space［J］. Journal of Urban Technology, 21(2): 1-7.

Ahas R, Silm S, Järv O, Saluveer, E, Tiru, M, 2010. Using Mobile Positioning Data to Model Locations Meaningful to Users of Mobile Phones［J］. Journal of Urban Technology, 17:3-27.

Ahas R, Silm S, 2006. Tallinna Tagamaa Uusasumite Elanike Ajalis-Ruumilise Käitumise Analüüs［R］. Tartu: Tartu University.

Ahas R, 1999. Impact of Land Reform on the Nature Conservation System in Estonia［R］. Tartu: Tartu University.

Alas J, 2007. Tallinn May Introduce Traffic 'Congestion Tax'［N/OL］. The Baltic Times,［2007-01-10］. https://www.baltictimes.com/news/articles/17100/.

Alatalu R, Randla A, 2017. The 1666 Conservation Act: 350 Years Later［R］// Randal A. Estonian Cultural Heritage 2013-2017: Preservation and Conservation. Tallinna RaamatutrÜkikoja OÜ.

Alatalu R, 2017. Tallinn Old Town Conservation Area 50［R］// Randal A. Estonian Cultural Heritage 2013-2017: Preservation and Conservation. Tallinna RaamatutrÜkikoja OÜ.

Alonso W, 1964. Location and Land Use: Toward a General Theory of Land Rent［M］. Cambridge: Harvard University Press.

Anselin L, 1995. Local Indicators of Spatial Association［J］. Geographical Analysis, 27 (2): 93-115.

Aoki Masahiko, 2001. Toward a Comparative Institutional Analysis［M］. MIT Press.

Asjaõigusseadus（产权法）［Z/OL］. Tallinn: Riigi Teataja, 1993. https://www.riigiteataja.ee/akt/129062018006.

Bailly A S, Jensenbutler C, Leontidou L, 1996. Changing Cities: Restructuring, Marginality and Policies in Urban Europe［J］. European Urban and Regional Studies, 3(2): 161-176.

Baldwin R E, 1994. Towards an Integrated Europe［R］. London: Centre for Economic Policy Research.

Bockman J, Eyal G, 2002. Eastern Europe as a Laboratory for Economic Knowledge: The Transnational Roots of Neoliberalism［J］. American Journal of Sociology, 2(108): 310–352.

Bodnar J, 2001. Fin De Millenaire Budapest: Metamorphoses of Urban Life［M］. Minneapolis: University of Minnesota Press.

Bodnar J, 1996. He that Hath to Him Shall Be Given: Housing Privatization in Budapest after State Socialism［J］. International Journal of Urban and Regional Research, 20(4): 616–636.

Borodinecs A, Gabriel A, 2013. Handbook on Buildings Renovation in Central Baltic Region［R］. Riga Technical University.

Brade I, Herfert G, Wiest K, 2009. Recent Trends and Future Prospects of Socio–spatial Differentiation in Urban Regions of Central and Eastern Europe: a Lull before the Storm?［J］. Cities, 26: 233–244.

Buchanan J, 1997. Post–Socialist Political Economy: Selected Essays［M］. Cheltenham, UK: Edward Elgar.

Burgess E W, 1925. The Growth of the City［M］// Park R E, Burgess E W, McKenzie R D. The City: Suggestions of Investigation of Human Behavior in the Urban Environment. Chicago: University of Chicago Press: 47–62.

Ciaian P, Kancs D, Swinnen J, Herck K, Vranken L, 2012. Sales Market Regulations of Agricultural Land in the EU Member States and Candidate Countries［R］. Factor Markets Working Paper No. 14, CEPS, Brussels.

Ciaian P, Kancs D, Swinnen J, Herck K, Vranken L, 2012. Rental Market Regulations of Agricultural Land in the EU Member States and Candidate Countries［R］. Factor Markets Working Paper No. 14, CEPS, Brussels.

Chavance B, Magnin E, 1997. Emergence of Path–dependent Mixed Economies in Central Europe//Ash A, Hausner J. Beyond Market and Hierarchy: Interactive Government and Social Complexity［M］. Cheltenham: Edward Elgar: 196–232.

Chavance B, 2008. Formal and Informal Institutional Change: the Experience of Postsocialist Transformation［J］. European Journal of Comparative Economics, 5(1): 57–71.

Christaller W, 1933. Die Zentralen Orte in Sueddeutschland［D］. Jena: University of Erlangen.

City Detailplaneering Kinnitatud［N/OL］. https://www.ohtuleht.ee/4878/city–detailplaneering–kinnitatud, 1997–06.

Dawidson, 2004. Redistributing Nationalized Housing: Impacts on Property Patterns in Timisoara, Romania［J］. Eurasian Geography and Economies, 45(2): 134–156.

Dingsdale A, 1999. Budapest's Built Environment in Transition［J］. GeoJournal, 49:63–78.

Djomkin I, 1977. Eliel Saarinen ja "Suur–Tallinn" (Eliel Saarinen and "Greater Tallinn")［M］. Tallinn: Kunst.

Dmitrieva M, Kliems A, 2010. The Post Socialist City: Continuity and Change in Urban Space and Imagery［M］. Berlin: Jovis Verlag.

EBRD (European Bank for Reconstruction and Development), 1994. Transition report 1994: the First One［R］. London.

EBRD (European Bank for Reconstruction and Development), 1999. Transition report 1999: Ten Years of Transition［R］. London.

EEA (European Environment Agency), 2006. Land Accounts for Europe 1990–2000: Towards Integrated and

Ecosystem Accounting［R］．Copenhagen.

EESC (European Economic and Social Committee), 2015. Sixth Report on Economic, Social and Territorial Cohesion: Investment for Jobs and Growth［R］．Brussels.

Eesti Statistika Aastaraamat 2015（爱沙尼亚统计年鉴2015）［M］．Tallinn：Statistikaamet, 2016.

Ehitusseadustik（建设法）［Z/OL］．Tallinn：Riigi Teataja, 2015. https://www.riigiteataja.ee/akt/129062018010.

EPL, 1997. Tõke: Tallinna City Projekt Seikunud［N/OL］．［1997–11–15］．http://epl.delfi.ee/news/eesti/toke–tallinna–city–projekt–seikunud?id=50747331.

ESDP (European Spatial Development Perspective), 1999 Towards Balanced and Sustainable Development of the Territory of the European Union［R］．Luxembourg: Office for Official Publications of the European Communities.

Eskinasi M, 1995. Changing Housing Policy and Its Consequences: the Prague Case［J］．Housing Studies, 10(4): 533–548.

ESPON, 2003. The Role, Specific Situation and Potentials of Urban Areas as Nodes in a Polycentric Development［R］．ESPON Project 1.1.1, Third interim report.

Estonian Human Development Report 2016/2017: Estonia at the Age of Migration［R］．Tallinn: Foundation Estonian Cooperation Assembly, 2017. ISBN 977–1406–539–02–9.

Estonian Ministry of Culture, 2014. The Strategy of Integration and Social Cohesion in Estonia: Integrating Estonia 2020［EB/OL］．https://www.kul.ee/sites/kulminn/files/23748_en_proofreading_le2020_eng.pdf.

EU, 2007. Territorial Agenda of the European Union: Towards a More Competitive and Sustainable Europe of Diverse Regions［R］．Leipzig.

European Commission, 1998. Tallinn: Renovation of Prefabricated Buildings in Mustamäe District［DB/OL］．SURBAN – Good Practice in Urban Development database. www.eauee. de/winuwd/156.html.

Eurostat, 2016. Urban Europe: Statistics on Cities, Towns and Suburbs［R］．Luxembourg: Publications office of the European Union.

Feranec J, Jaffrain G, Soukup T, Hazeu G, 2010. Determining Changes and Flows in European Landscapes 1990‒2000 Using CORINE Land Cover Data［J］．Applied Geography, 30: 19–35.

Frejka T, 2008. Overview Chapter 3: Birth Regulation in Europe: Completing the Contraceptive Revolution［J］．Demographic Research, 19(5): 73–84.

Garb Y, Dybicz T, 2006. The Retail Revolution in Post–socialist Central Europe and Its Lessons［M］// Tsenkova S, Nedović–Budić Z. Urban Mosaic of Post–socialist Europe–Space, Institutions and Policy. Heidelberg: Springer.

Gentile M, Tammaru T, Kempen R, 2012. Heteropolitanization: Social and Spatial Change in Central and East European Cities［J］．Cities, 29(5):291–299.

Gentile M, Tammaru T, 2006. Housing and Ethnicity in the Post–Soviet City: Ust'–Kamenogorsk, Kazakhstan［J］．Urban Studies, 43(10): 1757–1778.

Glock B, Häussermann H, Keller C, 2007. Social and Spatial Consequences of the Restitution of Real Estate［M］// Stanilov K. The Post–Socialist City. Springer, Dordrecht: 191–214.

Gottdiener M, Hutchison R, 1999. The New Urban Sociology［M］．New York: McGraw Hill Higher Education.

Gottdiener M, Budd L, 2005. Key Concepts in Urban Studies［M］．Thousand Oaks, CA: Sage.

Gottdiener, M, 1994. The Social Production of Urban Space (2nd Edition) [M]. Austin, TX: University of Texas Press.

Gower J, 1999. EU Policy to Central and Eastern Europe [M] // Henderson K. Back to Europe: Central and Eastern Europe and the European Union. London: UCL Press (Taylor & Francis Ltd): 3–19.

Gritsai O, 1997. Business Services and Restructuring of Urban Space in Moscow [J]. GeoJournal, 42(4): 365–376.

György E, 1984. Az urbanizációs ciklus és a magyar településhálózat átalakulása (The Cycle of Urbanization and the Transformation of the Hungarian Settlement Network). Budapest: Akadémiai Kiadó.

Haas V, 2006. A Review of Urban Planning in Tallinn, Estonia: Post–Soviet Planning Initiatives in Historic and Cultural Context [D]. Ann Arbor: University of Michigan.

Haase A, Grossmann K, Annett Steinführer, 2012. Transitory Urbanites: New Actors of Residential Change in Polish and Czech Inner Cities [J]. Cities, 29(5):318–326.

Haila A, 1999. City Building in the East and West: United States, Europe, Hong Kong and Singapore compared [J]. Cities, 16(4): 259–267.

Hamilton F, 2005. The External Forces: towards Globalization and European Integration [M] //Hamilton F, Andrews K D, Pichler–Milanović N. Transformation of Cities in Central and Eastern Europe: Towards Globalization. New York: United Nations University Press: 79–115.

Harris C D, Ullman E L, 1945. The Nature of Cities [J]. Annals of the American Academy of Political and Social Science, 242:7–17.

Harvey D, 2000. Spaces of Hope [M]. Edinburgh: Edinburgh University Press.

Harvey D, 1978. The Urban Process Under Capitalism: a Framework for Analysis [J]. International Journal of Urban and Regional Research,2(1–4):101–131.

Haussermann H, 1996. From the Socialist to the Capitalist City: Experiences from Germany [M] // Andrusz G, Harloe M, Szelenyi I. Cities after Socialism. Oxford: Blackwell.

Hedegaard L, Lindström B, Joenniemi P, Östhol A, Peschel K, Stalvant C E, 1999. The NEBI Yearbook 1999: North European and Baltic Sea Integration [M]. Springer Science, Business Media: 121–133.

Herbert D T, Johnston R, 1976. Social Areas in Cities [M]. New York: John Wiley.

Hirt S, 2008. Landscapes of Postmodernity: Changes in the Built Fabric of Belgrade and Sofia Since the End of Socialism [J]. Urban Geography, 29(8):785–810.

Hirt S, 2006. Post–Socialist Urban Forms: Notes From Sofia [J]. Urban Geography, 27(5): 464–488.

Horak M, 2007. Governing the Post–Communist City: Institutions and Democratic Development in Prague [M]. Toronto: University of Toronto Press.

Hoyt H, 1933. One Hundred Years of Land Values in Chicago [M]. Chicago: University of Chicago Press.

Jauhiainen J S, 2006. Demographic, Employment and Administrative Challenges for Urban Policies in Estonia [J]. European Planning Studies, 14(2): 273–283.

Jessop B, 1998. The Rise of Governance and the Risks of Failure: the Case of Economic Development [J]. International Social Science Journal, 155: 29–45.

Julegina A, 2007. Institutional and Political Constraints to Planning Sustainable Settlements in Suburban Municipalities: Case of Tallinn, Estonia [D]. Bergen: University of Bergen.

Kahrik A, Tammaru T, 2010. Soviet Prefabricated Panel Housing Estates: Areas of Continued or Decline? the Case of Tallinn［J］. Housing Studies, 25(2): 201–219.

Kährik A, 2002. Changing Social Divisions in the Housing Market of Tallinn, Estonia［J］. Housing, Theory and Society, 19: 48–56.

Kahrik A, 2000. Housing Privatisation in the Transformation of the Housing System: the Case of Tartu, Estonia［J］. Norsk Geografisk Tidsskrift, 54: 2‐11.

Kallakmaa A, 2013. Before and After the Boom: Changes in the Estonian Housing Market［D］. Tallinn: Tallinn University of Technology.

Kalvet T, 2016. The Estonian Economy: Structure, Performance and Prospects［M］// Briguglio L. Small states and the European Union: Economic perspectives. London: Routledge: 50–67.

Karin H M, 2005. Eliel Saarinen: Greater–Tallinn［M］. Reusner: Tallinn.

Katznelson I, 1993. Marxism and the city［M］. Oxford: Clarendon Press.

Kay S, Peuch J, Franco J, 2015. Extent of Farmland Grabbing in the EU［R］. European Parliament's Committee on Agriculture and Rural Development.

Kinnistusraamatuseadus（土地登记法）［Z/OL］. Tallinn：Riigi Teataja, 1993. https://www.riigiteataja.ee/akt/129062018016.

Kiss E, 2002. Restructuring in the Industrial Areas of Budapest in the Period of Transition［J］. Urban Studies, 39(1): 69–84.

Kodumajagrupp alustas［N/OL］. tsiviilvaidlust, 1996. https://www.aripaev.ee/uudised/1996/10/21/kodumajagrupp–alustas–tsiviilvaidlust.

Kohaliku omavalitsuse korralduse seadus（地方政府组织法）［Z/OL］. Tallinn：Riigi Teataja, 1993. https://www.riigiteataja.ee/akt/122112013003.

Kondan S, Sahajpal M, 2017. Integration Policy and Outcomes for the Russian–Speaking Minority in Estonia［A］. Claremont–UC Undergraduate Research Conference on the European Union. http://scholarship.claremont.edu/urceu/vol2017/iss1/10.

Korhonen I, 2001. Progress in Economic Transition in the Baltic states［J］. Post–Soviet Geography and Economics, 42(6): 440‐463.

Kovacs Z, Wiessner R, 1997. Prozesse und Perspektiven der Stadtentwicklung in Osmitteleuropa［M］. Munchen: Münchener geographische Hefte.

Kovacs Z, 1998. Ghettoization or Gentrification? Post–socialist Scenarios for Budapest［J］. Journal of Housing and The Built Environment, 13(1): 63–81.

Krisjane Z, Berzins M, Ivlevs A, Bauls A, 2012. Who Are The Typical Commuters in the Post–socialist Metropolis? The Case of Riga, Latvia［J］. Cities, 29(5):334–340.

Kyvelidis I, 2002. State Isomorphism in the Post–Socialist Transition［J］. Social Science Research Network, 4(4).

Lavigne M, 2000. Ten Years of Transition: a Review Article［J］. Communist and Post–Communist Studies, 33(4):475–483.

Leetmaa K, Tammaru T, Anniste K, 2009. From Priority–led to Market–led Suburbanisation in a Post–communist Metropolis［J］. Tijd–schrift voor Economische en Sociale Geografie, 100(4): 436–453.

Leetmaa, K, Tammaru, T, 2007. Suburbanisation in Countries in Transition: Destinations of Suburbanisers in the Tallinn Metropolitan Area, Geografiska Annaler B, 89(2): 127–146.

Lepe TSM-iga rikub seadusi［N/OL］. http://epl.delfi.ee/news/eesti/lepe-tsm-iga-rikub-seadusi?id=50780893,1999–12.

Lesthaeghe R, Surkyn J, 2002. New Forms of Household Formation in Central and Eastern Europe: Are They Related to Newly Emerging Value Orientations?［J］. Economic Survey of Europe, 1: 197–216.

Lisowski A, Wilk W, 2002. The Changing Spatial Distribution of Services in Warsaw［J］. European Urban and Regional Studies, 9(1): 81–89.

Looduskaitseseadus（自然保护法）［Z/OL］. Tallinn：Riigi Teataja, 2004. https://www.riigiteataja.ee/akt/116052013016.

Loogma K, 1997. Socio-Economic Stratification in Tallinn and Spatial Relocation Patterns［M］// Åberg M, Peterson M. Baltic Cities: Perspectives on Urban and Regional Change in the Baltic Sea Area. Lund, Sweden: Nordic Academic Press: 168–183.

Lumiste R, Pefferly R, Purju A, 2007. Estonia's Economic Development: Trends, Practices, and Sources. A Case Study［R］. Washington, DC: World Bank Commission on Growth and Development.

Lux M, 2003. Housing Policy: An End or a New Beginning?［R］. Budapest: Local Government and Public Service Reform Initiative/Open Society Institute.

Maamaksu seadus（土地税法）［Z/OL］. Tallinn：Riigi Teataja, 1993. https://www.riigiteataja.ee/akt/104072017102.

Maareformi seadus（土地改革法）［Z/OL］. Tallinn：Riigi Teataja, 1991. https://www.riigiteataja.ee/akt/129062018029.

Macura B, Nayak B P, Suškevičs M, et al, 2012. Local Manifestations of International Conservation Ideologies and Biodiversity Conflicts in Developing Economies［R］. Student Papers Thor Heyerdahl Summer School in Environmental Governance(2): 1–29.

Maier K, 2005. Czech Housing Estates: Recent Changes and Challenges［J］. Geographia Polonica, 78(1): 39–51.

Maier K, 2000. The Role of Strategic Planning in the Development of Czech Towns and Regions［J］. Planning Practice and Research. 15 (3): 247–255.

Malme J H, Youngman J M, 2001. The Development of Property Taxation in Economies in Transition: Case Studies from Central and Eastern Europe［R］. World Bank.

Marc L, 2010. What's So Eastern about Eastern Europe? Twenty Years after the Fall of Berlin Wall［M］. Trowbridge: Oldcastle Books.

Marcinczak S, 2012. The Evolution of Spatial Patterns of Residential Segregation in Central European Cities: The Łódź Functional Urban Region from Mature Socialism to Mature Post-socialism［J］. Cities, 29(5): 300–309.

Marcinczak S, Musterd S, Stepniak M, 2012. Where the Grass is Reener: Social Segregation in Three Major Polish Cities at the Beginning of the 21st Century［J］. European Urban and Regional Studies, 19(4): 383–403.

Marcińczak S, Tammaru T, Novák J, Gentile M, Kovács Z, Temelová J, Valatka V, Kährik A, Szabó B, 2015. Patterns of Socioeconomic Segregation in the Capital Cities of Fast-Track Reforming Postsocialist Countries［C］. Annals of the Association of American Geographers, 105: 1, 183–202.

Mark Ü, Ahas R, 2006. Creation and Planning of Space: Who Creates The City? ［M］// Ahas P, Mark. Joint Space: Open Sources on Mobile Positioning and Urban Studies.Tartu: Positium Oü: 96－102.

Mart H, Nele N, 2016. Spatial Planning in Estonia–From a Socialist to Inclusive Perspective ［J］. Transylvanian Review of Administrative Sciences, 12(47): 63–79.

Massey D, 1973. Towards a Critioue of Industrial Location Theory ［J］. Antipode, 5(3): 33–39.

Mayhew A, 1998. Recreating Europe: The European Union's Policy towards Central and Eastern Europe ［M］. Cambridge University Press.

Medvedkov Y, Medvedkov O, 2007. Upscale Housing in Post–Soviet Moscow and Its Environs ［M］// Stanilov K. The Post–Socialist City. Dordrecht: Springer.

Muinsuskaitseseadus（历史遗址保护法）［Z/OL］. Tallinn：Riigi Teataja, 2002. https://www.riigiteataja.ee/akt/112122018056.

North D, 1990. Institutions, Institutional Change and Economic Performance ［M］. Cambridge Univeristy Press.

Nuissl H, Rink D, 2005. The 'Production' of Urban Sprawl: Urban Sprawl in Eastern Germany as a Phenomenon of Post–socialist Transformation ［J］. Cities, 22(2): 123－134.

Ouřednicek M, 2007. Differential Suburban Development in the Prague Urban Region ［J］. Geografiska Annaler Series B–human Geography, 89(2): 111–126.

Pallagst K M, Mercier G, 2007. Urban and Regional Planning in Central and Eastern European Countries: from EU Requirements to Innovative Practices ［M］// Stanilov K. The Post–Socialist City. Springer, Dordrecht.

Pastak I, 2014. Tööstusalade ümberkujundamine ja selle roll linnaosa arengus Põhja–Tallinna näitel ［D］. Tartu: University of Tartu.

Planeerimisseadus（规划法）［Z/OL］. Tallinn：Riigi Teataja, 2015. https://www.riigiteataja.ee/akt/114022013003.

Polanska D V, 2008. Decline and Revitalization in Post–communist Urban Context: A Case of the Polish City—Gdansk ［J］. Communist and Post–communist Studies, 41(3): 359–374.

Pommois C, 2004. The Retailing Structure of Prague from 1990 to 2003: Catching up with the Western Cities?［J］. European Spatial Research and Policy, 11(1): 117－133.

Puustak Ü, 2013. The Development of Heritage Protection in Estonia ［R］// Loit M, Matteus K, Randla A. Estonian Cultural Heritage 2005–2012: Preservation and Conservation. Tallinna RaamatutrÜkikoja OÜ.

Raitviir T, 1990. Linna Sisestruktuurid, Faktorökoloogiline Lähendus (Structures of the City,a Factor–ecological Approach) ［R］. Tallinn: Tallinna Linnauurimuse Instituut.

Regelmann A C, 2012. Social Integration Processes in Estonia and Slovakia ［D］. Glasgow: University of Glasgow.

Rose R, 2009. Understanding Post–Communist Transformation: a Bottom–up Approach ［M］. London and New York: Routledge.

Ruoppila S, Kährik A, 2003. Socio–economic Residential Differentiation in Post–socialist Tallinn ［J］. Journal of Housing and the Built Environment, 18: 49.

Ruoppila S, 2007. Establishing a Market–orientated Urban Planning System after State Socialism: The Case of Tallinn ［J］. European Planning Studies, 15(3): 405–427.

Ruoppila S, 2005. Housing Policy and Residential Differentiation in Post–Socialist Tallinn ［J］. International

Journal of Housing Policy, 5(3): 279–300.

Sadamaala hoonestuskonkurss [N/OL]. https://www.aripaev.ee/uudised/1996/08/15/sadamaala-hoonestuskonkurss,1996.

Sailer Fliege, 1999. Characteristics of Post–socialist Urban Transformation in East Central Europe [J]. Geojournal, 49: 7–16.

Scott C E, Derrick F W, Kolbre E, 1999. The Challenge of the Commons: Estonian Housing Privatization [J]. International Advances in Economic Research, 5(4): 418–429.

Scott J W, Kühn M, 2012. Urban Change and Urban Development Strategies in Central East Europe: A Selective Assessment of Events Since 1989 [J]. European Planning Studies, 20:7, 1093–1109.

Siseministeerium (Estonian Ministry of the Interior), 2012. National Spatial Plan Estonia 2030+ [EB/OL]. [2012–08–30]. https://www.siseministeerium.ee/sites/default/files/dokumendid/estonia-2030_en.pdf.

Stanilov K, 2007. The Post–socialist City: Urban Form and Space Transformations in Central and Eastern Europe after socialism [M]. Dordrecht: Springer.

Statistics Estonia, 2018. GDP at Current Prices per Capita, Year [EB/OL]. [2018–05–31]. https://www.stat.ee/68594.

Sultson S, 2016. Replacement of Urban Space: Estonian Post–war Town Planning Principles and Local Stalinist Industrial Towns [J]. Journal of Architecture and Urbanism, 40(4): 283–294.

Sýkora L, Bouzarovski S, 2012. Multiple Transformations: Conceptualising the Post–communist Urban Transiton [J]. Urban Studies, 49(1): 43–60.

Sýkora L, 1999. Changes in the Internal Spatial Structure of Post–communist Prague [J]. GeoJournal, 49(1): 79–89.

Sýkora L, 2005. Gentrification in Post–communist Cities [M] // Atkinson R, Bridge G. The New Urban Colonialism: Gentrification in a Global Context. London: Routledge.

Sýkora L, 2007. Office development and Post–communist City Formation: The Case of Prague [M] // Stanilov K. The Post–Socialist City: Urban Form and Space Transformations in Central and Eastern Europe after Socialism. Dordrecht: Springer: 117–145.

Sýkora L, 2009. Post–socialist cities [M] // Kitchin R, Thrift N. International Encyclopedia of Human Geography, Vol. 8. Oxford: Elsevier.

Sýkora L, 2006. Urban Development, Policy and Planning in the Czech Republic and Prague [M] // Altrock U, Günter S, Huning S, Peters D. Spatial Planning and Urban Development in the New EU Member States: From Adjustment to Reinvention. Aldershot: Ashgatem.

Szelenyi I, 1996. Cities under Socialism—and after [M] // Andrusz G, Harloe M, Szelenyi I. Cities after Socialism: Urban and Regional Change and Conflict in Post - socialist Societies. Cambridge: Blackwell: 286–317.

Tallinn Yearbook 2004 [EB/OL]. https://www.tallinn.ee/eng/Yearbooks–and–Statistics.

Tallinna ajutise ehitusmääruse kinnitamine (塔林临时建设条例) [Z/OL]. Tallinn: Tallinna õigusaktide register, 1993. https://oigusaktid.tallinn.ee/index.php?id=3001&aktid=9949.

Tallinna City areng saab uue hoo [N/OL]. https://www.aripaev.ee/uudised/2000/02/10/tallinna–city–areng–saab–uue–hoo, 2000.

Tallinna city väljaehitamiseks ei tulnud pakkumisi [N/OL]. http://arileht.delfi.ee/news/uudised/tallinna–city–

valjaehitamiseks–ei–tulnud–pakkumisi?id=50791160, 2000.

Tallinna Üldplaneering (Tallinn Masterplan)［R/OL］, 2000. Tallinn: Tallinna Säästva Arengu ja Planeerimise Amet. https://www.tallinn.ee/est/ehitus/Tallinna–uldplaneering.

Tallinn City Council, 2014. Comprehensive Management Plan of Tallinn Old Town 2014–2021［EB/OL］. ［2014–01–01］. unesco.ee/public/tallinn_old_town_mgn.pdf

Tammaru T, Leetmaa K, 2007. Suburbanisation in Relation to Education in the Tallinn Metropolitan Area［J］. Population Space and Place, 13(4): 279–292.

Tammaru T, 2005. Suburbanisation, Employment Change, and Commuting in the Tallinn Metropolitan Area［J］. Environment and Planning A, 37: 1669 – 1687.

Temelova J, Dvořáková N, 2012. Residential Satisfaction of Elderly in the City Centre: The Case of Revitalizing Neighbourhoods in Prague［J］. Cities, 29(5): 310–317.

Temelova J, Novak J, Ourednicek M, Puldova P, 2011. Housing Estates in the Czech Republic after Socialism: Various Trajectories and Inner Differentiation［J］. Urban Studies,48(9):1811–1834.

Temelova J, 2007. Flagship Developments and the Physical Upgrading of the Post–socialist Inner City: The Golden Angel project in Prague［J］. Geografiska Annaler B, 89(2): 169–181.

Territorial Agenda of the European Union, 2007. Towards a More Competitive and Sustainable Europe of Diverse Regions［R/OL］. https://ec.europa.eu/regional_policy/sources/policy/what/territorial–cohesion/territorial_agenda_leipzig2007.pdf

The Territorial State and Perspectives of the European Union, 2006. Towards a Stronger European Territorial Cohesion in the Light of the Lisbon and Gothenburg Ambitions［R/OL］. http://www.ccre.org/docs/territorial_state_and_perspectives.pdf

Tsenkova S, Nedović–Budić Z, 2006. Urban Mosaic of Post–socialist Europe—Space, Institutions and Policy［M］. Heidelberg: Springer.

Tsenkova S, 2008. Managing Change: the Come–back of Post–socialist Cities［J］. Urban Research and Practice, 1(3): 291–310.

TSM jätkab operaatorlepingu［N/OL］. täitmist http://arileht.delfi.ee/news/uudised/tsm–jatkab–operaatorlepingu–taitmist?id=50732965, 1996–11.

TSM soovib alustada sadamaala kinnistute müüki aprillis［N/OL］. http://arileht.delfi.ee/news/uudised/tsm–soovib–alustada–sadamaala–kinnistute–muuki–aprillis?id=50817395, 1999.

UNDP, 1995. Human Development Report 1995［M］. Oxford: Oxford University of Press.

UNDP, 2018. Human Development Report 2018［M］. Oxford: Oxford University of Press.

Vanagas J, Krisjane Z, Noorkôiv R, et al, 2002. Planning Urban Systems in Soviet Times and in the Era of Transition: The Case of Estonia, Latvia and Lithuania［J］. Geographia Polonica, 75(2): 75–100.

Vatseva R, Stoimenov A, 2006. Spatial Analysis of Land Cover and Land Use Changes in Bulgaria for the Period 1990–2000 Based on Image and Corine Land Cover Data［R］. Bonn: Center for Remote Sensing of Land Surfaces.

Zhang C, Chai Y, 2014. Un–gated and Integrated Work Unit Communities in Post–socialist Urban China: a Case Study from Beijing［J］. Habitat International, 43:79–89.

致　谢

本书脱胎于我在清华大学攻读博士期间完成的学位论文，研究工作起始于2013年，2019年完稿并通过答辩。在清华大学建筑与城市研究所，我度过了7年博士生涯，期间在导师吴唯佳教授的带领下，参与了围绕京津冀地区发展和中国城镇化的一系列学术研究和规划实践项目。吴老师对城市规划研究的独到眼光和对学术研究工作的严格态度，在本书的研究和写作过程中给予我压力与动力，也是支持我完成研究工作的最重要的力量。

感谢清华大学唐燕副教授、王英副教授、黄鹤副教授、赵亮副教授在本书写作过程中的指点，以及在日常工作和学习中对我的帮助和鼓励。感谢清华大学建筑与城市研究所各位老师一直以来的关心和爱护。也要感谢于长明、王妍、郭磊贤、秦李虎、毕波、赵明、唐静娴、刘钊启、吴骞等师兄师姐和同学们，和你们并肩奋斗的过程是博士生涯的宝贵经历，你们的鼓励和交流带给我研究工作的诸多灵感，也帮助我度过了写作的各个难关。

在我两度赴爱沙尼亚进行访问交流和实地调研的过程中，爱沙尼亚塔尔图大学Rein Ahas教授、Tiit Tammaru教授提供了极大的支持和帮助。Ahas教授于2018年不幸因意外逝世，谨以本书向他致以深切的怀念和谢意。感谢塔尔图大学Mobility Lab各位老师和同事在我交流学习期间的关心，以及在本书资料收集方面的诸多帮助。感谢国家留学基金委员会对学习交流活动的资助。

论文成稿后，中国人民大学叶裕民教授，北京大学柴彦威教授，中国城市规划设计研究院王凯院长，清华大学武廷海教授、顾朝林教授、于涛方副教授通过公开评审和汇报点评提供了宝贵的修改建议，在此也向各位老师的关心和帮助表示感谢。

在本书出版过程中，中国建筑工业出版社陆新之、黄翊老师帮助进行了精心的审校工作，向他们的辛勤工作致谢。

此外，特别感谢我的父母和爱人，你们的关怀和理解支持我度过了难忘的博士生涯。最后，将本书献给我的儿子麦麦，你在生命最初的成长阶段伴随着本书写作的过程，愿你一生拥有勇气和自信。

赵文宁

2021年5月于上海